中国领导力
提升系列

主编 胡月星

领导内功

陶建平◎著

中国出版集团 研究出版社

图书在版编目（CIP）数据

领导内功 / 陶建平著 . — 北京：研究出版社，2017.5

ISBN 978-7-5199-0024-3

Ⅰ. ①领… Ⅱ. ①陶… Ⅲ. ①领导学 Ⅳ. ① C933

中国版本图书馆 CIP 数据核字（2017）第 031485 号

领导内功

作　　者　陶建平　著

责任编辑　陈侠仁

出版发行　研究出版社

地　　址　北京市朝阳区安定门外安华里 504 号 A 座（100011）

电　　话　010-64217619　64217612（发行中心）

网　　址　www.yanjiuchubanshe.com

印　　刷　北京建宏印刷有限公司

开　　本　710 毫米 ×1000 毫米　1/16

印　　张　19.75

版　　次　2017 年 5 月第 1 版　2019 年 8 月第 2 次印刷

书　　号　ISBN 978-7-5199-0024-3

定　　价　49.00 元

《中国领导力提升系列丛书》编委会

参与研究单位

国家行政学院

中国浦东干部学院

中国人事科学研究院

国家税务总局党校

北京行政学院

上海行政学院

黑龙江省行政学院

吉林省行政学院

广西行政学院

辽宁师范大学

宁夏行政学院

协助支持单位

国家行政学院中国领导科学研究中心

国家行政学院公务员培训研究中心

中国人才研究会领导人才专业委员会

西安思源学院新发展理念与领导力研究中心

提升领导力是聚焦点（代总序）

胡月星

领导科学研究告诉我们，组织发展与领导力提升并不是同步的。组织规模增大，并不意味着领导力随之提升。组织规模小，并不代表没有强大领导力。有的组织诞生时规模很小，但能够逐渐壮大，关键就在于其具有强大领导力。中国共产党诞生之初人数寥寥，但犹如喷薄而出的朝阳，光照四方。成功的秘诀在哪里？就在于党拥有强大的领导力，正是这一核心力量使党焕发出旺盛的生命力。今天，中国共产党是拥有436万多个基层党组织、8779万多名党员的大党，但规模越大并不意味着领导力就越强。加强和改善党的领导，必须把提升领导力作为聚焦点。

那么，领导力究竟是什么？以往人们通常把领导力等同于权力，认为有权力就有领导力。这种观点至今还停留在一些人的头脑中，限制了人们探索提升领导力的视野。领导力与权力确实有密切关系，但绝不是对等关系，有权力未必就有领导力，否则就难以解释个别领导“有权无威”甚至“众叛亲离”的现象。权力仅仅是领导力的一种重要资源，而不是领导力的全部。在领导科学研究中，领导力存在于精神信仰、思想观念、规章制度等方方面面，既包括组织领导力，也包括个体领导力。组织领导力是由个体领导力积极作用而成的合力，这就像百川终归大海一样。组织领导力与个体领导力相辅相成、高度融合，共同提升政党的领导力。我们讨论加强和改善党的领导，当然需要从组织领导力角度去分析，但领导科学研究表明，重视个体领导力对于加强和改善党的领导同样至关重要。因为组织领导力最终要具体落实到领导干部行为中，如果各级领导干部缺乏领导力所必需的知识、能力、品质以及积极行为表现等，组织领导力就会失去来源，组织就会变得软弱无力。可以说，领导干部的领导力直接决定着党的领导力。一个政党领导力的缺失，很大程度上是因为领导干部领导力的缺失。当前，从提升领导力入手加强和改善党的领导，需要把组织领导力与个体领导力紧密结合起来，从“领”入手，由“导”贯通，实现“心”与“力”的积极融合。

用信仰目标实现“领”。信仰就是希望，目标就是方向。没有信仰目标的政党是没有希望的，没有信仰目标的领导干部是难堪大任的。成立90多年来，我们党的领导之所以坚强有力，就是因为我们党有信仰、有目标，让广大党员有使命感，让人民群众有方向感。一个政党如果不能让自己的党员有使命感就无异于乌合之众，如果无法让群众有方向感就会失去号召力和凝聚力。新形势下，加强和改善党的领导，尤其需要把党的领导与党所坚守的崇高信仰、党所追求的远大目标紧密结合起来。要让广大党员和人民群众明白我们党究竟从哪里来、往哪里去，信仰什么、追求什么，党对人民群众来说有着什么样的功能和价值。把这些问题讲清楚，人民群众就会拥护党、追随党。

用科学理念实现“导”。信仰的追求、目标的实现都要有科学的理念。一个政党所坚持的科学理念凝聚着政党的智慧，能够引领人民群众的行动。从这个意义上说，理念科学，领导力就强。我们党一直强调用科学理念实现党的领导。习近平总书记在党的十八届五中全会上提出的创新、协调、绿色、开放、共享新发展理念，凝聚着全党的智慧，是统一全党思想和行动的指挥棒。领导干部能不能深入贯彻新发展理念，坚决纠正那些与新发展理念不相适应甚至背道而驰的错误观念与行为，直接关系我们党的领导力。领导干部要把学习贯彻新发展理念与提升领导力、加强和改善党的领导紧密结合起来。

用“心”与“力”的融合提升领导力。心为万力之本。提升领导力，从领导干部个体角度而言尤其要注重“心”与“力”的融合，具体而言主要包括以下几个方面：一是强调忠诚。忠诚是对“心”最重要的要求，是“力”的源泉。领导干部要对党忠诚，不论身在何方，不论处于何种境地，都要把对党忠诚作为自己的道德操守和行为准则，这样才能担负起组织重托。二是强调提升能力。有“心”无“力”，最终只能流于平庸。提升领导力，既要有“心”，也要有“力”。这就要求领导干部必须高度重视提升自己的能力。三是强调责任担当。责任是“心”，担当是“力”。当前，加强和改善党的领导特别需要领导干部有责任担当。有了责任担当，就能把“心”与“力”融合后的力量充分发挥出来，不断提升我们党的领导力。

原载《人民日报》（2016 年 04 月 15 日 07 版）

前言

众多研究领导力提升的论著都把重点放到帮助领导者增强外在技能上，着力于帮助他们修炼内在功力的书籍非常罕见。领导技能固然重要，但技能的局限不是大多数领导者缺乏效力或偏离正轨的主要原因，技能可以很容易地学到。对于大多数结局暗淡甚至惨淡的领导者来说，罪魁祸首是他们令人不敢恭维的内在功力。这种内在功力是妨碍他们走向辉煌的巨大阻力。外王必先内圣。领导活动效能的强化有赖于领导内功的扎实修炼。

内功，原本是指道家修养内丹的功夫，也指通过锻炼身体的内部器官，增强其功能，从而使身体健康的一种活动。本书借用内功一词，指领导者提升自身素养的内在修炼之功，相对于组织、社会等外界的培养和帮助而言。

当前，在干部群体当中，不少人觉得为官不易。甚至有人说，现在当官、做领导“能力不强被压死，品行不良被骂死，胆识不够被吓死，办法不多被急死，心胸不广被气死，身体不好被累死”——反正都是“死”，而且都是“不得好死”，不是“舒服死、高兴死、快活死”。实际上，上面这番话不是关于死亡的，而是关于生存。它反映的是时代和社会对领导干部提出了更多、更高的要求。用习近平总书记的话来说就是：为官不易，“应该理解为用好党和人民赋予的权力不易，按照党和人民的要求严格要求自己不易，自觉接受党和人民的监督不易，做出经得起实践、人民、历史检验的政绩不易”[①]。要做到这些不容易做到的，要作为领导干部活得好，干得有声有色、卓有成效，领导干部必须加强内功修炼。

本书一共论述了 8 种内功，分别着眼于领导者的品德威望、能力增长、精神营养、创新思维、学习效力、人际沟通和内省自反等方面的修炼。

何谓修炼？简言之，就是“学而时习之”当中的“习”。人们经常把“学习”放在一起用，把“学”与“习”等同起来。实际上，它们是有区别的。“学”是理解知识和模仿他人，从不懂到懂，从不知道到知道。而“习”强调的是付诸行动和形成习惯，就是要从“知道”到“做到”。要想真正有效，实践修炼须达到如下基本要求。

第一，从点滴做起，持之以恒。本书将要展开论述的 8 项内功，包括许多具体内容。每个人都不可能指望能够一蹴而就，在短时间内毕其功于一役，而是需要从一点一滴做起，长期坚持。只要长期坚持就一定能够久久为功，获得丰厚回报。

笔者的母亲秦冬妹今年 79 岁。她老人家曾因结石而做过两次比较大的手术：1975 年因胆囊结石而开刀把胆囊切除；2000 年又因胆管结石再次手术取出结石。可以说母亲是元气大伤之人。但让笔者特别欣慰的是，她现在的身体状况相当不错。其中一个非常重要的原因就是，她在第二次手术康复以后特别注重锻炼身体。每天早上 6 点左右就起床，先在家里做弯腰、压腿等热身活动，早餐过后就外出做健身操或打太极拳，大约 9 点才回来。几乎天天如此，风雨无阻。2016 年笔者有一次回家，和母亲聊起锻炼健身的事，她用自己的老胳膊老腿、“老蛮腰”给笔者做了一些演示：双腿趴开，弯下身去，她的手肘可以碰到地面（见图 1）；坐在木沙发上，用双手掰住脚掌，将两脚伸直，轻松自如地并拢、掰开

① 2014 年 8 月 27 日习近平《在听取兰考县和河南省党的群众路线教育实践活动情况汇报时的讲话》。

（见图 2）。让人看过后非常惊讶：一个农村老太太，65 岁以后才开始注重身体锻炼（并不是从小就练，有“童子功”），却能够达到如此程度，让许多年轻人都自叹不如。关键就在于持之以恒。

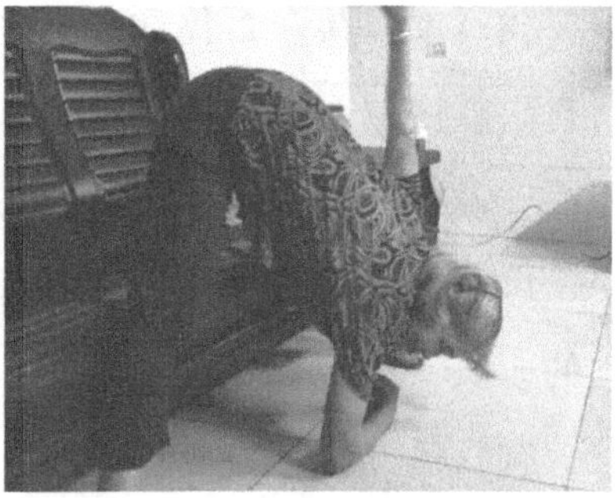

图 1

干部修炼的道理其实也是一样的。贵在长期坚持，方能久久为功。

图 2

第二，有意而为，融入自身。在工作、学习当中听到、感悟到的做人、做事与为官的哲理、正道，如果自己觉得真的很好，就不要仅仅满足于听到、知道，要有意识地按照有些要求去做。从后天角度而言，人与人之间的差距何以“由细而巨”？优秀者之优秀何以成就？与人们有意识地长期坚持的东西有很大关系。你打牌搓麻身将疲惫，人家孜孜以求智慧；你长期不愿意动脑，人家一贯勤于思考；你还在习惯性赖床，人家已在攻坚克难；你热衷于寻找理由，人家注重内省反求；你悠悠然得过且过，人家费尽心思突破；你喜怒笑骂总无常，人家情绪调控有方。差距越拉越大，也就不奇怪了。

第三，战胜自我，克服劣习。要真正把做人做事与为官的正道、哲理变成自己工作和生活的一部分是有难度的，甚至会感觉到痛苦。因为那些正道、哲理也许与某些人性倾向是相违背的，或者与我们长久形成的习惯是有冲突的。比如，有些人习惯于听别人说好话，“听见好话就笑，听到坏话就跳”。而修炼却要求领导干部不能热衷于听好话，而要经常去听一些难听的话。“当领导，既要受得了夸，又要挨得起骂。”这种说法值得领导者认真琢磨，因为有些人是既受不了夸也挨不起骂的：一旦被夸就眩晕，只要挨骂就暴跳。再比如，有些人习惯于归因于外，遇到问题就往外推，把自己撇得干干净净。而修炼却要求领导干部在问题面前多从自己身上找原因。因为这对于自身的提高，对于做好领导工作是确实有帮助的。

再也不要让“早上起不来床，晚上下不了线”等各种不良习惯妨碍自己的成长、发展了。

有一条谜语问：“6 只青蛙在水塘边的木头上休息，后来有 5 只打算跳下水去。还剩几只在木头上呢？”答案是 6 只，而不是 1 只。因为“打算跳下水去”并不等于“实际跳下水去”。修炼也不要总是停留在“打算”上，不要等待、拖延，要马上开始努力，切实付诸行动。

那么，让我们现在就开始吧……

目录

C H A P T E R 0 1

第一章

德望厚重功

——以品德高厚支撑威望隆重

领导威望对于领导活动的有效开展具有重要意义。真正有威望的领导者能够引发一呼百应、万众一心、众志成城的效应。因而，拥有崇高的领导威望是领导者的普遍愿望。但是，领导威望不能靠上级封赏，不能靠权力强求，不能靠自我浮夸，不能靠小人哄抬，最终要靠各方面“眼光雪亮”群体的切实认可、广泛称道。这种认可、称道当然不是无缘无故的。其中，领导者高尚、淳厚的道德品质对于领导威望起着重要支撑作用。品德有严重缺陷，极易导致领导威望沦陷。

以品德高厚支撑威望隆重，应当注意做到：以诚实守信收获支持信任；以廉洁奉公赢得“八面威风”；以能容善忍推进正己率人；以明智的荣誉知行引领人。

一、以诚实守信收获支持信任

真正享有威望的领导者一定是获得人们支持、信任的领导者。而获得人们的支持、信任有赖于领导者诚实守信的品格。诚就是诚实，不自欺。《礼记·中庸》有云：“诚，自诚也。”诚是个人品格、个人境界，是以自己的本真展现于人，主要立足于个人的道德自律。信是讲究信誉，然诺不欺。信是社会品格、社会境界，是以社会的规范来约束自身。守信之人，定然言行一致；而言行一致之人，势必是诚实之人。《说文》解释：“诚，信也。”“信，诚也。”用信解释诚，用诚解释信，表明诚与信是不可分离的。个人的诚延伸到社会便是信，社会的信反射于个人便是诚。诚信支撑着人与人之间的关系。诚信如同“革命根据地”，不诚信就没有立足之地，是致命的重大缺陷。所以，有人说，选人主要看三点：诚信、智慧和激情。但是，如果没有前面一点只具有后面两点将会是致命的。

人与人之间的支持、信任关系，就好像一块美丽的水晶制品，具有“三不”属性：“得之不易，价值不菲，脆弱不堪。”[①] 也就是说，人与人之间的信任关系往往不会因一时一事、一言一行而建立起来，而是需要相当长时间、相当多事情的反复考验。一旦真正建立起信任关系，就能有效地推动工作。好些时候，你说什么人家就按你的要求去做，显得一呼百应、威望很高，就是因为人家信得过你，相信听你的一定没错！但是，信任关系又是“易碎品”，虽可能不因一时一事、一言一行而建立，却可能因一时一事、一言一行而破碎。支持、信任需要诚实守信的品格作为基本支撑。得不到人们的支持信任，领导威望也就无从谈起。

（一）诚实守信是保障领导效力的首要品格

简单地说，领，就是做事有人追随；导，就是说话有人信从。缺乏诚实守信的品格，很难达到做事有人追随、说话有人信从。领导者的可信度如何决定了人们是否心甘情愿奉献出更多的时间、精力、经验、智慧、创造力和支持。投资于诚信吧！因为它具有高贵而永久的领导价值。

美国著名领导学者詹姆斯·库泽斯、巴里·波斯纳开发了“受人尊敬的领导者的品质”调查问卷。他们在全世界发放这份问卷，调查了 10 万

---

① ［美］小约瑟夫·巴达拉克著，杨斌译：《沉静领导》，机械工业出版社，2003 年，第 33 页。

余人。他们让被调查者从人们经常提到的 20 种领导品质中选出“在他们愿意追随的领导者身上最想看到的 7 种品质”。多年来，有 4 种品质（真诚、有前瞻性、有胜任力和能激发人）被超过 60% 的人选中。这 4 种品质在不同的国家都排在最前面。排在第一位的就是真诚[①]。“在寻找受人赞扬的领导特征时，我们发现，我们要求领导是可信的，这一点比其他任何一点都重要。”[②] 人们之所以普遍看重这种品质，是因为领导者缺乏诚信，领导活动的效力就会严重受限。

1. 诚信品格是争取上级支持的道德资本

领导活动的有效开展离不开上级的坚定支持，而上级的支持往往是建立在诚信品格基础之上的。就好像古人说的那样：“为人如构室，先须根基坚固，始可承载。”根基不牢却一层一层往上砌，会承受不了随之而来的重压，结果只能是垮塌。诚实守信就是人的根基，是做人为官的道德资本。缺乏这种道德资本的人势必德不配位，难以获得上级的有力支持。

2. 诚信品格是增进同级协作的必要担保

领导活动的有效开展也离不开同级的大力协作。但是，如果没有诚信品格做担保，同级协作也就成了无本之木。诚信，真诚可信，真诚之人才能获得信任。信任关系是完成任何事情的前提。“但是，我们不能太随意地对待这种信任关系。我们不能想当然地认为只要我们需要，信任就会招之即来。信任需要我们不懈地努力，需要你去建立、培养和呵护它。”[③] 其中，最重要的就是培植自己的诚信品格。

---

① ［美］詹姆斯·库泽斯、巴里·波斯纳著，徐中、周政、王俊杰译：《领导力》，电子工业出版社，2013 年，第 24 页。

② ［美］F. 赫赛尔本等著，吕一凡、胡武凯、邵永春等译：《未来的领导》，四川人民出版社，2000 年，第 129 页。

③ ［美］詹姆斯·库泽斯、巴里·波斯纳著，刘旭东、牟立新、王士会译：《留下你的印记：体现领导力的最高境界》，电子工业出版社，2011 年，第 39 页。

3. 诚信品格是赢得下级忠诚的必需美德

领导活动的有效开展更离不开下级的真诚拥戴。从普遍意义上说，领导更多是对下属的领导。领导目标的真正实现有赖于下属人员的卓越表现！领导，主要不是亲力亲为，而是因人成事——借助众人之才力以成其事。没有下属的真诚拥戴根本谈不上有效的领导。下属的拥戴不是无条件的，它至少要求领导者是值得拥戴的。而缺乏诚信品格的领导者根本不配得到下属的拥戴。“要想做好领导工作，最重要的便是获取人们的信任。信誉是人们工作关系的基石，要想获得信誉并强化这种信誉，我们必须全力奋斗。下属并不欠领导忠诚，领导必须以自己的行动去赢得这种忠诚。”[①]引申为，当领导的人都希望下属对自己忠诚。但是，对于多数人来说，人家要不要对你忠诚，不是一种义务，而是一种选择：人们首先要看你是否值得忠诚以待，换言之，人们首先要看你是否具有诚信的品格。如果一个领导者本身就缺乏诚信品格，对人阴一套、阳一套，说一套、做一套，怎么能够奢望别人对自己单向忠诚！“领导者的信誉如同质量和服务一样，是由下属来决定的。”[②]领导者必须具备诚信品格并在行动中表现出来，这会帮助你形成高度的认同感，赢得下属的忠诚度。

4. 诚信品格是增强自身效能的内在依存

首先，诚信品格有助于为自身减压。人的时间、精力有限。工作效能的增强有赖于排除干扰，减轻压力，把宝贵的时间、精力用在恰当之处。“作为一个真诚可信的人，真正附带的好处之一就是压力减轻了。”[③]“坦诚

① ［美］詹姆斯·库泽斯、巴里·波斯纳著，方晓利、张新、王莉娟译：《领导者：信誉的获得与丧失》，中国经济出版社，2000 年，第 255 页。

② ［美］詹姆斯·库泽斯、巴里·波斯纳著，方晓利、张新、王莉娟译：《领导者：信誉的获得与丧失》，中国经济出版社，2000 年，第 81 页。

③ ［美］威廉·D. 希特著，杨亚齐译：《典范领导者》，机械工业出版社，2004 年，第 128 页。

的人生是简单的人生；你永远都不用记住自己曾经说过的谎，也不必煞费苦心地隐瞒。”[①] 这对于把时间、精力用在最恰当之处，增强工作效能是有益的。从功利的层面来说，诚实的好处是可以节省撒谎的时间、精力。不诚实的人势必经常撒谎。撒谎是要对事情进行无中生有的虚构，这肯定需要花费大量的时间、精力。只要撒了第一个谎，就需要撒若干个其他的谎来圆。而对于这辅助性的若干个谎，每一个都可能需要没完没了地再撒若干个谎来圆。有些人因撒谎太多太随意，对自己说的谎话完全失忆、失控，甚至会导致在同一件事情上有多种版本的谎言。时间、精力及其形象上的损耗可想而知。相反，诚实可以让你永远直视自己说过的话、做过的事情。近年出现的手机短信、网络诈骗让一些人中招，就是因为有些人不能直视自己的言行。骗子们发来一则含有链接的消息，上面赫然写着你的尊姓大名，让你“看看你自己干的什么事”，不能直视自己言行的人往往会做贼心虚地点击那隐藏着病毒的链接，结果带来经济上的损失，后悔不及地为自己的不诚实埋单。诚实的人行为磊落，问心无愧，面对那些字样，自然不会心存恐惧，也不会落入那潜在的陷阱。

其次，诚信品格有助于赢得尊重、增进黏合。“成为一名真诚的领导者的最大好处是能赢得员工的尊重，他们了解的是真实的你，不需要浪费宝贵的时间去弄清什么是真实的你。他们知道你会对他们说实话，反过来，他们也会对你说实话。这种相互信任就成了团结队伍的最良好的黏合剂。”[②] 有了这样的黏合剂，领导效能的提高也就有了可靠保障。

---

① ［美］彼得·凯斯特鲍姆著，高秀娟、冯亚华译：《领导者的内心修炼》，高等教育出版社，2006 年，第 103 页。

② ［美］威廉·D. 希特著，杨亚齐译：《典范领导者》，机械工业出版社，2004 年，第 131 页。

（二）讲真话的问题与诚信品格息息相关，需要明辨

讲真话，就是反映真实情况，阐述正确判断，表达真诚愿望。主要包括两方面：一是就自己的情况与问题讲真话，实事求是地表达、反映，不文过饰非，不浮夸撒谎、欺世盗名；二是就别人的情况与问题讲真话，仗义执言，不歪曲事实，不曲意迎合、心口不一。

领导干部讲真话的问题，在现实生活当中，在各种媒体上都有众多议论。探讨这一问题需要辨明以下几点。

1. 未必应该笼统地提倡或要求领导干部讲真话

有人主张“领导干部应当讲真话”“领导干部要带头讲真话”，有人强调“领导干部必须讲真话”，认为讲不讲真话是检验领导干部政治立场和政治品质的“试金石”。其实，讲真话的问题是需要具体分析的。领导班子内部讨论的某些事项，在做出集体决议之前，是不宜擅自将真实情况披露出去的，为的就是避免节外生枝，避免制造矛盾纠纷，避免于国于民造成负面影响。不分场合、不顾后果地讲真话，往往是缺乏原则性、目无组织纪律的表现。有些人犯泄密罪，就是讲了某些不该讲的真话。所以，真话的确有当讲不当讲、能不能讲的问题，要考虑不同时机、对象和后果。民间俗语说，会做的媳妇两头瞒。瞒什么呢？自然是瞒不利于两头团结的言论与行为。假如全都毫无隐瞒地向各方传播绝对真实的消息，那么家庭和社会恐怕就会成为矛盾重重的角斗场。有些真话，从道理上说也许应该讲，但从利害关系上考量，在不恰当的场合讲了，会对人际关系、对工作和事业不利甚至有害。这种真话是不能讲的。于是，不讲就成为一种理性选择，一种领导智慧，不仅无可厚非，而且值得称道。

2. 领导干部未必都不愿意、不能够讲真话

强调这一点是因为社会上有“领导干部怎么可能讲真话”的议论，甚

至有人觉得谈论领导干部讲真话问题是一件滑稽可笑的事。其实，有些真话，领导干部还是愿意讲、能够讲的。如有些人真的取得了优异的成绩，向上级领导汇报或向下属干部群众展示的时候，讲真话——流露真情实感，反映真实情况，想必对许多人来说都是乐意也完全能够做到的事情。有些领导干部即使是对于自身的问题，对于领导工作和社会管理中的不足，也是能够真诚面对、直言不讳的。在充分的自信心支撑下，在强烈的社会责任感驱使下，他们对存在的问题不回避不漠视，不以明哲保身为重，敢于坚持原则，认真反思分析，多方呼吁，有效解决。其中展现出来的诚实可信的优秀品格，令人敬佩。

3. 确有领导干部对于有些真话当讲、能讲而不讲

存在这种现象，其中缘由值得探究。这可能源于认识上的差异，也可能源于场合、方式不恰当，还可能源于道德品格上的缺失。

首先，就认识差异而言，每个人的角度、标准不一样。你认为当讲、能讲的，他未必以为然：有些人心目中的理所应当，在别人看来也许是“情何以堪”。

其次，就场合、方式而言，有些人不注意讲真话的场合与方式，把真话讲得相当刺耳、让人反感。有些时候你本出于好心真实反映某些方面存在的某些不足，但那方面的事情是别人分管的，你对那些事说三道四，人家认为你在挑他的刺，在否定他、跟他过不去：有关别人工作问题上的一些真话，你在私下悄悄讲，人家也许觉得你是在帮他补台；在会议上公开讲，人家就可能认为你在拆他的台，不但不能接受，并且心生反感。这也会影响你以后讲真话的积极性。

最后，就道德品格而言，私心作怪肯定是一重要因素。有些人在讲真话问题上仔细掂量的结果是把个人利益放到了突出位置，该挺身而出的时候选择往后退缩，该仗义执言的时候选择装聋作哑。这在一定程度上助长

了不正之风，是严重影响领导形象和干部公信力的大问题，应该大力抨击，有效防范、矫治。

4. 讲真话问题的解决之要在于切实树立正确导向

一是上级领导者亲身垂范。这意味着：有关问题该公开的公开，该承认的承认，不要动辄藏着捂着，甚至以虚掩实、谎话连篇。在当今网络时代，信息来源渠道众多、传播速度快捷、范围宽广，说假话更容易被戳穿，导致局面更被动、后果更严重。讲真话是必需而明智的选择。在这方面，领导者一定要率先垂范，一级做给一级看，引导良好风气的形成。另外，上级领导还要乐于听真话，才能有效地引导和鼓励下级说真话。“在一个越来越复杂的世界中，领导者越来越依赖于下属提供的可靠信息，不管他们是否愿意听。讲真话的追随者与听真话的领导者是一个难以战胜的组合。”① 值得注意的是，这两者是孪生的：一个人有没有讲真话的追随者，在很大程度上取决于他本身是不是听真话的领导者。现在的人往往都很聪明，他们或许会对上级进行观察、揣摩与迎合，正如民国时的北大教授宣永光指出的那样：“你若喜欢纳谏，他们就能进忠言；你若喜欢恭维，他们就能献谀辞；你若好谈嫖赌经，他们绝不敢向你说忠烈传。”② 法国著名思想家帕斯卡也指出：“如果有人有某种兴趣想讨我们的喜欢，他们就会避免向我们做出一种他们明知是我们所不高兴的事；他们对待我们就正像我们所愿意受到的那样：我们仇恨真理，他们就向我们隐瞒真理；我们愿意受奉承，他们就奉承我们；我们喜欢被蒙蔽，他们就蒙蔽我们。这就是形成了每一步使我们在世界上得以高升的好运道都会使我们越发远离真理的原因。”③ 要

---

① ［美］沃伦·本尼斯著，姜文波译：《领导的轨迹》，中国人民大学出版社，2008 年，第 223 页。

② 老宣著，朱波编：《疯话连篇》，山西古籍出版社，1996 年，第 338 页。

③ ［法］帕斯卡著，何兆武译：《思想录》，商务印书馆，1985 年，第 54 页。

引导和鼓励人们讲真话，上级领导必须真心实意听真话、欣赏真话。

二是建立正确的制度导向。这具有更根本的意义。人们时常感慨“真话难讲”。真话难讲，有时是难在需要人们背离趋利避害的本能，需要人们有“明知山有虎，偏向虎山行”的勇气。要让人们有直言的勇气，应当特别注重从制度建设方面考虑，通过建立健全讲真话的保障机制、激励机制、监督机制和惩戒机制，从制度上杜绝“撒了几回谎，得了几项奖”“讲了多少真话，挨了多少臭骂”“讲真话受气、讲假话神气”的怪现象，营造出“讲真话光荣、说假话可耻，讲真话理直气壮、说假话没有市场”的氛围，让真话语境不是凶险的虎山，而是有吸引力的宝山。2016 年 9 月，中共中央办公厅、国务院办公厅印发了《关于加快推进失信被执行人信用监督、警示和惩戒机制建设的意见》，将加大对失信被执行人的联合惩戒力度。失信被执行人将受到从事特定行业或项目限制、政府支持或补贴限制、任职资格限制、准入资格限制、荣誉和授信限制、限制高消费等 11 类 37 项惩戒性限制措施，可以说是一处失信，处处受限。2016 年 10 月《中国共产党第十八届中央委员会第六次全体会议公报》强调：“领导机关和领导干部不准以任何理由和名义纵容、唆使、暗示或强迫下级说假话。党内不准搞拉拉扯扯、吹吹拍拍、阿谀奉承。”这对于包括领导干部说真话问题在内的诚信问题的解决将起到积极的促进作用。

（三）以兑现承诺的力度反映诚信品格的纯度

诺言是以信誉为抵押的君子协定。君子协定就是口头协定，从表面上看，它不像那些书面协定一样，白纸黑字地明确规定各种抵押条件。但实际上它也是有抵押条件的，那就是用当事人的信誉做抵押。一旦不能兑现承诺，就会让别人觉得是缺乏诚信品格之人，在对方心目中丧失信誉。反过来说，兑现承诺的力度越大，让人感受到的诚信品质就越纯正。明代著名学者、官员吕坤[①]强调“君子之出言也，如啬夫之用财”[②]，就是主张有权位之人说话，要像吝啬鬼花钱一样，特别地谨慎小心、严格把控，不要随随便便、信口开河。所以要“依靠自知之明，非常审慎地许诺”，不做你无法遵守的承诺。许下诺言并信守诺言，我们就会获得对他人的影响力。许诺并恪守诺言的能力是衡量我们是否自信、诚实的一把标尺[③]。

（四）对自身差错的态度是衡量诚信品格的尺度

究竟应该以什么样的态度对待自身工作差错，这一问题对于我国的一些领导干部来说，具有很强的现实意义。某省直机关一位女处长说，有一次她在单位会议上认真剖析自己的问题，承认工作上的差错。因为前段时间在党校学习，受老师有关自我反思主张的影响，觉得应该实实在在地进行反思。结果有人在底下窃笑，熟悉的朋友则在事后数落她：“你想干什么？你神经病啊，你在党校学傻了呀？”这种反应其实是有一定的代表性的，有些人真的是不被“双规”不认错的。

1. 领导者在认错问题上的不同表达

在认错问题上，我们曾经听到领导干部们有过许多不同的表达。

有人说，从道理上说，应该有错就认，但是，我们的考核评价体系有问题，如果你认了，被领导和组织部门记上一笔，也许后半辈子就没戏了。不能片面责怪干部个人在认错问题上缺乏诚信。因为人都是会趋利避害的。众多的人选择有错不认，背后一定有深层的社会根源或制度导向在

---

① 吕坤（1536—1618），河南人。明代文学家、思想家。进士出身，历山西襄垣、大同知县，山东参政，山西按察使、巡抚，陕西布政使，山西巡抚，都察院佥都御史，刑部侍郎。后追赠为刑部尚书。刚正不阿，为政清廉，与沈鲤、郭正域被誉为万历年间天下“三大贤”。

② （明）吕坤：《呻吟语》卷二·修身，岳麓书社，1991 年，第 99 页。

③ ［美］史蒂芬·柯维著，阮江平、何金娥、吴月辉译：《高效能人士的领导准则》，中国青年出版社，2012 年，第 121 页。

起作用。

也有人说，中国文化缺乏领导认错的传统，现在也没有这样的风气，而是谁认错谁倒霉。既然这样，干吗要主动认错呢？

还有人说，有错，往往是身边的人知道，你不说出去，他们一般也不会对外面说的，你公开承认，搞得大家都知道了，以后考评，人家都不投你的票了，对自己和部门、单位都有负面影响。

有人主张，在错误问题上，别人知道了的就承认，否则就隐瞒。

也有人主张，随着时代的发展、进步，“为尊者讳”已经不合时宜。在单位，领导就是尊者，在家庭里，长辈就是尊者。你作为父母，在家里错误地打骂了孩子，事后如果没有正确的认错态度，孩子那一关你都过不了，孩子可能好久都不愿意搭理你，更不愿意听你的。在家如此，在单位何尝不是此理？何况单位的人都不是孩子！大家明知是你的问题，你却不承认，能行吗？

还有人主张，回想一下你遇上别人有错而不承认时，你的感受是什么，就知道在此问题上应采取什么态度。

有人认为，领导者认错是一种境界、一种导向。我们经常说风气不好，可是风气是怎么造成的？是不是也与领导者有关？能不能在各自职权范围内营造一种好的风气？

也有人认为，仅仅提倡认错是不够的，要建立相应的防错改过机制。

2. 百般狡辩诿过，不如诚恳认错

以什么样的态度对待自身工作上的差错，最能够衡量一个人有没有诚信的品格。具有诚信品格的人，应该是能够坦然承认并积极纠正自身工作差错的。强调这一点的针对性在于，有些人出了差错以后，往往不能实实在在地坦承，而是自作聪明地掩饰、狡辩、开脱，找替罪羊，把自己的责任推到别人头上。这些人实际上是陷入了一种认识上的误区。他们消极、片面地看待承认差错的后果，认为会对自己的人际关系与形象、威望、前途有不良影响，所以能不承认就尽量不承认。殊不知百般狡辩诿过，不如诚恳认错。因为，诚恳认错、改过，能够显示高风亮节，赢得良好声誉，增进团结和谐。

首先，承认错误固然面子上难看，但你可以赢得一个敢于承认错误的声誉。“这种名声几乎可以抵消承认‘我犯了个错误’所带来的难堪。”[①]能够这么做的人并不多，正因为不多，就显得更加可贵。如果你想让他人相信你是诚实可信的，你不仅要在容易做到的情况下讲真话，“更大的挑战是在很难做到的情况下，甚至感到难堪或可能对自己造成伤害的情况下讲真话。承认你的错误或你的无知，更能表明你是可信的”。[②]

其次，当你能够说出“我犯了个错误”时，你身上的许多重要品质也随之展示在人们面前，包括诚实的美德，宽广的胸怀，实事求是的精神，负责任的勇气与态度等，而这些品质对于赢得人们的认同、尊重与追随是十分重要的。“人们喜爱追随信心十足、英明的领导。但领导不是万能的，也会犯各种错误。没有人愿意为一个从不承认自己错误的人工作。”[③]当代美国著名领导学者詹姆斯·库泽斯、巴里·波斯纳的研究证明，企图掩盖错误会更严重地损害并实际侵蚀领导的信誉，“没有哪个办法能比承认错误更好地向下属展示我们的诚实……承认自己错了并且采取一定的补救措施，我们因此提高了而不是降低了自己的信誉”。[④]“当你承认你也会犯错，

---

① ［美］沃伦·本尼斯、罗伯特·汤森著，方海萍等译：《重塑领导力》，中国人民大学出版社，2008 年，第 100 页。

② ［美］詹姆斯·库泽斯、巴里·波斯纳著，钟淑珍等译：《领导力的真理》，电子工业出版社，2011 年，第 106 页。

③ ［美］詹姆斯·卢卡斯著，刘永涛译：《企业权力的学问》，上海人民出版社，2000 年，第 87 页。

④ ［美］詹姆斯·库泽斯、巴里·波斯纳著，方晓利、张新、王莉娟译：《领导者：信誉的获得与丧失》，中国经济出版社，2000 年，第 187 页。

也不是那么完善时，你会得到一个额外的回报，就是获得信誉。这听起来似乎有点不可思议，但汉森·埃塔斯对此向我们做了解释。”汉森·埃塔斯是 Strker Endoscopy 的高级设计工程师，他告诉我们：无论我是否承认错误，别人往往都会发现，迟早会知道。于是我就决定，不如省些时间和麻烦，给自己留些尊严，主动先承认自己的错误。结果大大出乎他意料：你这样做反而会让人们更支持你。有时领导者的真实性比他的权力更有威力。汉森还谈到自己获得的另一重要启示：如果你能接受自己的错误，那么你也就能理解和容忍别人的错误。这会让别人感觉你很可靠与可信。他们会为你努力工作而不用担心犯错误，因为他们知道你也出过差错，只要他们努力改正错误并从中学习，即便失败也没有关系[①]。其他的研究者也指出：“犯错误并勇于承认是一种有责任感的表现。犯了错，承认它，然后及时改正则是责任感更进一步的表现。具有此类责任感的领导者能赢得他人的尊敬。”[②]其实，在许多情况下，承认错误并不是领导者向别人公开众所不知的犯错事实（有些事情并不是别人不知道，而是你以为人家不知道，或者你不知道人家早就知道而已），而是向大家表明你正确面对错误的态度。在多数情况下，人们真正在乎的不是错误本身，而是你对错误的态度。

1978 年 10 月，邓小平访问新加坡。此前，极“左”年代的中国一直称新加坡为“美帝国主义的走狗”。当邓小平亲眼看到新加坡的突出成就时，他承认新加坡实行的“对外开放，引进外资”的方针是正确的。谈到中国的对外方针时，李光耀直言中国应当停止革命输出。邓小平略作停顿后问道：“你要我怎么做？”李光耀很是意外，大胆地说：“停止马共和印

① ［美］史都·利文、麦可·柯朗著，陈真译：《新世纪领导人》，中国友谊出版公司，1998 年；詹姆斯·库泽斯、巴里·波斯纳著，刘旭东、牟立新、王士会译：《留下你的印记：体现领导力的最高境界》，电子工业出版社，2011 年，第 144—145 页。

② ［美］威廉·D. 希特著，杨齐亚译：《典范领导者》，机械工业出版社，2004 年，第 136 页。

尼共在华南的电台广播，停止对游击队的支持。”这次新加坡之行，邓小平以惊人的谦虚代表中共和中国政府承认并改正了两个错误：一是放弃保守自闭，实行对外开放，引进外资；二是接受李光耀建议，停止革命输出，大大改善了对外关系。这种实事求是、勇于改过的精神反映出邓小平可贵的胸怀和品格，值得当今领导者学习借鉴。

二、以廉洁奉公赢得“八面威风”

常言道“廉生威”。领导威望的树立离不开廉洁奉公品质的确立。领导者如果缺乏廉洁奉公的操守，而是以权谋私、假公济私，一步一个肮脏的脚印，人们当着你的面可能毕恭毕敬、唯唯诺诺，可是转过身后，人们的真实态度不言而喻（见图 3）。①

图 3

① 图片来源：《杂文选刊》。

因此，以品德高厚支撑威望隆重，必须注意以廉洁奉公换来“八面威风”。

廉洁奉公问题是一个老大难问题。说它老，是因为古往今来，历朝历代对它的提倡、强调、思考、探讨，一直无休止；说它大，是因为它涉及面大，关系重大；说它难，是因为这个问题解决起来并不容易，有相当的难度，需要认真探讨、多方努力。

（一）廉洁奉公的含义简释

从字面上说，奉，即两手恭敬地捧着，引申为恭敬地接受；奉公，就是奉行公事，不徇私；廉洁奉公，就是以认真负责的态度清正廉洁地执行公务，兢兢业业、干干净净地做好自己的本职工作。

（二）廉洁奉公的基本功用

元代学者揭傒斯说：“廉非为政之极，而为政必自廉始。”[①]他告诉我们，廉洁，不是从政的终极目标、最高追求，但是，从政必须从廉洁开始做起，因为它是基础。要达到终极目标，不能缺少这个基础，领导干部的许多追求都是建立在廉洁奉公这一基础之上的。具体来说有以下几点。

1. 为整个社会带来正气清风，有赖于领导干部廉洁奉公

这是从社会大众的角度来说的。社会风气的好坏，与干部队伍有很大的关系。领导干部是社会的模范群体、榜样力量、学习标杆。他们的所作所为，很容易成为大家关注的焦点。他们真正热衷于什么，身体力行地追求什么，很容易被大家看在眼里、记在心上，甚至成为大家效仿的对象，从而对社会风气造成巨大的影响。要想为整个社会带来正气清风，需要领

① 《揭傒斯全集·文集》卷三。

导干部切实做到廉洁奉公。

2. 为党和国家成就事功，有赖于领导干部廉洁奉公

这是从党和国家的角度来说的。为党和国家成就事功，说起来似乎是大道理。但是，作为具有社会属性的人，一般来说，领导干部都希望能够做出自己的贡献，希望能够有所作为，体现自己的社会价值。而社会价值不是凭空而来的，是从为党和国家成就事功、建功立业中来的。不能廉洁奉公，而是贪赃枉法、营私舞弊，就谈不上能够为党和国家成就事功，也就不可能正确体现自己的社会价值。

3. 为所在单位赢得认可尊重，有赖于领导干部廉洁奉公

这是从所在单位的角度来说的。领导干部都是处在某个单位、某个部门当中，为所在单位、部门赢得认可尊重，也是许多人应有的追求。要实现这一追求，就必须做到廉洁奉公。不能廉洁奉公，随便吃拿卡要，该办的事不办，不该办的事乱办，会严重影响单位、部门的整体形象和社会威望，导致“一颗老鼠屎，坏了一锅汤”。

4. 为职业生涯争取善始善终，有赖于领导干部廉洁奉公

这是从干部自身角度来说的。一般来说，人都会为自己打算，希望能够善始善终，能够得到较好的发展（包括思想境界、能力水平提高，也包括职务、级别晋升等），有一个好的结局。实际上怎么样？有些人交出了不光彩的答卷。不能廉洁奉公，就无法善始善终。用明太祖朱元璋的话来说就是：“若守己廉而奉法公，犹人行坦途，从容自适；苟贪贿罹法，犹行荆棘中，寸步不可移。纵得出，体无完肤矣，可不戒哉！”①

朱元璋曾经为自己手下的官员算过账：老老实实地当官，守着自己的俸禄过日子，就好像守着“一口井”。井水虽不满，但可天天汲取，用之

① 《明实录·太祖实录》卷七十七。

不尽。如果心生贪念，不满足于守着自己的“井水”，偏要惦记着河里、江里甚至海里的水……当不义之财如江海之水滚滚而来之时，会把人淹死！古往今来，许多不能廉洁奉公的公务人员就是这么被不义之财淹死的，而且死得很难看，很不划算！即使不死，也要付出代价，失去曾经有过的地位、尊严与自由，剩下的只有悔恨。

总体来说，领导干部不管是为自己还是为别人，为自身小家庭还是为社会、国家大家庭，都需要做到廉洁奉公。在一定意义上说，清正廉洁是宝，领导干部不可缺少。但是拥有此宝，又不能引以为傲。因为既要干净，又要干事，才是真正意义上的廉洁奉公！

（三）廉洁奉公的必然要求

1. 信念坚：理想信念要坚实笃定

要做到廉洁奉公，必然要求坚定理想信念。不要以为理想信念话题是虚话、套话。理想信念有着实实在在的内容，它体现在一个人的追求和行为上。信念决定追求、行为，追求体现信念。这是有些人以生命为代价得出的教训。他们的毁灭败坏，主要就是理想信念问题在作怪。河北省国税局原局长李真在痛定思痛之后得出了这样的结论。他在悔过书《心灵的忏悔》中说：“苏联解体后，有些高官为养家糊口，去看大门、卖馅饼，我就错误地认为，与其一旦江山易手，自己万物皆空，不如权力在握时及早做些经济准备，以防万无一失。可现在共产党的江山依旧稳如磐石，我却完了。”需要注意的是，他在认为“共产党快完了”、丧失了共产主义信念后，把追求定在“做经济准备”上，从而走上了犯罪道路。所以，看起来他好像是毁在经济问题上，实际是毁在理想信念错位上。他在临终前感叹：“生和死原本离得这么近，近得只有一线之隔，而架着这条线的就是信念。”理想信念是统率人的灵魂的，无论是对普通人，还是对领导干部，都起着决定性的作用。如果在这方面出现问题，什么样的危险都可能发生。李真的醒悟对他自己来说实在是太迟、太迟了，但对后人来说，不乏警醒作用。没有坚定的理想信念，就很容易站不稳立场、经不起诱惑，分不清是非、荣辱，从而迷失自己。信念这东西很奇怪，平时不觉得它有多重要，因而也听不进“要重视理想信念”之类的提醒。一旦出了事，就痛心疾首地后悔信念不坚定。这就好像人们对待健康的态度一样：能吃能喝、没有病痛之时，不觉得健康有多宝贵；一旦病魔缠身，才会感到健康的重要性，别的都无所谓！

在这方面，我国杰出的思想家、教育家，元代初期的名臣许衡①的一则逸事值得我们重温。许衡年轻时，有一次在盛夏时节外出远行。因天气炎热，口渴难耐，路边正好有一棵梨树，结有已经成熟且绿色无公害的果实。同行的人纷纷去摘食，唯独许衡坐在树下不动手。有人不解地问：“你为什么不摘梨解渴？”许衡答曰：“不属于自己却去摘取，是不行的！”那人笑其迂腐：“世道这么乱，这梨树已经没有主人了！”许衡严肃地说：“梨虽无主，难道我们的心也无主了吗？”正确的理想信念、价值追求就是人心之主。有了这份心之主，才能够在各种诱惑面前把持住自己。否则如韩非子所言：“中无主，则祸福虽如丘山，无从识之。”②“昨日同台言晏晏，今朝忽讶已锒铛”，古人说的这种情况在最近几年频频出现。不少公务人员锒铛入狱往往是因为“心中无主”而去做了似乎别人在做、实际不应该做的事情。

2. 头脑清：价值追求要合乎理性

要真正树立为人民服务的理念。当领导者尽其最大努力服务于民众

---

① 许衡（1209—1281），字仲平，号鲁斋。怀庆路河内（今河南焦作市）人。金末元初著名理学家、教育家。元宪宗四年（1254），许衡应忽必烈之召出任京兆提学，授国子祭酒。后拜集贤大学士兼国子祭酒。又领太史院事，与郭守敬修成《授时历》。

② 《韩非子》校注组：《韩非子校注》，江苏人民出版社，1982 年，第 226 页。

时，他们的影响力会越来越大。人们不会由于领导者服务于人而看低他们，恰恰相反，人们对其尊敬程度会有增无减。人们甚至会由于太受感动而想方设法给予回报。但是，还是有好多人不愿意去付出，去服务他人，因为他们担心被人瞧不起。他们的内心在面子问题上纠结。在他们看来，那些高高在上的人似乎都是接受别人服务的。认真考虑下面这个问题你就明白，这种想法是错误的。

请问：在你以往的时日中，谁服务你最多？对于绝大多数人来说，答案是母亲。为了孩子，母亲愿意无怨无悔地做任何事情。那么，你认为母亲会因为服务于你而变得更低贱呢，还是变得更值得崇敬？相信大家的答案和感觉都是一样的：当母亲任劳任怨地为你付出时，你一定会变得更加爱她，更加尊敬她。通常，人们认为真正的影响力来自权力——把人呼来唤去，让人供你驱使才会有影响力。事实恰好相反，真正的影响力来自谦卑地服务他人！这是领导干部必须清醒认识到的。豫剧《村官李天成》中的《吃亏歌》唱得好："当干部就应该能吃亏，能吃亏自然就少是非；当干部就应该肯吃亏，肯吃亏自然就有权威；当干部就应该常吃亏，常吃亏才能有所作为；当干部就应该多吃亏，多吃亏才能有人跟随。"一个真正称职的干部，应该是甘心为民吃苦受累的。

3. 作风正：优良作风要真切体现

这里所说的优良作风包括密切联系群众，求真务实，艰苦奋斗，批评与自我批评的作风等。历史已经证明，它们是中国共产党的重要法宝，党的成长与成功离不开这些法宝。

毛泽东在延安的时候，经常到干部院校讲课。一天上午，延安马列学院专门派 4 个人到杨家岭去接毛泽东来院做报告。当他们走上延水河桥头时，遇到了迎面走来的毛泽东。毛泽东打量着来接他的人，严肃认真地说：从杨家岭到马列学院，才十里八里路。两万五千里长征，我们都走过来了，这几步路算得了什么！我又不是不知道地方，不必搞接来送去。“我们要养成一种新的作风——延安作风。我们要用延安作风打败西安作风！”[①]

中国共产党正是依靠密切联系群众，求真务实，艰苦奋斗等优良作风赢得民心、赢得胜利的。在新的历史条件下，领导干部要做到廉洁奉公，还必须保持这些优良作风。丢掉这些优良作风，廉洁奉公必将成空。因为不能做到密切联系群众，高高在上，不了解群众的愿望、要求，当然谈不上能够很好地廉洁奉公；不能求真务实，总是装样子，走过场，说空话，搞形式主义，谈不上能够廉洁奉公；不能艰苦奋斗，总是讲求享受、贪图安逸；不能正确地批评与自我批评，总是听不进不同意见，埋怨、指责别人，都谈不上能够很好地廉洁奉公。

4. 定位明：角色职责要明确到位

角色职责定位不清，行为表现势必出偏，更谈不上能够真正做到克己奉公。这实际上就是一个领导者担当的问题。“担当”为习近平总书记所反复强调并身体力行。他说：“坚持原则，敢于担当是党的干部必须具备的基本素质”“担当大小，体现着干部的胸怀、勇气、格调，有多大担当才能干多大事业”“担当就是责任，好干部必须有责任重于泰山的意识”“干部就要有担当……不能只想当官不想干事，只想揽权不想担责，只想出彩不想出力。”[②] 要真正做好担当，笔者认为必须认识到领导者担当的“四性”。

一是必要性——担当是领导的应有之义。对于领导者来说，担当就是要担负起自己应当履行的领导职责。而领导职责的履行并不是坐在办公室看报纸、喝茶、批文件、打电话那么轻松自在的。因为领导活动往往意味着带领组织成员进行变革、创新，或者说是要动员群众解决当前的难题，

---

① 刘纲主编：《领导活动案例评点 · 方法艺术卷》，广西人民出版社，1998 年，第 232 页。

② 中共中央文献研究室编：《习近平总书记重要讲话文章选编》，中央文献出版社、党建读物出版社，2016 年，第 61、244 页。

更好地开创未来。“领导者，从本义上来说，是革新者：做别人没有做过或不去做的事，做事总比别人先行一步；他创造新事物，推翻旧事物；他从以往的经历中吸取教训，他生活在现实中，一只眼却瞄准未来。”①美国海军陆战队的哈兰德少将为西点军校提出的经典指挥官的12项条件，其中一条就是“硬干”。硬干，不是下死力、使蛮劲胡冲乱撞，而是要敢于碰硬，“去干那些别人真正干不了，而实际上也难以办到的事”。这是最能够考验领导者能力、胆识和水平的地方，也是最能赢得干部群众拥戴的地方。别人能够干得好的事情，不必劳驾你亲力亲为，即使你干好了，也不会有人喝彩、鼓掌，反而有可能发出嘘声。尤其在我国当前的形势下，改革进入深水区和攻坚阶段，改革难度加大，风险性增强，更需要领导者发挥作用，担负责任，在激烈的国际竞争中过激流、闯险滩，立于不败之地。“凡居官者，必先敢于负荷，而后可以有为。”②假如领导者在这方面无能为力，他们的威望必然降至最低。

二是奉公性——担当就是要克己奉公。古人早就指出，官员是“民之役，非以役民而已也”③，是为民众打工的公仆，是领了国家的薪水，应当将自己的才华能力奉献于公众的人。曾有一位企业家去德国办事，与一市长接触，他说真的觉得人家一点架子都没有。他们的观念非常明确：公务员领了工资，就是拿了纳税人的钱为人民服务的。去办什么事，需要什么材料，国家的法律制度是怎么规定的，有什么优惠条件，你可以怎么样合理避税等，他会跟你说得一清二楚。这些公务员的工资收入并不高，但他们的理念很明确甚至根深蒂固，认为这么做是理所当然的。而我们国家有些地方，即使在“八项

---

① ［美］华伦·本尼斯著，吴金根、吴群译：《怎样成为领导》，九州图书出版社，1999年，第135页。

② （元）张养浩：《牧民忠告》卷下。

③ （唐）柳宗元《柳河东集》卷二十三。

规定”以后，如果你去办事，不给他一定的好处，就很难办得成。急于求成者只好悄悄把钱装在信封里面，提醒他说“这是我们补充的材料”。送出这特殊的“补充材料”之后，事情才顺当多了。有些人把当领导看作当官做老爷，当作发家致富的门道。廉洁奉公，不是要求公务人员完全不考虑自己的利益，也不是要求他们牺牲自己的利益，而是要求他们通过提供良好的公共服务得到自己的那份合法收入，不再额外谋求不正当利益，不贪图不属于自己的东西，不能指望通过从事公务而发私财。因为领导、管理岗位不是谋求私利的摊位，这不是唱高调，而是岗位要求，这一点必须非常明确，否则就没办法真正做到廉洁奉公，也谈不上正确地担当。

三是风险性——担当是一种涉险的行为。领导者必须有承担风险的勇气和思想准备。意大利中世纪的思想家马基雅维利早就告诫过：没有什么比成功更加不明朗，没有什么比建立新秩序更危险。因为，发动变革的人将与所有从旧秩序中获益的人成为敌人，即使那些能够从新秩序中获利的人，此时也在冷漠地防卫[①]。甚至可以说：“领导意味着在险境中生活”，因为当你发起变革时，你是在向人们熟悉的、珍视的东西提出挑战，如日常习惯、办事方式、特权或思维模式等，而你带给他们的，只是一种尚未实现的可能[②]；当你质疑人们以往一直持有的价值观、信念以及习惯时，你看起来就是个危险分子；尽管你能清晰地看到光明未来所带来的改善与收获，但人们同样能够清晰地看到你将要让他们蒙受的种种损失[③]。因此，学会估计压力的正确水平，让人们减少抵触，接受进而支持变革，是领导者

---

① ［美］Lee G. Bolman、Terrence E. Deal 著，刘怡译：《像伟大的领导者一样思考——重构的艺术》，人民邮电出版社，2016 年，第 151 页。

② ［美］罗纳德 · A. 海菲兹、马蒂 · 林斯基著，张慧玉译：《火线领导》，机械工业出版社，2014 年，前言第 2 页。

③ ［美］罗纳德 · A. 海菲兹、马蒂 · 林斯基著，张慧玉译：《火线领导》，机械工业出版社，2014 年，第 4—5 页。

最微妙的任务之一。当然，要让领导干部敢于担当，“党的各级组织要旗帜鲜明为敢于担当的干部担当，为敢于负责的干部负责”[①]。

四是高尚性——担当之中有高层次快乐。那是一种奋斗的快乐。为值得追求的事业去担当，既艰苦又充实，并且乐在其中。假如生活的目标是轻松与舒适，任何有理智的人都不会选择去担当领导重任。其中道理不言自明。但如果最好的生活意味着通过充分发挥自身能力去引导、带动大家创造更美好的世界，那么，领导工作就会成为高尚者的选择。这就能够解释为什么有些领导者时而觉得自己已经达到了忍耐的极限，时而又觉得自己从事着世界上最好的工作。“这并不代表混乱和矛盾，这只是承认挣扎和满足是一枚有价值的硬币的两面”。也正因为这样，很多领导者不论是经历了成功还是失败，都会继续寻找其他挑战。因为，新的挑战对他们具有诱惑性、吸引力：“它使领导者的生活充满张力，有时候使失败也变得不那么痛苦，让成功的满足感也更强烈了。”[②]认识和感受到这一点，领导者们才会更加充满热情地去担当。

5. 底线牢：国法党纪要严格遵循

我们国家针对公务人员制定了一些法规、纪律，如《中华人民共和国公务员法》、《行政机关公务员处分条例》《中国共产党廉洁自律准则》和《中国共产党纪律处分条例》《中国共产党党内监督条例》等。这些都是有关人员必须遵循的。不能很好地遵循这些法纪，不能正确处理法理情的关系，凡事讲关系、讲人情、讲好处，违法乱纪，自然谈不上廉洁奉公。

莎士比亚的剧本《特洛伊罗斯与克瑞西达》中，智慧过人的俄底修斯关于纪律与权力、意志、欲望相互关系的论断还值得我们认真聆听：只要

---

① 《关于新形势下党内政治生活的若干准则》，人民出版社，2016 年，第 32 页。

② ［美］小约瑟夫 · 巴达拉克著，孙莹莹译：《伟大的挣扎》，浙江人民出版社，2016 年，第 181—182 页。

把纪律的琴弦拆去，听吧！多少刺耳的噪声就会发出来，“那时候权力便是一切，而凭仗着权力，便可以逞着自己的意志，放纵无厌的贪欲；欲望，这一头贪心不足的饿狼，得到了意志和权力的两重辅佐，势必至于把全世界供它的馋吻，然后把自己也吃下去”。

有一天早朝时，明太祖朱元璋问群臣：天下谁人最快活？大臣们各抒己见、众说纷纭。有人认为功成名就者最快活，高官厚禄者最快活，也有人认为金榜题名者最快活，富甲一方者最快活……朱元璋听后不以为然，面露不悦之色，大臣们面面相觑。沉默片刻之后，一位名叫万纲的大臣答道：天下畏法度者最快活。朱元璋龙颜大悦，夸他“见解独到”。因为，畏法度就是敬畏法纪、遵守法度。为官之人，尊重并遵守法纪，公正用权，不触碰法纪高压线，不会因触犯法度而恐惧、自责、内疚，能够保持内心的宁静与快乐，自然就活得轻松、快乐。因此，尊法、畏法、守法是领导干部永不能松懈的心弦。寓言“玻璃与窗框”所包含的启示值得深思。玻璃老是抱怨窗框把自己束缚得太紧，于是窗框把身子一松，玻璃脱框而出，掉在地上摔得粉碎。法治的“窗框”看似是紧箍咒，实际上却是“玻璃”的护身符。对个人来说是这样，对组织来说也是如此。“政府如同夏天的鱼肉，法律如同冰块。鱼肉若没有冰块的镇慑，立时就会发臭味，变颜色，生蛆虫。政府若想不腐化而保护原来的鲜美，须要时时站在法律之内”①。

（四）廉洁奉公的多方促进

解决廉洁奉公问题，需要让各级各类公务人员做到：不想贪，即有思想觉悟，无贪腐欲望；不必贪，即有生活保障，无后顾忧患；不能贪，即

① 老宣著，朱波编:《疯话连篇》，山西古籍出版社，1996 年，第 312 页。

有监督制约，无贪腐机会；不敢贪，即有强力震慑，无贪腐胆量。简言之，就是要让公务人员无贪欲，无贪需，无贪机，无贪气（胆气）。这需要整个社会、各级组织和公务人员共同做出努力。

1. 社会：增强公民意识

社会不是虚无的，是由千千万万的人构成的实体，我们每个人都是社会的一分子。社会是大家的共同体。要让廉洁奉公蔚然成风，从社会的角度来说，就是要增强公民意识。公民意识是指公民个人对自己在国家中的地位的自我认知，是把国家主人的责任感和权利观、义务观融为一体的自我认识。主要体现在以下几方面。

参与意识。主要是指社会公民作为政治共同体的成员，具有积极参与（直接或间接参与）公共权力运行的主人意识，实际上也是一种履行权利的意识。在实际参与中，公民才能真切体会自身权利和义务，并且形成理性的参与意识。

监督意识。公民的监督意识是公民权利制约公共权力机制的思想保障，公共权力受到人民的监督制约是人民主权原则的核心。

责任意识。拥有公民权利的人必须履行相应的公民责任，在面临个人利益与国家政治、社会利益冲突时，自觉维护公共利益，而不是只顾自身利益或本集团的利益，更不能损公肥私。

规则意识。注重依据明确的规则来协调种种相冲突的意志和行为，而不是由某一人或某一利益集团来决定。这些规则是公民共同合意的结果，或者是通过国家权力进行确认，或者是通过社会习俗予以强化。

社会成员都有强烈的参与意识、监督意识、责任意识与规则意识，公务人员廉洁奉公就有了基本的社会保障。

2. 组织：注意外松内紧

从组织的层面来说，主要是真正努力建设服务型组织，注意外松内紧，“筑牢拒腐防变的思想防线和制度防线，着力构建不敢腐、不能腐、不想腐的体制机制”[①]。

（1）外松——做到两个适度

第一，适度放权，减少权力寻租。就是对有关社会事务（涉及个人、企业和民间组织等）该放权的放权，不要什么都管，管得太多，容易管不到位，出漏洞；管得太多，权力太大，造成大量权力寻租的市场，使办事越来越难，效率越来越低，成本越来越高，还容易滋生腐败。当然，正如习近平总书记所说的：“简政放权、先照后证不是不要管理了，该管的还要管，上级部门放的权，下级要接住，不能出现真空地带，这也是守土有责。”[②]一旦出现真空地带，势必衍生诸多弊害。

第二，适度透明，善待新兴媒体。一方面，要理性吸收网络养分，发挥其积极作用。据对中国重大舆情事件的研究显示，网络舆情在近七成的事件中起到了推动政府解决问题的正面积极作用。互联网是社会的毛细血管，是党委政府了解社情民意非常重要的渠道。网民表达的自由度相对较大，网络问政听政平台传达的底层声音有更多的原汁原味。以健康心态理性吸收其中的养分，走好“网上群众路线”，对于我们做好工作是十分有益的。正如习近平同志所指出的那样：“善于运用网络了解民意、开展工作，是新形势下领导干部做好工作的基本功。各级干部特别是领导干部一定要不断提高这项本领。网民大多数是普通群众，来自四面八方，各自经历不同，观点和想法肯定是五花八门的，不能要求他们对所有问题都看得那么准、说得那么对。要多一些包容和耐心，对建设性意见要及时吸纳，对困难要及时帮助，对不了解情况的要及时宣讲，对模糊认识要及时廓清，对怨气怨言要及时化解，对错误看法要及时引导和纠正，让互联网成为我们

---

① 《关于新形势下党内政治生活的若干准则》，人民出版社，2016 年，第 40 页。

② 2016 年 1 月 18 日习近平《在省部级主要领导干部学习贯彻党的十八届五中全会精神专题研讨班上的讲话》。

同群众交流沟通的新平台，成为了解群众、贴近群众、为群众排忧解难的新途径，成为发扬人民民主、接受人民监督的新渠道。”[①]广西某市委书记对此深有感触：我接任市委书记的第三天，就有网友在网络论坛上给我写了一封公开信，提了六点建议，条条戳中要害痛点，为我们的工作“开窍、提神、醒脑”，促使我们执政理念更加以人为本，执政方式更加与时俱进，执政品质更加改革创新[②]。另一方面，适度透明不等于全不设防。众所周知，网络上充斥着大量虚假信息、偏执言论，在引导与管理缺位的背景下，在权力机关公信力偏弱的情况下，在某些人别有用心的操控下，网络舆情有可能演变成“公共舆论危机”，甚至成为一种让人猝不及防的颠覆力量。为了避免“谣言重复千百遍就成了真理”的恶果，对网络进行适度管控，抓紧时间健全有关制度，增强网络防卫力量，也是非常有必要的。毕竟世界并不太平，外部势力未必总是那么与人为善，心甘情愿地让我们和平发展。

（2）内紧——对组织内部严格法纪，强化监督

通过完善的监督举措，通过严厉的惩处，加大腐败的成本（同时也为领导干部廉洁奉公提供相应的保障）。古语说“从善如登，从恶如崩”。人是一种可上可下的“居间性”动物。从善、向上有限度也有难度；从恶、向下却随时可能且相当迅速。有些人的腐化堕落也许就是在一夜之间甚至一念之间。明人王守仁[③]说：“人在仕途，比之退处山林时，其工夫之难十倍。非得良友时时警发砥砺，则其平日之所志向，鲜有不潜移默夺，弛然

① 习近平：《在网络安全和信息化工作座谈会上的讲话》，《光明日报》2016年4月26日第2版。

② 汪晓东、张意轩、于洋：《让互联网更好造福国家和人民——习近平总书记在网络安全和信息化工作座谈会上的重要讲话引起强烈反响》，《人民日报》2016年4月21日。

③ 王守仁（1472—1529），字伯安，别号阳明。浙江余姚人，著名思想家、文学家、哲学家和军事家，陆王心学之集大成者。历任刑部主事、贵州龙场驿丞、庐陵知县、右佥都御史、南赣巡抚、两广总督等职，晚年官至南京兵部尚书、都察院左都御史。因平定宸濠之乱而封新建伯，隆庆年间追赠新建侯。

日就于颓靡者。”[①] 身在仕途，手把大权而又面临巨大诱惑的人，仅仅靠“良友时时警发砥砺”是不够的，必须从法律制约着眼，对有权位者的“从恶”性保持高度警觉，并建立相应的制度、机制保障。比如，建立权力分解制度。对有审批权和管人财物等容易发生腐败的部门，进行权力分解，使之互相监督制约，改变一个人说了算的审批权力结构。如工商登记发证实行批、发分离，执法部门罚款实行判、罚分离等。大笔资金的使用要加强预算管理，要由集体讨论决定。一些较好地解决了廉洁奉公问题的国家或地方的经验，主要就是靠制度、机制保障，使执掌公权力的人员不能贪、不敢贪也不必贪。

当前，中国共产党正在大规模开展全面从严治党的活动，正是这种“内紧”的具体体现。作为中国工人阶级的先锋队，同时也是中国人民和中华民族的先锋队，中国共产党当然应该严格要求党员守纪律、讲规矩，增强政治意识、大局意识、核心意识、看齐意识，并且通过他们的行为表现，在社会上发挥积极表率的作用。

3. 个人：切实远离贪腐

或许有人会说，廉洁问题的解决要靠制度、机制，我们自身是无能为力的，个人改变不了什么。其实，个人因素是起作用的，否则就很难理解，为什么在一样的环境下，有些人清正廉洁、克己奉公，而有些人却贪赃枉法、腐化堕落。从个人来说，主要是解决不想贪、不必贪的问题。真正做到以下几方面是可以有所帮助的。

（1）感怀养育恩情

走向廉洁奉公对立面的人往往是缺乏感恩之心的人，他们总是认为，自己所得到的都是理所应当的，而没有得到的，都是组织或社会欠自己的，

---

① 《王阳明全集》静心录三。

一味索取，贪得无厌，也就谈不上能够廉洁奉公。所以领导干部一定要懂得感恩，懂得感怀各方面的养育之恩。其中包括以下几点。

家庭的爱养。每个人的成长、发展都有赖于家庭的关爱、抚养。每个有良知的人都应当对此心存感激并且予以回报。这里有一个如何正确地感恩报恩的问题。需要注意的是，不要让感恩之心异化为贪婪行径。以权谋私，贪赃枉法并不是亲人们最渴望的报答。俗话说平安是福、健康是福。对于亲人来说，你的平安工作、你的健康发展就是他们最大的幸福。而通往平安工作、健康发展最可靠的途径就是廉洁奉公。

组织的培养。每个人的成长都离不开组织的培养，包括组织上进行传帮带，提供学习、培训和交流、锻炼的机会等。组织为我们做了很多，我们应该为组织奉献什么？廉洁奉公应该是我们的正确选择。

社会的供养。领导干部就是属于接受社会供养的群体，他们的衣食住行都来源于社会各界的纳税。明代学者型官员吕坤就此提出过告诫：感怀供养之恩，日夜不可忘情。“吃这一箸饭，是何人收打底？穿这一匹帛，是何人织染底？大厦高堂，如何该我居住？安车驷马，如何该我乘坐？获饱暖之休，思作者之劳，享尊荣之乐，思供者之苦，此士大夫日夜不可忘情者也，不然，其负斯世斯民多矣！”[①]清人叶镇则指出“为官须求消受得过”。也就是说，官员必须有这样的意识：自己的作为一定要对得起国家、社会为供养官员所花费的。“朝廷荣我以章服，厚我以俸禄，出则舆马随从，入则僮仆趋承，事事与人异等。我若一日无一事益于国、便于民，此一日即难消受。如此警醒，安得不抖擞精神向好处做去。”强调这一点的针对性在于，“居官者每觉官不如意，民不称心，鲜有念及我负此官此民者”。所以，“消受得过”这四个字，是良心，也是公道。他主张但凡有良

---

① （明）吕坤：《呻吟语》卷三・应务，岳麓书社，1991 年，第 172 页。

心、讲公道的官员都应该做到“为官须求消受得过。”[①]

（2）接受监督关爱

强调这一点的必要性在于人性当中有靠自己很难克服的弱点，一般人的自律都难免有局限性。“迷于利欲者，如醉酒之人，人不堪其丑，而己不觉也。”[②]认识到这一点，我们必须有接受监督的自觉。端正对监督的认识、态度，消除抵触情绪，把它看作是一种特殊关爱：对以权谋私、贪赃腐化的妨碍，正是对领导干部健康成长的特殊关爱。对于官员、领导干部来说，先进性没有自动保险——没有谁能够保证你永远先进。监督就是要给先进性投保——提供基本保障。

（3）吸取败亡教训

从某种意义上说，有利用价值的领导者其实是一种猎物，时常处于别有用心的狩猎者的包围之中。抱着谋求私利的想法去当领导，所做的一切事情就很容易偏离正常。不仅不能主动以权谋私，还要防备别人提供的各种诱惑。“所有自己认为是当官能享受的、产生快感的事情，背后都可能隐藏着罪恶，都可能是陷阱。有人说，天上掉馅饼之时，就是地上有陷阱之时。一旦突然凭空来了一个好处，一定要警惕”[③]，一不小心就会掉进陷阱，导致身败名裂。要避免这种危险，须切实注意以下几点。

珍惜俭朴之益。俭朴的道理似乎很平凡，平凡得容易让人忽略。但一些人出问题恰恰与不能珍惜俭朴之益有关。“凡人贪淫之过，未有不生于奢侈者。俭则不贪不淫，可以养德，一益也；人之受用，自有剂量，省啬淡泊，有长久之理，可以养寿，二益也；醉浓饱鲜，昏人神智，若蔬食菜

① （清）叶镇：《作吏要言》，徐栋：《牧令书》卷一。

② （明）薛瑄：《薛文清要语》内篇。

③ 中共中央文献研究室编：《习近平总书记重要讲话文章选编》，中央文献出版社、党建读物出版社，2016年，第135页。

羹，则肠胃清虚，无滓无秽，可以养神，三益也；奢则妄取苟求，志气卑辱，一从俭约，则于人无求，于己无愧，可以养气，四益也。”[①]对于公务人员来说，生活上追求奢侈，极易趋向于贪淫，让人折寿、伤神、丧失气节。安于俭朴的生活，则有益于养德、养寿、养神、养气。对照现实，古人的这番教诲还很有借鉴意义。以养气而言，一旦对别人有欲求，就很容易趋向于低三下四、卑躬屈膝，失去浩然之气。俗语所谓“人到无求品自高”“无欲则刚”，说的也是这方面的道理。

警惕嗜好陷阱。对于掌握权力的人来说，嗜好陷阱，相当凶险！保持清正廉洁，不仅仅是拒绝收受别人赤裸裸的金钱贿赂，还得严防别有用心之人针对自己的生活嗜欲狠下投其所好的功夫。“凡小人欲献其小惠者，屡以珍馐奇异之物投其所好。如官人好饮，即投之美味酒馔；好色，即投之以容貌娼优；好文，即投之以诗文词章；好戏弄，即投之以器皿书画；好花木，即投之以奇花异草……稍有偏私，鲜有不堕其计而为所迷惑矣。虽欲廉正，其可得乎？”[②]在这方面，清朝刑部官员冯志圻的一个做法值得借鉴。冯志圻酷爱碑帖书画，尽管他从不在人前提及此爱好，可还是有人知道。一次，有位下属送来一本宋拓碑帖，他原封不动予以退回。有人劝他即使拒收，打开看看也无妨。冯志圻说，这种古董乃稀世之物，一旦打开，亲眼见识，我就可能爱不释手，而不打开，还可想象它是赝品，“封其心眼，断其诱惑，怎奈我何？”冯志圻的明智在于，他深知自己与绝大多数人一样，抵御珍宝诱惑的定力有限，于是选择以远离诱惑的办法来严防诱惑伤身。

善于比较权衡。昧于比较权衡，轻则身心失衡，重则前途沉沦。有些人贪赃枉法，贪得无厌，往往是因为比较权衡的坐标没有弄对，不善

---

① （明）徐榜：《宦游日记》俭有四益。

② （明）汪天赐：《官箴集要》卷上。

于进行比较权衡。古人说："非无足财也，心不足也；非无安居也，心不安也……吾人之道德品谊，当向胜于我者思之，则希圣齐贤，而奋励之心自起。吾人之居处服食，当向不如我者思之，则随缘安分，而觊视之念自消。苟非然者，不以不如人之道德品谊为耻，而以胜于我之居处服食为羡，身在今日，心在他年，欲根不断，愁火常煎，势将多病易老，无益有损。"[①] 人，最好不要轻易与别人相比。人与人之间的确有各种差异，很难比得清楚。要比，最好是与自己比：今天与昨天相比，今年与去年相比，有什么长进、提高，一直做最好的自己。这样的比较对自己有益无害。如果实在忍不住要跟别人比，一定要弄清楚两点：跟谁比、不跟谁比，跟对方比什么、不比什么。否则就会导致"人比人，气死人"，甚至会"人比人，害死人"！

注意防微杜渐。不能防微杜渐，就很容易导致突破不该突破的底线。义利关口，必须严格把守。因为"义利关乃人鬼关，若非确有把握，鲜不入鬼界者"。[②] 古往今来，好些贪腐官员就是由于义利关失守而走上"由人变鬼"的绝路的。清人方大湜描述了这一过程："左右以利诱，其初多在可取不可取之间。偶一为之，自谓无甚妨碍，久则只知有利，不知有害，则遇有妨碍者亦必悍然不顾。况此端一开，被人牵鼻，取与不取，并不能由自己主张耶？"情移势逼，欲罢不能，只能在堕落的道路上越走越远。所以，他主张懂得自爱的官员必须把不正当利益看作是"入口即死"的毒酒、毒药，"无论如何饥饿，万万不可尝试"。[③] 这番告诫相当恳切，值得后人三思。

唐朝宰相陆贽也把这个道理说得非常透彻。他对自己要求很严格，

---

① （清）刘德新：《馀庆堂十二戒》戒妄念。

② （清）方大湜：《平平言》卷一。

③ （清）方大湜：《平平言》卷一。

拒绝收受任何礼物。当时的德宗皇帝劝他说："别人送什么，一点都不收也不太好，像马鞭之类的，你收下也没什么关系。"陆贽回答说："一旦开了受贿这个口子，必定胃口越来越大。收了鞭子靴子，就会开始收华服裘衣；收了华服裘衣，就会开始收钱；收了钱，就会开始收车马座驾；收了车马座驾，就会开始收金玉珠宝[①]。"事实上，许多人就是这样走向毁灭的。

曾国藩在防微杜渐方面也有值得学习的地方。他曾经在日记中写道："昨夜梦人得利，甚觉艳羡。醒后痛自惩责，谓好利之心至形诸梦寐，何以卑鄙若此！"曾国藩真算得上是高度注重防微杜渐了！好多人无法做到像他那样，作为平常人，也许难免有利己私心。在某种意义上说，人是自私的，但又不能太自私，不能任由私欲将脑海占领，更不能为谋私铤而走险。自私过度乃是对自我的一种杀戮！

三、以能容善忍推进正己率人

（一）正己率人是实现有效领导的前提

领导就是率领、引导人们为共同目标的实现而努力。要真正有效地领导，达到做事有人追随，说话有人信从的境界，首先必须正己。己身不正，何以率人！"发号施令并不能帮助领导者实现自己的意图。真正的领导是通过以身作则来实现的，而不是简单的行政命令。无论你喜欢与否，你的做法都会成为组织其他成员的榜样。你对他们有巨大的影响。"[②]

---

① 中共中央文献研究室编：《习近平总书记重要讲话文章选编》，中央文献出版社、党建读物出版社，2016年，第264页。

② ［美］迈克尔·阿伯拉肖夫著，刘祥亚译：《这是你的船》，机械工业出版社，2015年，第41页。

（二）实现正己率人，必须注重能容善忍

这里所谓能容善忍，包括忍让、忍耐、宽容、克制。有人说，“忍”是中国传统文化中的糟粕，中国的悲哀就在于崇尚忍。忍的人越多，对我们的事业越不利。笔者是主张“能容善忍”的，试从三个层面阐述其必要性。

1. 能容善忍是构建社会和谐的需要

这是就整个社会的宏观角度而言。俗话说，忍是心上一把刀。忍的滋味可想而知。从个人的角度来说，也许大家都倾向于“不要忍”，都喜欢径情直遂，“想怎么样就怎么样”：什么话想说就说，什么事想干就干，什么东西想吃就吃，什么地方想去就去。如果总是想说不能说，想干不能干，想吃不能吃，想去不能去，总是忍着、忍着，多不爽呀！但是，从整个社会的角度来说，忍是必需的，是有价值的。因为社会是由众多的成员构成的。如果每个社会成员都想怎么样就怎么样的话，整个社会势必矛盾重重、冲突不断，根本没有秩序、和谐可言。所以，不能简单地认同“忍是中国的悲哀”的说法。国家要有法律法规，政党要有纪律、规矩，单位要有规章制度，其实都是以“忍”提出基本规范，没有这些规范，整个社会将难以想象。“我们必须学会忍受我们无法逃避的东西。我们的生命像世界的协奏曲，由相异的因素组成——由各种各样的声调组成，美妙的和刺耳的，尖锐的和柔和的，活泼的和庄严的。”就好像一个人挤进人群，必定这边挤一下，那边挤一下，曲起双肘前推后挡，根据他所碰到的障碍，迂回曲折，弯来弯去。因此他不能只是根据自己意愿的方式生活，也得根据别人的方式；不能只是依照自己的计划，还要依照别人的提议，依照时间，依照他人，依照场合[①]。人在社会

① ［法］蒙田《随笔集》，武俊平主编《思想者的思想》，经济日报出版社，2007年，第134页。

中生活，必须这样。

2. 能容善忍是顾全事业大局的需要

这是就一个组织、一项事业的中观角度而言。所谓“小不忍则乱大谋”，个人在集体面前，局部在全局面前，某些痛苦、委屈，某些利益的丧失都是必须忍受的。就目前来说，进入新常态以来，许多公务人员觉得福利减少了，以前可以轻易得到的某些物质利益、生活待遇现在得不到了。对于这种情况，有些人安之若素、欣然领受，因为他们知道，从组织的健康发展大局来说，从中国共产党长期执政的事业大局来说，这是每个党员干部应该承受的——按照以往的状况发展下去，随意性太强，是会出大问题的。必须有明确、合理并且得到坚决贯彻执行的制度规定。自党的十八大以来，党政机关、国有企事业单位办公用房的整顿也是同样的道理，用得好好的办公室，突然被要求分割出一定的面积以符合上面的标准要求。有些办公室是用加装一道玻璃推拉门的方式来进行分割的。因此有人说这种行为是瞎折腾、劳民伤财。这种事情不能简单地算经济账、眼前账，而要算政治账、长远账。从政治上说，从长远来看，即使整顿办公用房造成一些个人的不爽与不便，需要增加一些经济开支，那也是我们必须要承受的。

3. 能容善忍是抵御利欲诱惑的需要

这是就领导干部自身的微观角度而言。领导者往往掌握一定的权力。权力是一种强力吸盘，能够把各种对它有感应、有所求的人吸引到周边来。有些人为了达到利用权力如己所愿的目的，会向掌权之人提供诱惑。从某种角度来说，有利用价值的官员其实是一种猎物，时常处在“狩猎者”的包围之中。“狩猎者”会提供一些诱饵。因此，在人际交往中，领导干部常常会面临各种诱惑，比如金钱、美色的诱惑等。从人的自然属性来说，不管是金钱还是美色，都是人们喜欢的。所以，从自然属性的角度来说，面对这些诱惑，也许我们根本不想抵抗。但是，人之所以高于一般动物，就是因为人不仅仅有自然属性，还有社会属性和精神属性。作为具有社会属性和精神属性的人，理所当然要考虑所作所为的社会关系、社会影响、社会法纪、社会伦理与社会责任等，必须有一定层次的精神追求，而不能仅仅依顺自然属性、生物本能去采取行动。对于领导干部来说，诱惑多、危险大，把持不住就倒下！所以，在利欲诱惑面前，坚忍、克制、抵御就成为必要而明智的选择。

总体来说，能容善忍不是怯懦认输，不是窝囊无能，也不是虚伪残忍，而是一种顾全大局的崇高境界，一种为了长远目标而自我克制、牺牲的可贵精神，是一种典型、坚忍的东方性格。

（三）切实以能容善忍推进正己率人

要实实在在地正己率人，必须在能容善忍方面做到以下几点。

1. 忍苦耐劳

要想很好地完成上级交给的任务，担负起人民的付托，在各行各业做出新的成绩，开创新的局面，通常会遇到艰难困苦。有些事情需要领导干部去冥思苦想、持久操劳，忍受精神和肉体上的双重劳苦。尤其是身在基层的领导干部，直面民生，直接跟最基层的干部和农民、工人打交道，“他们就像飞速旋转的陀螺，一会儿滑向这里，一会儿又滑向那里，或像拧紧发条的时钟永不停摆。哪怕腰酸背痛、手脚麻木、口干舌燥、两眼发黑。压力大啊！”[①] 正如明朝吕坤说：“做官都是苦事，为官原是苦人。”[②] 习近平总书记也说做领导工作本来就是“苦差事”，很多时候要“五加二”“白加

① 张信江:《芝麻官随想——一个县长的执政写真》，现代出版社，2013 年，第 44 页。
② （明）吕坤:《呻吟语》卷五 · 治道，岳麓书社，1991 年，第 275 页。

黑”，想舒舒服服的就不要当领导干部[①]。尤其在改革攻坚的时代，各级干部必须树立一种“吃苦就是进补”的观念，正确对待艰难困苦，发扬忍苦耐劳精神，率领广大群众干事创业。

2. 藏锋敛锷

所谓藏锋敛锷，就是对自己的聪明才智要好好把握，不要过分地锋芒毕露。人有聪明才智，就好像拥有了一笔宝贵财富，本来是一件好事，需要时把它发挥出来，能够帮助自己和团队克服困难险阻，赢得众人的赞赏、认可与拥戴。但在不需要之时让聪明才智过分外露，随处自夸、炫耀，则很可能有害无益。比如，自己曾经出过一个好主意，就会念念不忘地在上级和众人面前再三提起；上级曾经决策失误过一次，就经常自作聪明地在众人面前大肆宣称：“我早就知道这是行不通的，我早就清楚它会是这个结果”等。其后果可想而知。所以，对于自己的聪明才智，确实存在一个好好把握的问题：知道在何处表现，而非处处表现；知道在何时表现，而非时时表现；知道在何人面前表现，而非在人人面前都表现。这也符合具体问题具体分析、因时因地因人制宜的哲学原理。否则，只能是聪明反被聪明误，也就不可能很好地率领大家前行。

3. 忍辱负重

为了重大的使命、远大的目标，即便是面对委屈、屈辱也要默默地忍受。这不是怯懦无能的表现，而是意志坚强的表现，是一切胸怀大志、有大局观念者都应具备的可贵品节，是真正意义上的大智大勇。宋代著名文学家苏轼在《留侯论》中指出：“匹夫见辱，拔剑而起，挺身而斗。此不足为勇也！天下有大勇者，卒然临之而不惊，无故加之而不怒。此其所挟持者甚大而其志甚远也！”胸无大志的人，往往在好多鸡毛蒜皮的问题上

① 中共中央文献研究室编：《习近平总书记重要讲话文章选编》，中央文献出版社、党建读物出版社，2016年，第125页。

不依不饶、没完没了地与他人斤斤计较。而具有远大的志向、抱负的人却特别能够忍辱，坦然、淡然面对一些“匹夫匹妇”难以忍受的事情，不愿或不屑于为此分心、劳力，始终把自己的心思、精力放在志向、抱负上。英国作家哈代说：“忍耐就是肉体上的谨慎与道德勇气的混合体。”这种“混合体”对于现代领导者来说依然是有益的，因为在工作中难免有摩擦碰撞，甚至被别人（上级、同事等）误解、错怪，受委屈、失面子，这都需要我们从大局出发，加以包容、忍受，委曲求全——求事业发展和集体利益之大全。以大局为重，以目标为重，寻常烦恼就显得无足轻重，个人情绪就变得易于调控。这是千真万确的，也是有益的。反过来，一点委屈都受不了，怨怨相报、互不相让，必将导致害人又害己的恶性循环结局——为了面子，最后连“里子”都丢了，甚至像蜜蜂一样，为了那愤怒的一蜇，连自己的性命都断送掉。所以，有些时候的确是需要“言之逆耳勿遽动于心，心所不然勿遽形于色”[①]这样的“城府”的。

4. 忍气制怒

忍气制怒就是对自己进行心绪管理，调控自己的愤怒情绪。其必要性在于怒火失控、大发脾气有时真可能“一发不可收拾”，导致多方面的严重后果：焚毁理性，贻误事业；灼伤自己，殃及他人；恶化关系，深化矛盾。甚至有人说“愤怒像炸药，碰到东西就一同毁灭。”[②]清人郑端对此有较详细论述：“七情所偏，惟怒为甚。怒如救焚，制之在忍。苟不能忍，非徒害人忤物，抑且偾事伤生。故居官者逞怒于刑，则酷而冤；发怒于事，则舛而乱；迁怒于人，则怨而叛矣”[③]——当人的七情（喜、怒、哀、惧、爱、恶、欲）发生偏差时，只有怒是最为厉害的。制怒就

① （明）王樵：《方麓集》卷九。
② ［英］培根著，石磊编译：《培根谈人生成就》，中国商业出版社，2011年，第182页。
③ （清）郑端：《政学录》卷三。

好像救火一样急迫，靠得住的办法就是忍。假如不能忍，不仅祸害、冒犯别人，并且还会把事情搞糟，使人受到身心伤害。所以，当官的人在用刑时发怒，就会导致残酷冤案发生；在处理政事时发怒，会造成错误和混乱；迁怒于不相干的人，会引发别人怨恨甚至背叛。现代的相关研究也一再证明“情绪是具有传染性的，它不仅像电流一样在人的大脑和身体中流动，还在人与人之间快速传递”。[①] 这不仅妨碍自身发展进步，也会影响领导成效：“缺乏情感的自我控制能力是管理者通向成功道路的主要障碍。那些容易发怒或是在压力环境下就难以冷静思考的人根本不可能成为优秀的领导者；那些很容易情绪失控或者是不能恰当表达自己情绪的人根本无法将人们团结在自己周围，反而会将人们推得更远。”[②] 习近平同志回忆自己当县委书记时，也因为情绪失控发过几次火，后来感到发火效果不太好，最后都需要想办法去弥补[③]。

调整好心情，才能处理好事情。怎样才能掌控自己的愤怒情绪呢？仅仅知道要“忍”是不够的，还要懂得用适宜的方法去“忍”。当别人触犯你时，你心中有气，忍而不发，这不能长久也并不可取，因为“忍或有藏蓄之意。人之犯我，藏蓄而不发，不过一再而已。积之既多，其发也如洪流之决，不可遏矣”，可能引发不堪设想的恶果。必须及时把怨气、怒气排解掉，不要让它存留在心上[④]。清朝官员郑端的主张是“务须涵养其气质，广大其心胸。非礼之触，必思明哲所容；无故之加，必虑祸机所伏。先事

---

① ［美］安妮·麦基、理查德·伯亚斯、弗朗西斯·约翰斯顿著，范霁瑶译：《高情商领导力》，中国人民大学出版社，2012 年，第 34 页。

② ［美］安妮·麦基、理查德·伯亚斯、弗朗西斯·约翰斯顿著，范霁瑶译：《高情商领导力》，中国人民大学出版社，2012 年，第 32 页。

③ 中共中央文献研究室编：《习近平总书记重要讲话文章选编》，中央文献出版社、党建读物出版社，2016 年，第 85 页。

④ （宋）袁采：《袁氏世范》。

常思情恕理遣。怒已则如风恬浪静，非惟善政，亦可养生”。[①] 意思是说，官员要有效地制怒，务必注意涵养气质，把心胸放宽广。碰上不合乎礼制的触犯，一定要想到这是明哲之士所能包容的；面对无缘无故强加的屈辱，也一定考虑到其中潜藏的祸患，善于超前地用感情与理性来宽恕、排遣那些惹自己发怒的人和事，使自己愤怒情绪得以止息，保持风平浪静的心境，这不仅有助于改善政务，也有助于保养身体。现代的科学实验也证明了这一点。美国斯坦福大学医学院做过一项实验：让人对着鼻管呼气，然后把鼻管插在雪地里 10 分钟，雪如不变，说明那人比较心平气和；雪如变黑，说明那人有些抑郁内疚；雪如变紫，则说明那人生气动怒。给小白鼠注射 1 ～ 2 毫升变紫的雪水，1 ～ 2 分钟后小白鼠就死了。在某种意义上说，怒气是一种毒气，需要克制。

有些时候，我们可以通过改变思考的方式来调节自己的情绪。其中一种方式是推己及人、重新评定。比如，你在路上开着车，一辆车突然很危险地插到你的车前面，然后疾驰而去。这可能会让你非常生气。当你血压开始升高时，你突然间想起自己以前在惊慌失措地开车飞驰前往急救室时也有过类似的举动，当时你心爱的孩子吊着脱臼的肩膀在车里号哭不止。想到这里，你的愤怒立马消散，血压恢复正常，你甚至开始为那车上的某个人担心，因为你意识到医院就在前面不远处。[②]

适当降低你的期望也会有助于自己愤怒情绪的调控。因为在许多情况下，愤怒情绪源于你对生活及他人不切实际的期望。

5. 忍欲慎始

对于某些不正当的欲望，一定要注意把牢关口，不要突破。一旦突破，

---

① （清）郑端:《政学录》卷三。

② ［美］迈克尔 · 加扎尼加著，彭雅伦译:《人类的荣耀》，北京联合出版公司，2016 年，第 212 页。

就会越陷越深。在这方面，需要强调谨防心存侥幸。这是古往今来一些出问题的官员、领导干部给我们留下的教训。他们的劣迹、恶行往往在心存侥幸中开启，因心存侥幸而在诱惑下沦陷的。形象地说，侥幸是一位不负责任的婆娘，一旦与贪婪结合，便会生下犯罪这个畸形儿。清人袁守定《居官通义》有言，“人之爱身必甚于爱贿”，别人提供的贿赂毕竟是身外之物，不如自己的身家性命来得宝贵。但是很多人“往往以贿易身”，这么愚蠢的事情都去做，而且历朝历代绵绵不绝，就是因为侥幸之心在起作用：“大都以为行事密，人不知也。”[①] 吕本中《官箴》中也有过这样的论述：“世之仕者，临财当事，不能自克，常自以为不必败。持不必败之意，则无所不为矣。然事常至于败而不能自已。”“持不必败之意”就是心存侥幸，这种侥幸心理会强力驱使“临财当事”的官员反反复复去做本不应该做的事情，直到败露才会停止。所以，他给后人的忠告是“设心处事，戒之在初，不可不察”。广西一位犯罪的处级干部被查处后做了这样的供述：“自己认为和行贿者是单线联系、私下交易，这种事情天知地知、你知我知他不知。”在他看来，既然别人都不知，那当然能拿就拿了。这种心理有相当的代表性。问题在于，拿了一次，别人不知，肯定会想第二、第三次。拿了两三次别人仍不知，肯定会想更多次。从开始的忐忑不安到后来的习以为常或麻木不仁，正是侥幸心理在作怪：那么多领导干部贪污受贿，也没见抓住几个，只要自己谨慎一点，不会有事的……其实，有这种侥幸之心，出问题是早晚的事。在某种意义上，真是“贪欲二字，坏尽世间人。得便宜处再往，得便宜事再做，终有悔吝之时”。[②]

一位县处级领导干部随党校培训班到监狱参加警示教育，听了两位服刑人员的现身说法后表示，虽然他们讲的是事先准备好的稿子，但从中也

① （清）徐栋：《牧令书》卷一。

② （清）陈宏谋：《在官法戒录》卷一。

体会得到他们的悔恨交加，痛苦万分。能不悔吗？能不痛吗？这下面坐的原来都是同人，有些甚至还是同事啊，但现在竟成了被一道高墙和电网隔开的两个世界的人：自己是失去自由的犯罪分子，下面坐的是有职有权的领导干部！一次次面对这些领导干部述说自己的罪行，撕开自己的伤口，一个个午夜梦回撕心裂肺的痛与悔！悔不该当初存有侥幸心理，一失足成千古恨啊！他说："坐在下面听服刑人员现身说法，我不由得胡思乱想：这些服刑人员在与一批批领导干部诉说自己悔与痛的同时，会不会在心里恶意猜测：'这些神情严肃的家伙里面，将有几个会进来与我为伴呢？'一时间，我悚然而惊，汗湿衣背：千万不要存有侥幸心理啊，同志们！"

6. 忍让有度

需要指出的是，"忍"不是无边无际的。忍气制怒并不意味着制止和禁绝愤怒情绪。那既不可能也不可取：一方面，喜怒哀乐本是人的天性，完全制止、禁绝发怒，把脾气"阉割"得干干净净，那是不可能的；另一方面，面对现实生活中某些卑鄙、丑陋的人与事，一个有真情、有正义感的领导干部，一个讲党性原则的人可以动怒，也应当动怒，甚至应当怒火万丈！西方格言说得好："愤怒是一种灵魂的肌腱，谁缺少它，就会成为精神上的残疾人。"[①] 我们主张的只是不要让愤怒情绪劫持了自己。无论任何情况下，都应该做情绪的主人，恰当调控情绪，而不是被情绪所摆布。明智的、有正义感的领导者与普通人的区别不在于他们不动怒，而在于他们能够理智地掌控脾气，有理由、有分寸地发怒，分清在什么场合、对什么人发脾气，用什么方式表现出来，发到什么程度，达到什么效果。用得恰当，脾气可以成为领导者权力的一种辅助力，即使是电闪雷鸣般的批评，如果准确、适度，不仅无损于领导的威望，而且能增加领导的威严，有助

① ［英］约翰·格罗斯：《牛津格言选》，汉语大词典出版社，1991 年，第 49 页。

于推动问题的解决。有县里的领导说，在泰山压顶似的工作任务面前，对完不成任务指标的基层干部不会那么客客气气、斯斯文文。遇到偷奸耍滑的、牛皮糖似的主儿，有些县领导不管平时有多儒雅，一犯急就顾不得斯文，跳将起来，不用官腔，直接用土话干上，捶桌子、打板凳，有点像《亮剑》里李云龙的作风，在战场上哪能搞请客吃饭那一套啊[①]！甚至有人主张要“珍惜愤怒”（详见本章延伸阅读，供读者参考、比较）。

2003年11月16日习近平同志在浙江省委书记任上接受中央电视台“东方时空”栏目访谈时表示：发脾气有两种情况：一种是真正有感而发，不可自抑，怒发冲冠，自然地就发了；另一种是理智的选择，这时候拍桌子是必要的，不拍不足以震慑，不拍不足以引起重视。他讲的其实就是这个道理。在某些事情上发脾气不是失去理智，而恰恰是理智选择的结果。

下面这一故事中包含的哲理值得玩味。在一列火车上，有个凡夫坐在一位印度教上师的旁边。他出于好奇，向上师提出一个问题：“你已经达到能够控制自我的境界了吗？”上师回答：“没错。”两人由此展开了几轮问答：“你的意思是说，你已经能够控制自己的愤怒啦？”“是的，我能。”“所以你不会生气咯？”“不会。”“你是说真的吗？”“真的。”凡夫沉默了一阵子又问：“你真的能控制你的愤怒了吗？”上师回答说：“是的，我不是告诉过你了吗？”凡夫再问：“你的意思是说，你从来不会生气，就算……”上师吼叫了起来：“你到底想怎么样？一直啰唆个不停，你是不是个笨蛋啊？我刚刚不是已经告诉过你了……”

“等一等，上师，你现在不就在生气了吗？可见你并没有……”“你错了，”上师打断凡夫的话说，“你有没有听说过一条蛇被人欺负的故事？我讲给你听。”上师说，孟加拉国某地有一座寺庙，原本香火很旺盛，后来

---

① 张信江：《芝麻官随想——一个县长的执政写真》，现代出版社，2013年，第44页。

在通往这所寺庙的路上，出现了一条眼镜蛇，它经常对香客发动攻击，许多人因此心生恐惧，不敢再到庙里去了。这所庙的住持是一位道行高深的大师，在得知这一情况之后，他决定亲自出马解决问题。他来到那条蛇的洞穴前，通过喃喃念咒把蛇引出洞来，并且降服了它。他告诉蛇说，咬人是不对的，它不该攻击那些到庙里祭拜的香客。他要那条蛇许下承诺以后绝不再犯。没过多久，一个村民在路上看到了那条蛇，很惊讶地发现它没有做出任何攻击人的行为。这消息很快传扬开来，大家都得知那条蛇忽然变得温驯起来，于是变得不再怕它。不久后，那条蛇简直成了村民的玩物，经常有顽皮的男孩儿拖着它在地上爬，逗得围观的人哈哈大笑。有一天，那座庙的住持经过该地，想了解那条蛇有没有信守承诺，于是再度把它唤了出来。看到那条蛇可怜巴巴、诚惶诚恐的样子，住持大吃一惊："你怎么流血啦？告诉我这是怎么回事！"眼镜蛇幽怨、委屈地说，自从答应了住持的要求，它就不断被人欺负。住持说："我只是叫你不要咬人而已，并没有说你不能抬起你的头，吐出你的信子，发出嗞嗞声来吓唬他们啊。"所以，提倡忍让并不是要求人们从某个极端跳到另一个极端，而是要"学会分辨在什么情况下、在什么时候，你可以用什么样的方式来发出有效的嘶声，并表达坚定的立场，让对方知道他的某种行为是你无法接受的"。①

四、以明智的荣誉知行引领人

荣誉问题是一个很现实也很敏感的问题。一些领导者在这个问题上的思想认知和行为选择有偏差，给人一种热衷于争名夺利、见荣誉就当仁不让的感觉，给自身形象和领导工作带来了严重的负面影响。本节顺着从思

① ［美］罗伯特·亚伦、多娜·布莱斯著，许晋福译：《不愤怒的世界》，东方出版社，2009 年，第 52 页。

想认知到行为选择，由外而内，由浅入深的逻辑脉络，就荣誉问题谈谈几点看法。

（一）获誉得荣，人所共求

1. 从荣誉实质的角度看，荣誉意味着认可、肯定和奖励。这是正常人都希望获得的，也是人们自爱的一种表现。“自爱二字，不是爱数十年必死的肉身，而是爱千百年不死的令名！”人们总是在自觉或不自觉地寻求别人的认可、肯定和奖赏。对于荣誉获得者来说，获得一项荣誉就是获得一种光环、一种标杆，获得一个闪光点、一种进取动力。这些光环、闪光点，对于照亮自己的前程有积极意义。因此，人们往往乐意获得荣誉，当被推举或评选为某项荣誉的候选人时，大多数人乐意花些时间、精力去填写各种各样的表格材料，愿意用些心思去突出自身优势，展现自己的亮点，以争取让荣誉的光环落到自己头上。

2. 从用人实践的角度看，虽然荣誉是身外之物，反映的是过去的光彩，但也是对一个人内在品质的认可，还能让人从中推测、预见其未来表现。因而领导者在选拔、任用人才的时候，也会相当关注对方以往工作历程中的荣誉获得情况，并对用人行为产生一定影响（尽管未必有决定性的影响）。实际存在的这种用人倾向自然会在一定程度上强化人们对荣誉的心理需求，期望借助荣誉光环为自己搭建起一个新的平台，增添自己的砝码分量，以便在未来前进路上赢得更多的机会，用哈佛大学著名领导学专家约翰·科特的话来说就是：“一份可信的履历表以及由此带来的声誉可以帮助他迅速与他人建立起并保持良好的工作关系。”①

① ［美］约翰·科特著，孙琳、朱天昌译：《权力与影响》，华夏出版社，1997年，第40页。

（二）效应双重，利弊不同

在荣誉问题上，领导者既要认识到“盼誉望荣”心理是合情合理的，又要看到荣誉的现实效应具有双重性：既可能有正面的效应，也可能有负面的效应。

1. 从正面来说，荣誉有品牌效应、标杆效应、光环效应。通过荣誉的授予、表彰，树立起先进典型、示范标杆，如果这些典型、标杆树立得恰当，就能成为大家学习、赶超的榜样，推动本单位本地区的发展进步，也激励荣誉获得者继续努力发挥表率作用。

2. 从负面来说，荣誉也可能有聚焦效应、“招忌”效应。古人所说“盛名不可居，为人所忌”，表达的就是此意。对于某些荣誉获得者，一些人难免产生这样一种心理：“名与利都落到了他的身上，事情也应该由他去干”，以嫉妒的目光盯着他，把事情也推到他身上。所以，有些时候荣誉也会成为一种沉重负担，导致一些人“为名所累”。“名誉好像一副重担，压在名人的肩上。人们根据他挑担的姿势来判断他。如果他步伐坚定，他就被认为是英雄；如果他一脚滑倒，他将被视为骗子。”① 在现实生活中，有的人没有评先进、获荣誉的时候，人际关系和谐，口碑也很不错，一旦获得荣誉便成为矛盾的焦点，猜疑、嫉妒、非议甚至告状、投诉接踵而来。

（三）注重分享，切忌包揽

1. 领导者包揽荣誉，无益也不必

正因为求荣之心人皆有之，荣誉又具有双重效应，所以领导者在荣誉问题上要趋利避害，避免负面影响，要注重分享，切忌包揽。强调这一点

---

① ［黎巴嫩］纪伯伦著，秦悦译：《人生箴言录》，漓江出版社，1993 年，第 24 页。

是有现实针对性的：有的领导者只知其利不知其害，在这问题上处理不当，将产生严重的负面影响。“领导者容易犯的错误之一就是把所有荣誉都堆到自己头上。”避免这种负面影响的不二法门就是消除自己包揽荣誉的欲望。美国企业家罗伯特·汤森说“真正优秀的领导者从不沽取荣誉”，在笔者的领导者素质列表中，这一条排在很靠前的位置。能将荣誉归还给真正做事者的领导者，才能迅速获得追随者的信任、忠诚、激情和能量。领导者不需要任何荣誉，他们的位置已经够显赫的了，他们一定要尽可能地把所有荣誉给予组织中的其他人①。

2. 分享荣誉，利人也益己

分享荣誉，既是领导者的素质要求，也是一种领导艺术，它能够明确显示领导者的高风亮节，充分调动人们的工作积极性，有利于相互关系的协调，有利于领导绩效的提高，因为大多数人为了得到肯定和承认都愿意加倍努力工作。有时领导者不在意自己的个人荣誉，甚至“舍弃”了某些个人荣誉，把它们分给下属，换来的往往是大家的辛勤努力，以及随之而来的辉煌业绩（这有可能给本单位、本部门带来更大更高层次的荣誉），可谓“舍小而得大”“舍名而得实”。分享荣誉之时，往往是争取更大荣誉之始。从长远看，从大局看，其实很划算，因为这是一种人性化投资——针对人们内心深处对荣誉的渴求而进行的投资，回报丰厚是不言而喻的。相反，一个领导者总是把荣誉据为己有，这无疑是一种自私的表现，是一种缺乏远见和大局观念的表现。这样的领导者在获得某些荣誉的同时，也会获得许多他们不想获得的东西，如威望的衰减，形象的恶化，群众的不满等。可谓一心求荣，反而自取其辱；独占荣誉之时，就是成为独夫之时——这是他们必须付出的代价。吕坤说得好：“天下无人己俱遂之事，

---

① ［美］沃伦·本尼斯、罗伯特·汤森著，方海萍等译：《重塑领导力》，中国人民大学出版社，2008 年，第 15—16 页。

我得人必失，我利人必害，我荣人必辱，我有美名人必有愧色。是以君子贪德而让名，辞完而处缺，使人我一般，不哓哓露头角、立标臬，而胸中自有无限之乐。”①

现代领导者在荣誉问题上多一份这样的豁达、清醒是有好处的。

以上三点是从荣誉认知的角度来说的。以下四点就荣誉问题上的行为选择来说。

（四）高其姿态，谦逊以待

领导者在荣誉问题上不仅不能包揽，而且还要适度谦让，表现出谦逊以待的高姿态，这是就外在表现而言的。清代官员高廷瑶曾经专门谈论过这一问题。他说：如果你“有一事办得好”，上司夸奖你，同事们也称道你。如果此事是你照上司的吩咐去做的，你应该说“此某上官之意也”，把功劳归到上司身上，不要对别人的夸奖、称道全盘接受；如果此事是与别人一起做的，你应该说“此某某之力也”，把功劳归到合作者身上；如果此事的确是你自己独立完成的，那你也应该说“职分所当为，求免过而已”。总之，“时时出以谦逊，不致招尤”②。这番话固然在一定程度上折射出旧官场人际关系的紧张与复杂，但其中也有值得我们借鉴之处，即在功劳荣誉面前的谦逊姿态。这种姿态是一些人应有而未有的。在《伊索寓言》中有个有趣的比喻：停留在车轴上的一只苍蝇很自负地说：“你们瞧，我使多大的一阵尘土扬起！”有些虚荣的人也像那只停留在车轴上的苍蝇一样，常把别人辛劳所成的事说成是他自己的功劳③。在考核述职的时候，在总结表彰的时候，对于光彩之事，对于功劳荣誉，一些人往往不加区别地算在自

---

①（明）吕坤：《呻吟语》卷二·修身，岳麓书社，1991年，第78—79页。

②（清）高廷瑶：《宦游纪略》卷下。

③［英］培根著，石磊编译：《培根谈人生成就》，中国商业出版社，2011年，第171页。

己的头上，浓墨重彩地为自己评功摆好，对其他人的贡献则只字不提。而实际上，有些事情主要是上级或其他部门在起作用，自己不过是众多配角中的普通一员，甚至是为普通配角充当配角而已。言过其实的自我表彰往往不能给自己带来荣光。适当的高姿态却不仅具有减灾效应，还会让人高看一眼。

（五）恰当定位，平和面对

这一点讲的是内在心态，即不仅应该在荣誉面前表现出谦逊姿态，还要发自内心地以平和心态对待荣誉问题。

1. 把荣誉摆在心中合适位置

要在心底里对荣誉进行恰当定位，把它摆到合适位置上，不能把它看得高于一切，通过私下的交易或公开的索求去不择手段、不知羞耻地追求，而要通过自己实实在在的成绩，以光明正大的途径去获取。

2. 把荣誉看作一种认可方式

荣誉，说到底意味着一种认可。而认可的方式其实是多种多样的：上上下下的口碑，是永不抹灭的丰碑；里里外外的信誉，是价值高昂的荣誉。有的时候，不要某一份荣誉证书，更能给自己带来荣光美誉，带来更高的认可度。而千方百计以不正当手段求取那一纸荣誉证书，给自己带来的也许恰恰是与荣誉相反的东西。对待荣誉的心理态度，能够反映出一个人修养的高度。对于领导者来说，或许可以不要外在的荣誉证，内心的荣誉感不能不要。

3. 以恪尽职守为荣

以平常心对待荣誉，就是要尽自己的本分去工作，以恪尽职守为荣，而不是以博得人们好评、避免人们非议为荣。正如清人李庚乾在其《佐杂谱》中所说的那样，“为政者惟尽吾分所当为而已”，不但不能总是把上司和同僚的毁誉放在心上，因他们的毁誉言论扰得自己心烦意乱，甚至也不能一味地因老百姓的毁誉而欢欣或悲戚。因为总是以别人的毁誉为自己行事的标准，很容易迷失方向。一旦有“求全干誉之心”，就会导致自己的作为与职责要求有偏差：去做自己本来不该做的事情，或不去做自己本来应该做的事情，而这两者都不是为官所应当的。清人高廷瑶也明确主张为官之人“不可沽名邀誉”。对于当地“有关民生之一切利弊”，该继承的继承，该革除的革除，实心实力地干，就能够“实至而名自彰”。他认为老百姓是“愚而最神”的：官员“所为为名也者，百姓知之；所为为民也者，百姓无不知之”，[①] 有意沽名钓誉，没有任何意义。方大湜也主张“官不可好名。实者，名之形，名者，实之影。一味好名则纯盗虚声，毫无实济，必至名裂而后已”[②]。

（六）区分类别，轻重有别

在荣誉问题上也有一个具体分析、区别对待的问题，不能千篇一律。一般说来，领导者要区别个人荣誉与集体荣誉，内部荣誉与外部荣誉：对于个人荣誉应该相对看轻、看淡些，不要过分热衷；对于集体荣誉则应该看重一些，注重通过争取集体荣誉，培育大家的集体荣誉感、成就感；对于单位的内部荣誉应该看淡些，甚至根本不参加某些内部荣誉的评比，避免总是“以领导之尊”跟同事或下属争夺内部荣誉；对于外部荣誉则应该看重一些，注重通过优异的业绩去争取代表本国、本地、本单位的实力与水平，能够为本国、本地、本单位增光添彩或带来品牌效益的外部荣誉。有时这种荣誉的获得者名义上是某个人，实际上它不只是个人的荣誉，也

---

① （清）高廷瑶：《宦游纪略》卷下。

② （清）方大湜：《平平言》卷一。

不只关系到个人。

（七）公正公平，制度领行

在荣誉问题上，领导者不仅要解决自身如何正确对待的问题，还要考虑如何利用荣誉这一杠杆来调动大家的积极性、做好各项工作。在现代领导活动中，这个问题的妥善处理和根本解决，有赖于科学合理的制度安排，要通过制度的引领、推动，实现在荣誉问题上的公平、公正。如一些地方和单位在评比先进、考核优劣时，区分不同的层次，把领导干部与普通干部、群众区分开来，让领导干部与领导干部比，群众与群众比，避免本来就处于优势地位的领导干部“与民争誉”，避免当选先进、获得优秀荣誉成为领导干部的专享之利。再如，有的单位实行量化计分的办法，在充分调研、民主讨论、综合比较的基础上，赋予各项具体工作一定的分值，并且按完成情况进行量化计分，把完成工作任务的数量与质量和荣誉称号的授予紧密挂钩，激励大家各展其才、各得其所，形成积极向上、良性竞争的工作氛围。

【本章延伸阅读】之一

说假话的猫

有一只爱吹嘘的猫，总是把自己吹得天花乱坠，对于自身的过失却百般掩饰。比如，它抓老鼠的本领并不高，经常会让老鼠从自己嘴边逃掉。每逢这种情况出现，它就说：“那老鼠太瘦了，先放它走，等以后养肥了再抓它来吃吧！”再比如，它到河边去抓鱼，鲤鱼的尾巴劈头盖脸扇过来，把它的脸都打肿了，它却自我解嘲说：“我才不想抓那鱼哩，抓它还不容易吗？我只是想借它的尾巴来洗把脸罢了。刚才到阁楼上去玩儿，我的脸弄得太脏了，正愁没人帮忙洗一下哩。”

有一天，这只猫失足跌进了泥坑，身上糊满了泥，同伴们都惊讶地看着它。它连忙解释说：“最近啊，我身上吸引了一些跳蚤。刚才我想到用这个办法来治它们，这办法再好不过了。”

又有一天，这只猫掉进了河里，同伴们正想救它，它却说：“你们以为我遇到了危险吗？不是的，太热了，我想洗个澡而已……”话还没说完，它就沉下去了。有同伴说：“不好了，它沉没了，我们赶快救它吧！”“算了，我们走吧，”另一只猫说，“等会它肯定会说自己在进行潜水表演哩。”

可怜的是那猫它再也没有上来。

【本章延伸阅读】之二

珍惜愤怒

小时候看电影，虎门销烟的英雄林则徐在官邸里贴一条幅“制怒”。由此知道怒是一种凶恶而丑陋的东西，需要时时去制服它。

长大后当了医生，更视怒为健康的大敌。师传我，我授人：怒而伤肝，怒较之烟酒对人为害更烈。人怒时，可使心跳加快，血压升高，瞳孔散大，寒毛竖紧……犹如人们猝然间遇到老虎时的反应。

怒与长寿，好像是一架跷跷板的两端，非此即彼。

人们渴望强健，于是憎恶愤怒。

我愿以我生命的一部分为代价，换取永远珍惜愤怒的权利。

愤怒是人的正常情感之一，没有愤怒的人生，是一种残缺。当你的尊严被践踏，当你的人格被玷污，当你的家园被侵占，当你的亲人被残害，你难道不滋生出火焰一样的愤怒吗?当你面对丑恶面对污秽,面对人类品质中最阴暗的角落,面对黑夜里横行的鬼魅,你难道能压抑住喷薄而出的愤怒吗?

愤怒是我们生活中的盐。当高度的物质文明像软绵绵的糖一样簇拥着我们的时候,现代人的意志像被泡酸了的牙一般软弱。小悲小喜缠绕着我们,我们便有了太多的忧郁。城市人的意志脱了钙,越来越少倒拔垂杨柳强硬似铁怒目金刚式的愤怒,越来越少幽深似海水波不兴却孕育极大张力的愤怒。

没有愤怒的生活是一种悲哀。犹如跳跃的麋鹿丧失了迅速奔跑的能力,犹如敏捷的灵猫被剪掉胡须。当人对一切都无动于衷,当人首先戒掉了愤怒,随后再戒掉属于正常人的所有情感之后,人就在活着的时候走向了永恒——那就是死亡。

我常常冷静地观察他人的愤怒,我常常无情地剖析自己的愤怒,愤怒给我最深切的感受是真实,它赤裸而新鲜,仿佛那颗勃然跳动的心脏。

喜可以伪装,愁可以伪装,快乐可以加以粉饰,孤独忧郁能够掺进水分,唯有愤怒是十足成色的赤金。它是石与铁撞击那一瞬痛苦的火花,是以人的生命力为代价锻造出的双刃利剑。

喜更像是一种获得,一种他人的馈赠。愁则是一枚独自咀嚼的青橄榄,苦涩之外别有滋味。唯有愤怒,那是不计后果、不顾代价、无所顾忌的坦荡的付出。在你极度愤怒的刹那,犹如裂空而出横无际涯的闪电,赤裸裸地裸露了你最隐秘的内心。于是,你想认识一个人,你就去看他的愤怒吧!

愤怒出诗人,愤怒也出统帅,出伟人,出大师,愤怒驱动我们平平常常的人做出辉煌的业绩。只要不丧失理智,愤怒便充满活力。

怒是制不服的,犹如那些最优秀的野马,至今没有任何骑手可以驾驭它们。愤怒是人生情感之河奔泻而下的壮丽瀑布,愤怒是人生命运之曲抑扬起伏的高亢音符。

珍惜愤怒，保持愤怒吧！愤怒可以使我们年轻。纵使在愤怒中猝然倒下，也是一种生命的壮美。

——《毕淑敏自选精品集·散文卷》，
中国社会出版社，2002 年，第 26—27 页

C H A P T E R 0 2

第二章

真恳尊重功

——以多方尊重为下属发展提供推动

知人善任是领导者的老本行，领导者理应具备知人善任之功。最深层次的“知人”是对人性特征的洞察和把握；具有根本意义的“善任”是在洞察人性的基础上“率性而为”，顺应人性需求，调动人的积极性，使领导活动返璞归真，使人乐为所用，发挥最大作用。这种新视角下的知人善任对领导者提出的要求之一就是：对下属真恳尊重，为他们的发展提供积极强劲的推动。

真恳尊重，就是真诚、恳切地尊重人，不是装样子、做姿态，而是实实在在、发自内心。这对于推动人的发展具有特殊意义，值得深思。本章以推动下属发展这一目的为切入点，层层递进地探讨：为什么要推动，要注重依靠什么方式来推动，如何推动？

一、领导者要注重为下属发展提供积极推动

对于领导者来说，推动下属发展，首先有一个自身动力从何而来的问题。

（一）推动下属发展，是践行科学发展观的必然要求

在科学发展这一时代主题中，人的发展是首要的、根本的，是社会发展的本原。社会发展是人发展的结果。发展为了人，发展依靠人。发展说到底是人的发展，是人的素质、能力的提高、生活水平的提高、生命质量

与生存价值的提高。不以满足人的需要为出发点和落脚点的发展，既没有意义，也无从谈起。对于领导者来说，以人为本，促进人的全面发展的一个重要方面，就是推动下属发展进步。领导活动不仅要让人发挥作用，还应让人发展本领。对于领导者来说，践行科学发展观的重要任务之一就是要推动下属不断发展进步，让他们的品德修养越来越好，业务能力越来越强，技术水平越来越高，创造的价值越来越多。

（二）推动下属发展，是履行领导职责的应有之义

每一个领导者都应该忠实履行自己的职责。而推动下属发展，正是领导者的职责和本分，不是他对下属的特别恩赐。“成功的领导人做些什么？从根本上说，就是消除下级的意愿与能力和组织的目标与需要之间的差距。”① 这就需要领导者在培养下属方面积极作为。“领导者的职责之一，也可以说是最大乐趣之一，就是促进他的下属成长，鼓励他们的发展，并由衷地为之感到高兴。”② 有些组织之所以能取得持久成功，就在于他们有意识地、系统地“生产”领导者，构筑领导者的补给线。美国当代著名领导学者詹姆斯·库泽斯、巴里·波斯纳也强调：“领导者的最大贡献不是完成今天最基本的工作，而是要实现个人和组织的长期发展，使其适应变化、繁荣兴旺、茁壮成长。”③ 衡量领导者水平的一大重要标准，不是他本人能干什么，而是看其不在场的情况下其下属能干什么；不是他主持修建了多少高大的建筑、宏伟的广场，而是他能否精心培育

① 吴瑾、李澄怡：《有效管理座右铭——管理大师谈管理》，南海出版公司，1997 年，第 116 页。

② ［美］沃伦·本尼斯、罗伯特·汤森著，方海萍等译：《重塑领导力》，中国人民大学出版社，2008 年，第 156 页。

③ ［美］詹姆斯·库泽斯、巴里·波斯纳著，刘旭东、牟立新、王士会译：《留下你的印记：体现领导力的最高境界》，电子工业出版社，2011 年，第 10 页。

后继者，有力推动他们的发展。

（三）推动下属发展，领导活动才得以有效开展

领导活动的最终动力在于接受了领导的下属追随者。领导目标的真正实现有赖于下属人员的卓越表现。只有下属追随者积极行动起来，领导活动才能有效运起起来。

（四）推动下属发展，有利于促进领导者自身发展

一些领导者会特别注重自身的发展，说到推动下属的发展，似乎没有多大的热情，甚至有所忌讳。“有些领导人尽量去避免训练团队成员，因为他们怕有一天团队成员会取代他们在组织里掌舵的地位。”这里也许存在一种认识上的误区。因为，“如果没有人能取代你，那么你就永远处在现在的位置原地不动……如果你想往上攀登，那你就得培养人，来接替你的位置。你的任务不是去维持现状，而是去教导、训练、鼓励团队成员发展他们的潜力以获得更大的成功”。[①] 下属的平庸，反映的是领导者的无能。在现实生活中，我们可以发现，如果一个人领导一个单位或部门，长期出不了什么干部，总没有干部获得提拔、重用，那的确在很大程度上是此领导者的水平有限。相反，此单位或部门人才辈出，一定得力于他领导有方，也会有利于他自身的成长、进步。所以，推动下属成长、进步的过程，也是促进领导者发展、提高的过程，二者是相辅相成的。从某种意义上说，领导者推动下属发展进步，不仅是一种责任义务，也是一种“有偿服务”！

---

① ［美］保罗·迈尔、兰迪·思列塔著，汉祺译：《领导力的五大支柱》，上海社会科学出版社，2005 年，第 133 页。

二、为下属发展提供积极推动，请选择真恳尊重

（一）推动下属发展的方式方法多种多样

领导者推动下属发展的方式方法是多种多样的。如提出要求、适度加压，检查、评估、督促，科学授权，信任责成，分享信息、经验，搞好传帮带，创造学习培训、多岗锻炼机会，适时举荐，帮助下属做好职业发展规划等，都是许多领导者经常应用并且具有实效的。为下属发展提供积极强劲的推动，领导者可以也应该根据具体情境做多样化选择。笔者在此强调的是，真恳尊重在各种选择中特别值得注重。

（二）真恳尊重，在各种选择中特别值得注重

1. 获得真恳尊重，是人性的重要需求

人类本性中最深层的需求是要觉得自己有价值、很重要。人们总是在有意无意地寻求别人的认可和尊重。一个获得别人真恳尊重的人，一定是一个有强劲而持久的发展动力的人。深得知人善任真谛的领导者，应该从多方面尊重自己的下属人才，从而为人才发展提供强劲有力的推动。“当领导者能够尊重、倾听、支持、认可人们，让人们感到自己很重要，培养人们的技能，表现出对人们有信心时，人们的绩效就会更加卓著。”[①] 在人们思想活动的独立性、选择性、多变性、差异性明显增强的情况下，干部群体的尊重需求更加强烈，不容忽略。离开了对下属的真诚尊重，教育也好，管理也罢，收获的往往是“跳蚤”——领导者不尊重别人，让人家感觉到你根本就不尊重人，那么，人们也不会尊重你的教育、管理，你的教

① ［美］詹姆斯·库泽斯、巴里·波斯纳著，刘旭东、牟立新、王士会译：《留下你的印记：体现领导力的最高境界》，电子工业出版社，2011 年，第 47 页。

育、管理的收效就只能是微乎其微的，是跳蚤而不是龙种。作为领导者，你应该想象“每个人脖子上整天都挂着一个牌子，上面写着：让我感受到自己的重要性”。①

2. 真恳尊重所赢得的领导力最为持久

“人们跟随你，因为你服务他们、尊重他们。你和你的跟随者有着相互尊重，别人顺服你，因为你赢得了他们的尊敬。这是最好的方法，因此而获得的领导力也最持久。它将会赢得忠心耿耿和高度的承诺。”② 在中国历史上，诸葛亮鞠躬尽瘁、死而后已地为刘备出力，就是源于刘备“三顾茅庐”表现出的真诚尊重。在现实生活当中，领导者发自内心地尊重人，仍能产生强大而持久的影响力。

3. 能否对下属尊重，能够考验你有多优秀

“我们以对待绅士和淑女的方式对待他人，并不是因为他们是绅士、淑女，而是因为我们是。”③ 尊重也是一样的道理。领导者尊重别人，未必是由于别人有多优秀，而是因为领导者自身足够优秀。尊重不是领导者给予优秀人才的一种特殊待遇，而是本身优秀的领导者应有的一种待人态度与方式。真正优秀的人，一定是能够充分尊重别人的人。能不能做到对下属、对普通干部群众尊重，能够考验领导者是否真正优秀。优秀的领导者不会只依赖于角色的力量。“使用权力的最好方法就是让它悄悄地发挥作用。”④ 悄悄地发挥作用的方法之一就是真恳尊重。

---

① ［美］博恩·崔西著，周斯斯译：《卓越领导人的领导力》，重庆出版社，2010 年，第 147 页。

② ［美］提姆·爱摩著，沈宇、赖伟雄译：《图说领导力》，江西人民出版社，2010 年，第 81 页。

③ ［美］乔治·汤普森、杰里·詹金斯著，陈雪婧译：《柔软对话》，中信出版社，2016 年，前言。

④ ［美］Elwood N. Chapman、Sharon Lund O. Neil 著，郑春蕾译：《发现，然后培育你的领导力》，京华出版社，2004 年，第 96 页。

（三）予人真恳尊重，有些人做得不够

相对而言，尊重下属是容易被忽略的：一些领导者在尊重上级、同级方面做得很用心、很到位，却未能把尊重下属摆到应有的地位。“你会发现，有时候你会发脾气、表现粗鲁，不能够总是耐心地听完别人要讲的话。你会意识到，你并不能总是维护别人的尊严，用尊敬的态度对待所有的人。”① 在现实生活中，尊卑观念的支配，水平能力的比对，优越感作祟……使一些人注重对上级、对自我的尊重，心安理得地享受下属的尊重，而忽略对下属人才提供尊重。用古人的话来说就是：“每叹居官之人，事上则俯首鞠躬，临民则逞志作威，或则厚敛，或则酷刑，或则苦役，贱之如犬马，刈之如草芥。”②

三、多方体现尊重，让人们心随心动

实际上，尊重人是不应该被忽略的：作为具有自然属性、社会属性和精神需求的人，如果下属的权利得到保障，差异得到善待，个性得以发挥，自尊受到呵护，心声得以倾诉，一定会有强烈的上进心、主动性和内驱力，会努力增强敬业精神，钻研业务，提高能力、水平，优化知识结构，以努力的劳动回报领导者的真恳尊重，在为社会创造更大价值的同时发展自己，提高自身价值。要真正做到尊重人，领导者要在承认他人与自己人格平等的基础上注重以下几点。

---

① ［美］詹姆斯·库泽斯、巴里·波斯纳著，刘旭东、牟立新、王士会译：《留下你的印记：体现领导力的最高境界》，电子工业出版社，2011 年，第 134 页。

② （清）陈庆门：《仕学一贯录》，徐栋：《牧令书》卷一。

（一）保障人的权利

随着社会的发展进步，人们对于自身的权利越来越重视，这方面的意识越来越强烈。一个明智的领导者理所当然地会顺应时代的要求，注重保障人的各种合法权利，这不仅是必要的，而且还对人的发展有益：正当权利得到保障，能够依法行使权力，享受利益，人的发展就有了基本的动力。保障人的权利，具体来说就是要做到以下几点。

首先，保障人们作为公民依法行使的权利和应当享有的利益。如保障人们在符合法纪的前提下选择自己生活方式的权利。只要不违法、不违纪，领导者就应当充分尊重别人的选择。即便有些选择是你看不惯的、不喜欢的。这些权利受到侵犯，自然谈不上能够很好地成长、发展。

其次，保障人们的工作职权。不能保障和尊重人的工作职权，动辄一竿子插到底，肯定导致别人畏首畏尾，放不开手脚，形成对上级的习惯性依赖，发展提高也就大受妨碍。

最后，保障人的参与权、知情权、话语权。在与人们相关的事情上，缺乏必要的公开、透明度，一味不让他们知晓、参与，不让他们发表意见，他们就不能在知晓中明了，不能在参与中提高，就会离心离德，不能以主人翁精神和积极心态投入工作。如果一个人心理上丝毫没有主人翁意识，那么他的工作，以及工作结果就成了与他不相干的事，“参与意识越强烈，责任心就越强；强烈的责任心又促进员工工作得更出色”。[①] 所以，领导者要让人们分享权力，分享当家做主的感觉和众人瞩目的中心地位，创立一个人人参与的环境，在这种环境中，人们才会自主地为集体做贡献，充分展现并发挥各自的才能。

---

① ［美］罗伯特・H. 罗森、保罗・B. 布朗著，张国敬等译：《领导的艺术》，国际文化出版公司，2000 年，第 121 页。

（二）善待人际差异

首先，承认人际差异。人的差异性、多样性是一种客观存在，既不以人的意志为转移，也不可改变。每个人在这个世界上都是一个不可重复的孤本，每个人都有各自的价值，各自的独立性和独特性，呈现出多样性。就价值来说，“天生我才必有用”，每个人的价值往往不是别人（包括领导者）所能简单替代的；就独立性来说，每个人都是一个独立的个体，不是领导者的附庸，他有他的眼睛、头脑和嘴巴，领导者必须允许他用他的眼睛来观察世界，用他的头脑来思考问题，用他的嘴巴来表达主张，不能因为他是自己的下属而不允许他观察、思考和表达；就独特性来说，每个人都与其他人千差万别（从外在到内在，从高矮胖瘦、音容笑貌，到气质、性格、知识、能力、兴趣、思想观念、工作方法、生活方式等）。这种差异性、多样性无法讨一些领导者喜欢：他们喜欢的是大一统、清一色，希望把下属全都投进某种模式化“熔炉”中重新塑造，成为同一生产线产出的合格品、标准件，以便指挥千军万马就好像摆布一个人那样简单、省事。这种愿望既不切实际又不明智：时代变了，谁都不愿意被重新塑造，都希望保持自我、个性飞扬。现代人的共性追求之一就是希望保持各自的个性。以固定的领导模式对待众多各不相同的人，只能是自欺欺人。不能清醒地认识到这一点，就谈不上真正的知人善任。“领导艺术就在于根据每个人个性的差别，分别使其发挥个性。人正因为有了个性才有人的本色。所谓人只不过是个性的存在。而嫌弃个性，按照自己的嗜好想把人硬套进自己的模式里的人是没有资格当领导的。因为他根本不了解人。”[①] 有些领导者

① ［日］镰田胜：《怎样提高领导艺术》，贺强等编：《西方管理思想宝库》，中国广播电视出版社，1993 年，第 158 页。

应用“黄金定律”（主旨为“你希望别人怎么对待你，你就要怎么对待别人”）来处理人际关系，却招致某些不快、危机和冲突，原因之一就是忽略了人与人之间的差异，主观地把自己的希望、意愿强加于人。人之所以为人，有其共性、相通的一面，“以己及人，视人犹己”有时是可行的、有效的。但一味如此则不行：“天下之事，有己所不欲而人欲者，有己所欲而人不欲者。”理解并注意这一点，对于待人处世“有无限妙处”。[①]

其次，顺应和利用差异。“一个团体固然是由许多个人组成的，但那并不表示他们的个性已经消失无踪了。他们还是各具特色，也各怀长才，他们的希望与恐惧仍旧是非常个人的。聪明的领导人懂得确认这些差异，欣赏它并将其转化为团队的助力。”[②]因为他们深知，有差异才有互补效益；没有差异，有时人多势众也于事无补。构成人员来源、经历、能力、知识结构等方面的单一化是组织团队之大忌。这种单一极易带来思维方式与行为的单一化。听不到不同的“声音”，想不到不同的思路，组织必然丧失朝气，趋于僵化。所以，明智的领导者会抵抗寻找与自己类似的人成为同事的强烈欲望。他们尽可能寻找不同类型的优秀人才，鼓励他们说出不同的想法甚至提出反对意见[③]。化个体差异为团队助力，有赖于领导者对差异的顺应、尊重和利用，正确对待别人身上表现出的“异己”之处，而主要不是靠强制性权力给人施加压力，迫使人们服从。这既有利于领导工作的开展，也为下属的发展提供了广阔的空间。没有下属的发展空间，事业的发展也不会有广阔的空间。“尽职的领导者鼓励个性的发展，意识到相互间的差别能增强组织的力量。他们学着接受这些差别，并尽量提供宽松的

---

① （明）吕坤：《呻吟语》卷三，岳麓书社，1991年，第145—146页。

② ［美］史都·利文、麦可·柯朗著，陈真译：《新世纪领导人》，中国友谊出版公司，1998年，第90页。

③ ［美］沃伦·本尼斯著，姜文波译：《领导的轨迹》，中国人民大学出版社，2008年，第223页。

环境，使每个人都有机会做出自己的贡献。”①

最后，用目标引领差异，扬人所长。对于领导者来说，片面强调个性、差异性是不适宜的。“优秀的领导者知道，最终的成功要靠具有各种个性的员工联合起来，为机构的共同目标奋斗。”“只有将重视差异与具有明确的共同目标相结合，才能将大家联合起来。当没有凝聚力时，多样性会变得无法领导，支离破碎。但是，当我们激励人们为了一个共同的目标充分展示自己的时候，就会出现伟大的壮举。这时，所有那些具有个性的人会为他们集体的利益充分发挥自己的作用。”②能不能把多样性凝聚到领导目标上来，让每个有个性、差异性的人在各自的岗位上、以各自的聪明才智为组织目标的实现做出自己的贡献，这是领导成败的关键。而要做到这一点，可依赖的不是职权，而是真诚地尊重他人！

（三）呵护他人自尊

自尊存在于每个人的内心深处，它看似无形无影，却对人的发展影响深远。一方面，自尊是美德之根。自尊心不是美德，但它是多数美德的双亲。呵护人的自尊心，就是在为他们的美德“赡养”双亲：勤恳工作、敬业爱岗、好学进取、承担责任等美德都将因不失自尊而纷纷诞生。另一方面，自尊是一个人灵魂中的伟大杠杆。呵护人的自尊心，就是在内心深处馈赠给人一条强有力的精神杠杆，它将为人撬开前进路上的艰难险阻提供有效帮助，支撑他们的发展脚步。所以，“永远都要记住，人们对于自尊、自重和尊严感是非常敏感的，永远都不要贬低一个人的自尊。任何文化中的人都要顾

① ［美］F. 赫赛尔本等著，吕一凡、胡武凯、邵永春等译：《未来的领导》，四川人民出版社，2000 年，第 272 页。

② ［美］罗伯特·H. 罗森、保罗·B. 布朗著，张国敬等译：《领导的艺术》，国际文化出版公司，2000 年，第 253 页。

及颜面问题”。[①] 具体而言，呵护人的自尊要求领导者做到以下几点。

首先，在“面子”问题上“人我有别”：有时对自己的“面子”可以看得淡一些、轻一些，不要时时处处把它摆在神圣不可侵犯的位置，因为把它看得太重，势必对下属人才的无意冒犯做出过激反应，严重伤害其自尊；对下属的“面子”却要郑重对待，不能动辄粗暴损害（如不分场合、不留情面地严词呵斥、冷嘲热讽甚至污辱谩骂）。一些身处高位、手握权柄却又有严重“官本位”观念的人，恰恰容易在这问题上轻重倒置，所以这一点值得强调。

其次，多以正面的眼光看待别人，善于发现他们的优点、成绩并予以充分肯定、赞赏。法籍罗马尼亚散文家齐奥兰曾说过：如果每个人都说出自己最隐秘的渴望，那个鼓舞他所有计划和行动的渴望，那渴望一定是“得到赞扬”。[②] 每个人内心都涌动着获得别人肯定、赞赏的热望。“否则的话，演员们为什么要面对观众表演，而不干脆对着空房子唱歌，在空无一人的舞台上演出，或者自娱自乐？道理很简单，要想做到最好，我们都需要掌声和喝彩。”[③] 人们像干枯的海绵，渴望领受肯定、赞赏的雨露。这是人的共性特征。领导者不要对这种人性特征熟视无睹，不要明明知道某位下属很能干，把某件事情做得很漂亮，却只是在内心很欣赏他、喜欢他，而从来不告诉他！对于下属身上所表现出来的值得肯定、赞赏的方面，领导者不仅要看在眼里、记在心上，还要表现在言行上！每一个人身上都有值得肯定、赞赏的东西。一无是处的人是不存在的。某些人在领导者眼中

① ［美］彼得·凯斯特鲍姆著，高秀娟、冯亚华译：《领导者的内心修炼》，高等教育出版社，2006 年，第 130 页。

② ［美］约翰·C. 麦克斯维尔著，施轶译：《中层领导力》，江苏凤凰文艺出版社，2015 年，第 55 页。

③ ［美］詹姆斯·库泽斯、巴里·波斯纳著，刘旭东、牟立新、王士会译：《留下你的印记：体现领导力的最高境界》，电子工业出版社，2011 年，第 31 页。

之所以“一无是处”，是因为领导者没有发现、掌握他们的优点和闪光点。下功夫去发现、掌握他们的可取之处，并且告诉他们，往往能产生明显的收效。每一位杰出、优秀的人都不是生来就出类拔萃的，他们都是从某一点上开启其杰出、优秀记录的：在某一点上有可取之处，得到领导者的肯定、赞赏，受到正面强化，以后闪光点就会越来越多，表现就会越来越优秀。来自领导者的肯定、赞赏，对于人的成长、发展极具精神营养！领导者不要吝于施与这种营养，把自己所在的组织变成一个冷酷而缺乏赏识的世界。

最后，对人多鼓励少挑剔。强调这一点，是因为有些领导者在这方面做得很不够，甚至是恰恰相反，多的不是鼓励而是挑剔，让人觉得“人们总是急着告诉你做错了什么，却没人在你做得不错时称赞你一下”。[①] 当我们出了差错时，人们往往会很快地指出来；当我们做得不错的时候，他们的认可却姗姗来迟甚至根本不见踪影。当我们完成了某件事情，而且这事是自己都难以相信能做成的，我们总是期待能获得别人的认可。我们等待、等待再等待。最后，我们等到一些人——一些我们认为重要的人——终于有机会手舞足蹈地用丰富的表情和生动的细节，去对他们述说我们的艰难与精彩，并等待他们的高度认可。结果，我们等来的却可能只是这样一些回应，如“嗯，我以前也这样干过”“你做了自己应该做的”“那不是付你报酬的原因吗？”[②] 这实在是我们应该尽早纠正的一种颠倒。当然，主张少挑剔并不是一味反对挑剔。有些挑剔是必要的、有价值的。但在这问题上应当明确两点：一是挑剔要尽量对事不对人：对事情、对工作可以严格要

---

① ［美］罗伯特·布鲁克斯、山姆·戈尔茨坦著，亓晓颖、彭一勃译：《培养韧性》，机械工业出版社，2005 年，第 73 页。

② ［美］鲍勃·派克著，孙波、庞涛等译：《重构学习体验》，江苏人民出版社，2015 年，第 66 页。

求、精益求精，但尽量不要变成对人的百般挑剔；二是鼓励与挑剔，要弄清楚哪个是本、哪个是末，不能本末倒置。在鼓励方面，要特别注意运用各种场合指名道姓地重复下属所讲的你认为是正确的话，当面、背后都要讲。这是激励下属的巧妙办法……切忌把下属的话、想法“总结、归纳”成自己的，要尊重别人的“首现权”。①

（四）倾听他人心声

一个人的倾听如同其言谈一样，能够明白无误地显现他对人的态度。倾听他人心声，这当然是尊重他人的重要表现。需要特别强调倾听，一是因为倾听经常被忽略。它似乎是看不见摸不着的，以至于人们经常忽视它。世界各地为善于演讲的人设立辩论赛和相应的奖项，却没有任何褒奖倾听才能的项目。对于许多人来说，“说话的时候，我们还会注意运用一些小技巧，但是在倾听时却几乎一点儿也不讲究技巧”。② 二是因为倾听经常被误解。有些人对倾听持负面的看法，认为倾听会带来问题，因为它给了别人机会告诉你危险的想法，或者是对你胡扯，跟你进行毫无诚意的谈话浪费你的时间，延误时机。但实际上，“比起听得太多，听得太少造成的损害更大”。③ 三是因为倾听是领导者绝不应该忽略的精明投资，会有丰厚回报的投资。这种回报主要是以下几种。

第一，能够彰显自己对他人的尊重激励。

希望获得尊重与激励是人性中的重要需求。而领导者真恳倾听恰恰能够让对方产生需求获得重视或满足的感觉。因为真诚、恳切的倾听，

① 张晓山：《特殊视角——管理者札记》，中国社会出版社，2004 年，第 15 页。

② ［美］托马斯·D. 兹韦费尔著，杜晓伟译：《管理就是沟通》，中信出版社，2004 年，第 15—16 页。

③ ［美］托马斯·D. 兹韦费尔著，杜晓伟译：《管理就是沟通》，中信出版社，2004 年，第 77 页。

能够表现出领导者的人情味和民主风范，表现出对对方的尊重与激励。这对于领导活动的开展，对于推动下属的发展都有好处。明智的领导者在这方面不会掉以轻心。美国玫琳凯化妆品公司的创始人玫琳凯·阿什表现得非常突出。她说："每当我见到某个人，就想象对方身上带着一个看不见的信号：让我感受到自己的重要！我会立即回应这个信号，结果每次都有意想不到的效果。"她的一位下属说："不管你是谁，只要与她待在一个屋里，她的表现好像你是唯一重要的人物，使你感觉自己与她是平等的。她听取你的意见，尊重你的看法，使你有时间表达自己的观点。如果房间里还有他人在场，即使你只是个秘书或杂工，她对待你的态度就好像你是公司的董事长。"① 这是特别值得中国的领导者学习的。在我国，一些领导者受传统"官本位"观念的影响，认为"给什么人当领导，就是让什么人听我的"，自己在下级面前理所当然是"我说，你们听""我吩咐，你们干""我动嘴，你们跑腿"！具体事务的繁重、复杂，更让一些领导者在倾听方面无暇顾及、无心顾及，甚至动辄把"你不要跟我讲那么多"挂在嘴上。这个问题应当引起高度重视。"倾听的确会产生实实在在的影响，由于你的倾听方式的不同，你可能会成就或者毁掉一个人。"② 在领导干部队伍当中的确在一定程度上存在佯听（装着听的样子）、误听（没有真正听清）、粗听（只听粗略大概）、初听（只听个开头就打断别人）、厌听、偏听等问题。当别人说话时，有些领导者"在椅子上坐立不安，且同时在做几件事情，并用自己的行动表明他们可以待在任何地方，但就是不能处于聆听他人的位置"。③ 不认真面对这样的问题，

---

① 王玉新：《领导越当越简单》，中国时代经济出版社，2005年，第144页。

② ［美］托马斯·D. 兹韦费尔著，杜晓伟译：《管理就是沟通》，中信出版社，2004年，第41页。

③ ［美］凯文·卡什曼著，李婷、李兴乐译：《修炼领导力》，中信出版社，2010年，第94页。

我们就没法获得从有效倾听中应该得到的丰厚回报。甚至“当领导者没有很好地听别人说话时，那么，他身上可能具备的其他优点，在别人看来也会大打折扣，甚至被这一缺点所抵消”。①

第二，能够赢得他人对自己的理解支持。

首先，就理解而言，认真倾听有助于自己的观点得到对方的理解和认同：“一旦对方发现他得到了你的理解，很自然地他会主动耐心地聆听和理解你的观点”，②从而有利于思想上的交流沟通，有利于释放焦虑情绪，有利于工作的有效开展，也有助于人的成长、发展。一些领导者常常感叹自己得不到别人的理解，却很少反过来想一想：自己在理解别人方面又做得如何？若你不去理解别人，别人往往也很难理解你；想让别人理解你，就得注意去理解别人！“很奇妙的是，要想说服别人赞同你的想法，最好的办法是听听他人的意见。美国前总统约翰逊的国务卿鲁斯克总结几十年与全世界最顽强的政治领袖谈判的经验，学会了‘聆听，是以你的双耳去说服别人’。”③反过来，如果领导者不注意甚至拒绝倾听，后果将是严重的：“一个不能倾听的领导会很快使他的机构停止进步，犹如动脉血管硬化。头脑僵化或思想上的抱残守缺会毁掉一个领导者的信誉。群众想与领导沟通，如果你不能倾听他们，他们的工作积极性和满足感就会受到伤害。”④

其次，就支持而言，主要包括人脉上的支持和智能上的支持。当领导者能够真恳倾听，表现出他的人情味和民主风范，表现出对对方的尊重、

---

① ［美］罗茜·巴哈尔·休尔森著，王正林译：《四维领导力》，电子工业出版社，2016 年，第 87 页。

② ［美］约翰·马克斯韦尔著，邓郁译：《开发你内在的领导力》，上海人民出版社，2006 年，第 134 页。

③ ［美］史都·利文、麦可·柯朗著，陈真译：《新世纪领导人》，中国友谊出版公司，1998 年，第 76 页。

④ ［美］汉斯·芬泽尔著，栗原译：《领导者的十大缺陷》，中国青年出版社，1999 年，第 84 页。

激励时，他的人际脉络往往会比较好，遇到关键时刻，人们投他的支持票、对他的肯定、赞赏会多一些，尤其是在能力、绩效相当的情况下。智能上的支持是指倾听的过程其实是集思广益、集众人之智能为领导之大能的过程。领导者注重并善于倾听，会听到许多自己想不到、看不到的东西。有些也许是自己冥思苦想都想不到的观点、主意，人家却张口就来；有些领域你从未涉足，人家却早就以此为业。每个人确实可能有独特的角度、阅历与思维方式。在认真听的基础上进行甄别、提炼、升华，对于领导活动自然是有益的。"对于领导者来说，要得到建设性意见，倾听是一个至关重要的手段。"①

在这方面，苏联领导人斯大林有过深刻教训。1936 年法国著名左翼作家安德烈·纪德访问苏联时就锐敏地觉察到：在苏联，在任何事情上都不能有一种以上的意见，对当局哪怕有一丁点反对意见、一丁点批评都会被扣上"反党""反苏""反人民"的帽子，都会招致严重惩罚，人们立刻就噤若寒蝉了。思想的"清洗"又往往导致肉体消灭。斯大林从 1929 年以后就深居简出。晚年的生活圈子更加狭小，只在莫斯科近郊的别墅居住。宴请苏共的一些领导成员时，他经常借故离开座席，回来后不是马上进宴会间，而是在门口长时间偷听大家在自己不在场时讲什么。后来好多人都明白了他这个小把戏。于是，每当斯大林离开时，就是他们使劲地"在背后"热烈赞颂斯大林的时候。这样的斯大林还能了解到多少真实情况呢？

那么，怎么才能做到善于倾听呢？

倾听并非只是听觉器官的简单运用。"人们表达的意思，可以来自他们说的话、语音语调、身体动作、节奏、韵律，甚至是与我们脸部的 43

---

① ［美］托马斯·D. 兹韦费尔著，杜晓伟译：《管理就是沟通》，中信出版社，2004 年，第 40 页。

块肌肉相关联的几乎不可觉察的任何暗示。”[①]要真正使倾听富于成效，需要讲究倾听方法，需要动用耳、眼、心、嘴，进行多感官倾听。

就用耳而言，特别需要注意的是减少情绪性聋点。“这些聋点是人们最强烈地怀有的主张、信念和情结。”在交流时，一旦说话的人有只言片语侵犯了这些领域，听者的大脑往往就会自然地沿着熟悉的思想路径去抵触那种入侵。一旦情绪性耳聋症发作，倾听的效果就会马上降至零点。情绪性耳聋对于许多人来说是常见病。例如，一个热情洋溢的共和党人在听到民主党领导人吉米·卡特、比尔·克林顿的名字时，可能会发生暂时性耳聋；而许多民主党人在听到共和党领导人罗纳德·里根、乔治·布什的名字时也会索性听不见[②]。为了增强倾听效果，应该找出是哪些敏感的词语会严重干扰你的倾听活动，仔细分析它们为什么会让你心烦。一次认真的分析就能让你明白，其实它们根本没理由让你紧张。

就动眼而言，眼睛和大脑紧密相连，所以在听别人说话，看对方的眼睛时，就像直接看他们脑子里在想什么一样。反过来，“如果你在向某人承诺某件事儿的时候直视对方的双眼，对方的感觉则不啻于在合同上盖了一个正式的印章”。[③]眼神的交流实际上就是“神”的交流。随着眼神的交流而集中的能量会增强交谈双方的能量级，能促使交谈提升高度和顺畅度。“如果你不看对方的眼睛，那么你们的对话多半像你分散的精力那样支离破碎。人家的话你能记住多少很值得怀疑。如果没有眼神的

---

① ［美］罗茜·巴哈尔·休尔森著，王正林译：《四维领导力》，电子工业出版社，2016年，第87页。

② ［美］乔治·曼宁、肯特·柯蒂斯著，刘峰、郇天莹译：《领导艺术》，中国财政经济出版社，2007年，第174页。

③ ［美］大卫·M.特拉弗斯著，强薇译：《领导力的源泉》，机械工业出版社，2009年，第235页。

交流，别人就会认为你不在乎他们，也不在乎他们要说什么。”[①] 曾经有一位处级领导干部班的女学员在课堂交流时说过她亲身经历过的一件事。她去给一位领导汇报工作。那领导在椅子上坐着，眼睛是长时间闭着的。事隔多年，那女学员回想起当年的情景还特别有情绪：“我去给他汇报工作，他居然连睁开眼睛看我一眼都不行！”听汇报的领导者这样做，会给对方造成非常大的打击。

就用心而言，倾听的关键是用心：“使你成为一个优秀的倾听者的方法几乎无穷无尽，但首要的是必须从心底诚心诚意地开始。”[②] 具体来说，用心意味着首先将自己的顾虑、想法搁置一旁，投入感情地倾听他人。不要着眼于去评估他人、提出建议或者做出阐释，而是去用心理解。不仅要留心对方说话内容、用词、语气、语调，还要对酝酿出的交流氛围、对方的动作、表情、视线移动等方面都保持敏感，以加深对对方的了解，并捕捉说话人的言外之意、弦外之音。领导者在倾听之际，最应避免的是充当评论家、裁判员、说教者的角色：“不要总是在脑子里想着你要说什么，而是倾听他们——不仅听他们说什么，还有他们怎么感觉。”[③] 应当切记：作为倾听者，你的重点不是提供建议并在争论中获胜，而是要注意弄明白别人的意图和需要。倾听的主要任务是听清。而要真正听清就必须要用心。正如习近平于 2014 年 10 月 8 日在党的群众路线教育实践活动总结大会上的讲话所指出的那样：“群众的很多想法，往往不是在那些很正式的场合、当着很多人的面会讲出来的，而是要同他们身挨身坐、

---

① ［美］梅尔·吉尔著，刘婧译：《非常识》，中国和平出版社，2005 年，第 220 页。

② ［美］理查德·哈斯努特著，贾光伟译：《巅峰智慧——成功领导的九大法则》，中信出版社，2002 年，第 45 页。

③ ［美］约翰·马克斯韦尔著，邓郁译：《开发你内在的领导力》，上海人民出版社，2006 年，第 131 页。

心贴心聊才能听得到。”[①]

就动嘴而言，倾听并不意味着不说话。在倾听之时也需要做出一些回应，提出一些需要澄清的问题，或重述对方所说要点，验证自己对别人所说的理解。如果别人提出的新观点是有价值的，那就接受它。如果不适宜，那也要称赞、感谢对方所做的思考和所表现出的热情，并且说明不能采纳其观点的原因。另外，要学会“按他人排序”。当有人说：“今天是个好天气。”好的倾听者会紧接着讲话者的内容做出反应，如他们会说：“听上去你今天特别高兴。”而差的倾听者是“按自己排序”的——如果你表达了你关心的一件事，他会表达他自己关心的另一件事[②]。

（五）尊重人的其他表现

领导干部体现对他人的尊重，当然还可从其他很多具体的方面表现出来。

一是主动换位思考。在一些事情上，愿意设身处地站在别人的角度去考虑，而非一味以自我为中心。从自我价值尺度认定的不合理，从他人标准来看却有其合理性：顾客觉得某件商品价格昂贵，商家却认为已经相当优惠；你觉得是无可奈何的选择，从别人的立场来说，却认为是理所当然的。遇到看法不一致时，互换视角去寻找双方的重合点，有助于矛盾的化解，有助于人际关系的协调。这当然能够显示出对别人的尊重。

二是允许殊途同归。未必一定要求别人按自己习惯或喜欢的路径、办法去做事，只要能够按时限、按质量完成任务，可以选择他们愿意采用的办法。给对方一定的选择权，有助于积极性的更好发挥，也是尊重人的一

---

① 中共中央文献研究室编：《习近平总书记重要讲话文章选编》，中央文献出版社、党建读物出版社，2016 年，第 179 页。

② ［美］肯·布兰查德著，赵甡晟译：《领导者的智慧》，华文出版社，2001 年，第 75 页。

种表现。越是开明、尊重人的领导者，越会在人们另辟蹊径解决问题的时候感觉由衷欣喜与欣赏。另外，交给人们任务的时候，多用商量、邀请的口气，而不是一味地粗暴命令，也能让人感觉到更多的尊重之意。

三是兑现所许承诺。答应了的事情，尽可能去做到。这事关领导者的诚信，也说明你把对方的事放在心上，是郑重其事对待的，也会给对方一种获得尊重的感觉。

四是提供反馈机会并对反馈进行反馈。首先，尽可能给别人提供反馈的机会，询问人们对工作的意见、建议。这是一种民主风范的体现，也是尊重人的一种表现。其次，人家给你提了意见、建议，不管你是否喜欢听，也不管你是否采纳，都应该有反馈信息，不要搞得无声无息，好像从来没有过那么回事似的。即使没能采纳、接受，能够说明理由，给出必要的解释，也能给人不一样的感觉。必要的反馈是尊重人所必需的。

五是适当透露个人信息。对于领导者，人们往往都有了解的意愿：他们想知道领导者真正在乎什么，想知道你的目标和期望是什么，想知道什么人对你影响最大，想知道你的过往经历，你的个性特征，你的家庭是什么样的，他们还希望了解“是什么在激励你，什么使你感到快乐，什么会使你自责……这并不是刺探隐私。因为每个人都更愿意相信那些他们了解的人”。[①] 人们不会追随一个从来不愿意向自己敞开心扉的人，而会从内心深处不信任这样的人。领导者适当向别人透露个人信息，其实是在以尊重人们了解自己的愿望的方式来表达对人们的尊重。当然，反过来说，领导者即使是出于对别人的关心，也不要过分探究对方的个人信息，超越对方的心理界限，而是保持一定的距离，也是尊重别人的表现。不能适可而止，就会变成“多管闲事”，造成对别人的不尊重。

---

① ［美］詹姆斯·库泽斯、巴里·波斯纳著，刘旭东、牟立新、王士会译：《留下你的印记：体现领导力的最高境界》，电子工业出版社，2011 年，第 41—42 页。

六是向别人请教，征求建议。尺有所短，寸有所长。领导者未必在方方面面都高于别人。有不懂或不甚明了的问题，虚心诚恳地向别人请教，让他们有机会展示才识，发挥他们的作用，既能对领导者有启发帮助，也能体现对别人专长、优势的尊重；既让对方自我感觉良好，也让他们对你有良好感觉。美国前任总统奥巴马刚刚当上参议员的时候，曾经向三分之一的老议员提出这样的求助——我是一个新人，您对我有什么建议吗？您能当我的导师吗？结果老先生们收获了满满的尊重感，都很喜欢他，把他当成一个谦逊上进的人，真有什么好建议，自然也乐于提供。星巴克的CEO霍华德·舒尔茨甚至认为，当今领导者最重要的素质就是敢于展示自己的弱点。他建议："不要害怕揭露自己的弱点，不知道就是不知道。当你承认自己的不足并且认真请教时，你会非常吃惊地发现，他们竟然能够给你那么大的帮助。"①

强调领导者向别人请教，征求意见是有针对性的。引用古人的话就是："居官之人，身处民上，一令百从，谀言日至。"他们有些人"自视地位高于人，才识无不高于人"，逐渐养成自以为是习惯，难得"低首下心勤学好问"。②如果真能注意向别人请教，效果一定是很好的。

七是尊重客观事实，也是对当事人的尊重。2007年5月26日，第四十九届世界乒乓球锦标赛男子单打1/4决赛，我国运动员马琳与白俄罗斯选手萨姆索诺夫对阵。马琳一记凶猛扣杀，萨姆索诺夫奋力救球。萨姆索诺夫的回球打在球台下沿，本来应该算他失分。但裁判没有看清，认定擦边球有效，判萨姆索诺夫得分。尽管马琳提出异议，萨姆索诺夫也举手表示支持马琳的说法，但裁判坚持他的错误判定。接下来，轮到马琳发球，

① ［美］凯文·卡什曼著，李婷、李兴乐译：《修炼领导力》，中信出版社，2010年，第31页。

② （清）觉罗·乌尔通阿：《居官日省录》卷六。

当球飞到萨姆索诺夫这边球台时，他故意把球拨下网，用这种“自杀”的输球方式，抵消了裁判员错判给自己的一分，回赠了马琳一分，维护了比赛的公平。全场观众看在眼里，心生敬意，报以经久不息的热烈掌声。萨姆索诺夫的举动是对比赛事实的尊重，也是对当事人、对手马琳的尊重。第二天，当大赛落下帷幕之时，大家看到了一个众望所归的场面：体育道德风尚奖颁给了乒乓绅士——萨姆索诺夫。

【本章延伸阅读】

获得权力（影响力）的多种途径

我们获得权力的途径多种多样。有一些方式比另外的方式更好。对照下面清单，看看哪个模式是你最常用的。我从最差到最好的顺序来排列。

强迫：人们被迫跟随你是因为他们感到被威胁，无力反抗，他们很不情愿，一有机会就会造反。不健康的政府就是这样做的。这样获得权力的方法是最差的。

操纵：人们跟随你是因为你诱导他们，你利用语言来哄骗他们，把他们逼到墙角，使他们别无选择。人们怨恨被利用，很快会去寻找一个更健康的环境。

恐吓：人们跟随你是因为他们害怕不这样做的后果。他们觉得在感情上被你欺负，顺服你是因为他们不想被炒鱿鱼，被伤害和难堪，等等。这种方法是第三差的。当需要快速行动的时候，这种方法通常会用得比较多。

交换：这是我们最常用的获得权力的方法。人们跟随你，是因为你能为他们带来好处。双方都有所得：你工作，老板给你报酬。这种方法很管用，但这是暂时的，当一方找到更好的交易时，这种关系就完了。

说服：人们跟随你是因为他们被感动，愿意与你合作，他们认同你提出的意见或提供的激励。这种方法是用嘴说服别人，是通过甜言蜜语。

激励：人们跟随你是因为你可以创造兴奋。你的追求和激情打动了别人，人们愿意去做本来不愿意做的事情。这种方法比较好，但还不是最好的。

尊敬：人们跟随你是因为你服务他们、尊重他们。你和你的跟随者有着相互尊重，别人顺服你因为你赢得了他们的尊敬。这是最好的方法，因此而获得的领导力也最持久。它将会赢得忠心耿耿和高度的承诺。

［美］提姆·爱摩著《图说领导力》，
江西人民出版社，2010 年，第 80—81 页

C H A P T E R 0 3

第三章

实践增能功
——以积极实践增益能力长进

“各级领导干部要加快知识更新、加强实践锻炼，使专业素养和工作能力跟上时代节拍，避免少知而迷、无知而乱，努力成为做好工作的行家里手。”[①] 领导能力的增强离不开实践。这里强调的是积极的实践。因为消极被动、应付了事式的实践，即使长时间持续、反复进行，对于能力的增强也是没有多大益处的。要想获得领导能力的显著提升，应当做到 4 个积极：心态要积极，观念要积极，行动要积极和总结要积极。

一、心态要积极：调整心态，自如以待

要想在实践过程中有效增强自身能力，首先要以积极的心态去面对实践，要抱着增添经验、丰富体验、促进成长的心态面对实践过程中的酸甜苦辣、成败得失。

（一）始终抱着“学”的心态处世

1. 任何际遇都可作为学习之机

张申府先生说：“最正当的处世之道当在于学，处处但在增加自己的经验：乐增乐的经验，苦增苦的经验，顺增顺的经验，逆增逆的经验。以

① 习近平：《在庆祝中国共产党成立 95 周年大会上的讲话》（2016 年 7 月 1 日），人民出版社，2016 年，第 25 页。

学、以体验为处世，以处世为学、为体验。如此自当无往而不自如，无往而不有所悟。”[①] 我们可以从中获得的启示是，各种场合、所有事情、任何际遇，都可作为学习、成长之机。有这种理念的人，眼里散发的光芒定然与众不同。对一切保持学习态度的人，即便是见人，眼睛也更有光亮、更有神采。能够把每天发生的各种事情，把工作生活中面对的一切都看作自我学习、成长的机缘与馈赠，那么你的每一天都将过得平静、从容且心存感激。因为，这样一来，世间之事都可视为因己而生，你的人生将由此豁然开朗。你会觉得无论发生什么事，都是有益于下一步成长的，你会坦然接受事情的任何结果。只要能够以积极的心态去面对生活实践，就能够进退自如、成败自如，酸甜苦辣无不自如，不管在什么情况下都能有感悟、有提高。这与现代学习型组织理论中“工作学习化”的主张不谋而合。所谓工作学习化，就是不把工作看成是一种不得已而为之的沉重负担，而要把工作过程看成自己学习、进步的机会与过程，并且积极乐观地参与这一过程。践行这一主张对于提高能力具有重要意义。在一些单位里面常见有两种人：一种人面对新的工作任务总是勇于尝试、乐于承担，视为自身锻炼、成长良机；另一种人则是能推就推、能躲就躲，多一事不如少一事。这两种不同的态度恰恰源于他们心态的积极与消极。在这样不同的心态下，两个起点本来差不多的人，经历了多项任务之后，差距就会明显拉大：前者往前进了好几步，后者则停滞不前甚至不进则退。这一现象也启示我们，要有效地增长能力，必须努力培育积极的心态。

2. 善于认识和挖掘实践活动的意义

要真正使自己树立积极的心态，关键是善于认识和挖掘实践活动的意义。对于自己真正觉得有意义的事情，我们往往能够把这些事情做得漂漂

① 张申府：《续所思》。

亮亮，既享受做的过程，也享受做的结果。反过来，如果认识不到事情的意义和价值，却又迫于各种压力，硬着头皮、心存抵触地去做这些事情，做的过程会很痛苦，甚至有备受折磨的感觉，结果当然也往往不会好。在某种意义上，的确可以说是心态决定状态：心态不一样（积极或者消极），投入就不一样，产出也就不一样。毕竟，我们有 60% ～ 70% 的清醒时间都在从事一种被称为“工作”的活动。如果我们认为自己所做的事情没有任何意义的话，那将是非常糟糕的[①]。

善于认识和挖掘意义，对于新常态下的当代干部更具有现实性和紧迫性。习近平说：“有的同志认为，既然多干多出错，少干少出错，不干不出错，何不就得过且过。有的感到，没有了请吃请喝、有送有拿，当干部的感觉找不到了。”[②]这种“找不到感觉”的感觉有一定的普遍性。以“请吃请喝、有送有拿”为当干部的意义，而未能从更高、更多的层面去挖掘意义，那些人必然在整治“四风”的形势下失去动力、状态萎靡。外在的形势不以个人意志为转移。对于党员领导干部来说，这是一个需要解决的现实问题。解决之道就是要善于去认识、挖掘自己所在的岗位、所从事的工作的价值、意义。认识越全面，挖掘越深透，动力就越强劲。

意义都是要靠人去认识、挖掘的。“没有任何事情真正有什么意义，除非我们愿意赋予它意义。”英国学者戴维·泰勒说，这也许是他一生当中听到过的最具有影响力的话语。仔细想想，这句话的确具有强大的影响力，因为它能够影响到一个人的内在心态。当一个人从原先认识不到一件事情、一份工作的价值、意义，变为认识、挖掘出其价值、意义时，就会出现奇迹：

---

① ［美］迈克尔·阿伯拉肖夫著，刘祥亚译：《这是你的船》，机械工业出版社，2015 年，第 68 页。

② 习近平：2014 年 8 月 27 日《在听取兰考县和河南省党的群众路线教育实践活动情况汇报时的讲话》。

"我们寻找这些事件中积极的一面……它使我们的生活、我们的将来变成了我们自己的选择。"[①] 在很多情况下，我们觉得某件事情或从事某种职业没有意义（包括当领导、做公务员等），感觉无聊、无趣甚至很痛苦，不愿意干或消极应付，其实是因为我们没有认识和挖掘出其中的意义。

看看下面的对话，也许对我们在意义挖掘方面能够有所启发。

"告诉我，你做过的或者能想到的最没有意义的工作是什么？"

"这简单，大学时我曾经在咖啡馆洗盘子，我可以向你保证，这不是有意义的工作。"

"大学在咖啡馆里洗盘子——没有比这更重要的工作了。天哪，想一想这些学生会对世界产生的影响。这些学生未来可能是商业领袖、医生、社会科学家、世界领袖、研究人员。一堆不干净的、被细菌感染的盘子就有可能毁了全班。如果你不相信洗盘子对人类的福祉有贡献，我可以带你到那些没有人认真洗盘子的地方去看看。一顿饭就能让你改变想法。学生们来的时候身心俱疲，饥肠辘辘，可能还很孤单。你是为他们的人生提供快乐与滋养链条中的重要一环。"[②]

当我们能够跳出小我，从一定的高度去看待工作、生活的价值、意义时，感觉就会大不一样，也许会发现一个完全崭新的世界：对建筑工人来说，他不仅仅是在砌砖，而是在建造世界上最伟大的宫殿；对清洁工来说，他不只是在扫除垃圾，而是在为城乡生活环境创造洁净；对司机来说，他不仅是在驾驶汽车，而是在帮助别人平安到达目的地；对煤矿工人来说，他不是在开采煤块，而是在为人间添加温暖和光明……

---

① ［英］戴维·泰勒著，张允、周遵友、孙晓霞译：《赤裸裸的领导》，中信出版社，2003年，第204页。

② ［美］肯·布兰佳、谢尔登·鲍尔斯著，陈佳伟译：《共好：一种激活组织激情和能力的革命性方法》，中信出版社，2014年，第24—25页。

做同样的事情，不同的人对于其意义的认识可能有很大的不同。正如好多人所熟悉的一个古老故事所告诉我们的那样。一位旅行者路过一座英格兰小城镇，他在一个工地上遇到三个石匠，他问他们正在做什么。第一位说："我在打工谋生。"第二位说："我在打磨一块石头，之后可以用它来砌一道完美坚固的墙。"第三位则说："我在帮助克里斯托弗·雷恩爵士建造一座华丽的教堂以展示主的荣耀。"[①]他们最终的发展状况、所达到的境界肯定也是不一样的。"只为金钱而工作的人是受不到鼓舞的，他看不到自己工作的意义——他只期待着每个月对他所厌恶的工作的'补偿'。"[②]

工作、生活的意义，就是你赋予它的意义。我们认识到的"为了什么"越多，就越会觉得有意义、有乐趣。人们从工作中获得的乐趣越多，成功的可能性也会越大。

对于领导者来说，不仅自己要善于挖掘意义，还要为组织行为注入意义并传扬意义，帮助组织中的其他成员找到第三个石匠的感受，让他们理解自己的工作在大图景中的位置，使他们坚信自己是在为更宏大、更长远的目标贡献力量。"大脑可不仅仅是一件装满东西的容器，你必须去点燃它使它产生激情。"[③]奥美广告公司的前任 CEO 夏洛特·比尔斯说："作为一个有进取心的领导者，你需要明白'你不是工作'。""你必须学会走到工作前面，你是解释、分析并传达工作的那个人……你是使工作被得到认可的燃料、能量和系统。"[④]当你能够把意义讲实、讲透、讲到人们心坎上

---

① ［美］小约瑟夫·巴达拉克著，孙莹莹译：《伟大的挣扎》，浙江人民出版社，2016 年，第 132—133 页。

② ［德］尼古劳斯·B. 恩克尔曼著，王京平译：《激励的哲学》，国际文化出版公司，2000 年，第 84 页。

③ ［德］尼古劳斯·B. 恩克尔曼著，王京平译：《激励的哲学》，国际文化出版公司，2000 年，第 63 页。

④ ［美］埃米尼亚·伊贝拉著，王臻译：《逆向管理》，北京联合出版公司，2016 年，第 154—155 页。

时，就能够产生动人的力量，从而提升组织的整体能力和效益。

（二）变“逆来顺受”为利人益己的享受

一提到“逆来顺受”，人们往往就会想到苦涩、无奈甚至奴性。其实，“逆来顺受”未尝不能成为一种享受。这里讲的“逆来”，是指出乎人们意料的、突然出现的、与人们原本的想法相冲突的状况。在工作生活当中，这种“逆来”的情况是常有的。比如，某位领导突然让你去完成某一工作任务（按照原先的岗位职责分工，这件事未必是非你去完成不可的，但领导突然指派你去）；再如，某位亲戚、朋友突然请你帮个忙（这事并不违纪违规，但很出乎你意料，对方明确地提出来了）。怎么办？但凡工作、生活中“逆来”的事情或状况，你会消极地抗拒，或者只是心不甘情不愿地接受，那么，这件事情的结果可想而知，你的工作前途、人际关系也可想而知。面对同样的“逆来”状况，心态好的人会积极地顺应、接受，争取一个利人利己的结果。首先，以面对领导突然交办的工作任务来说，心态积极的人不会把这事当作领导突然强加的一份负担，而会把它当成自己锻炼、进步的机会，当作向领导展示自己才干的机会，心甘情愿地全力以赴、全身心投入，争取一个让领导满意、自己也满意的结果。其次，以帮朋友的忙来说。心态消极的人会觉得帮别人的忙，就意味着自己为别人奔忙、操心、付出，自然认为“多一事不如少一事”，消极被动地应付了事甚至一推了事。而心态积极的人则会从长远、全面的角度看待此事，认为“帮别人就是帮自己，不肯帮人就是在为难自己”，在遵纪守法的前提下高高兴兴地能帮则帮，赢得一个利人利己的结果。“任何人在真诚帮助他人的同时，也就是在帮助自己，而这正是一种最美妙的人生补偿。”①

① ［美］罗伯特·布鲁克斯、山姆·戈尔茨坦著，亓晓颖、彭一勃译：《培养韧性》，机械工业出版社，2005年，第197页。

同理，如果得到重用、工作忙碌，那就多想想忙碌的益处：在繁忙中锤炼了自身，积累了经验，增长了智慧；如果受到冷落，你也应该认识到，在遭遇冷淡、寂寞的同时，也获得了轻松和自由，这恰是自己清理心灵原野的良好机会，是给自己充电、增值的最好时段。寂寞不可怕，浪费了寂寞的时光才可怕。生活给了你柠檬，你就用柠檬做柠檬汁吧！努力成为具有“自发性目的人格”的人，就能在任何情境下找到自我驱动之力。

（三）在压力调适中增长能力

有人说现在干工作，“能力不强被压死”。压力是领导者当前面临的比较普遍、比较突出的问题。

1. 外在缓释，减压增能

一是合理分权，实行制度性减压增能。在我国现有体制下，领导者身上往往集聚了过多的权力。把权力集中起来，往往意味着专断地决策，就要为决策结果负责。因而，权力集中既有张扬意志的一面，也势必产生增强压力的效应。这应该是领导干部们普遍感觉压力大的重要根源。因此，改革现有体制，用制度与法规的形式严格限定领导干部的权限和责任，防范权力滥用，杜绝权力过分集中，合理分权，简政放权，让公众、市场与社会组织等多元主体也为经济社会的发展担负责任，从制度上为领导者减压，这是缓释压力的根本途径，也是增强领导能力的途径。集中精力管他们最应该管的方面，有助于能力水平的提高。

二是科学配备班子，减少摩擦压力，增强整体效能。不仅要按照合理的专业结构、互补的智能结构、梯次的年龄结构等要求配备领导班子，还要顾及班子成员的气质和谐与合作搭配，明确班子核心，减轻因人事摩擦而带来的压力，并且通过班子成员的有效组合，充分发挥班子成员的个体能力，产生极大的正向集体领导力，从而获得最佳的整体效能。

三是设立机构，给予心理指导。建议在系统内部或一定地域范围内成立领导心理咨询室或活动沙龙等，组织专家对领导干部的心理压力进行调适，提供领导者倾诉心声的场所，有针对性地提供缓释办法，使处于“压力锅”中的领导者及时放下精神重负，进而从容冷静地开展工作。

2. 内在调适，强化本领

一是增长知识，培养能力。专业知识是领导者增强自身权威的重要工具。能力是领导者做好工作、减轻压力的重要手段。知识越丰富，视野越开阔，能力越高强，解决和处理问题的办法就会越多，心理压力就易于获得缓解。领导者压力沉重的内在原因，往往就是由于对事物不熟悉、难以把控，或是对目标的达成感到力不从心。一旦“会了”“熟了”“清楚了”，压力就得以缓解或消除。

二是改进方法，善于授权。事务伴随权力而集中，压力因事务繁杂而增强。领导者要缓解因事务繁杂而带来的强压，必须改进领导方法，实现科学授权。首先，要避免“随问随答”的领导方式。实事求是地说，领导者不是万能的，他们不可能知道所有问题的答案，即使知道答案也未必知道最佳的答案。明智的领导者不是即刻回答或略加思索后回答下属提出的各种问题，而是经常把问题打回去给提问者思考，让他们充分发挥主观能动性，寻求解决办法，由此提高工作能力，也避免领导者陷入各种琐碎事务当中不能自拔，妨碍领导水平的提升。切记：领导的真谛并非领导者脱口而出地提供自己解决问题的答案，而是推动众人去寻求解决方案。其次，要心甘情愿地科学授权。为了增强领导效能，领导者必须审时度势地退到幕后，“将下属而不是自己置于解决关键问题以及为重要目标实现做贡献的中心地带。”[①] 要摒弃那种一味支配、控制别人，处处以我为中心的想法

① ［美］詹姆斯·库泽斯、巴里·波斯纳著，李丽林、杨振东译：《领导力》，电子工业出版社，2004 年，第 235 页。

与做法，要让别人也能分享权力，获得在某些事情上当家做主的感觉和引人注目的地位，这是发掘组织潜能的有效方法，也是减轻领导者自身压力的有效方法。这就要求领导者选择工作而非让工作缠绕你。领导能力强，首先体现在能对工作进行恰当的选择：哪些应该亲自抓，哪些可由别人来做，把时间精力用在最重要的、别人无法替代的事情上（在《责任制造结果》一书中有一段关于授权的论述，附在本章延伸阅读中供参考）。在这方面要警惕一种“兴趣引诱”：有些小事是你兴趣和擅长所在，你很乐意为之，它们让你在不知不觉中花费了过多的时间，挤掉只有你才能做得好的大事。从而导致一种让人惋惜的结果，你不是没有能力做好大事，而是由于“兴趣引诱”，你在愉快沉浸于“捡芝麻”的同时丢掉了本应摘取的“西瓜”。这种结果肯定会给你带来巨大压力。

三是建立并善用人际网络。“很多领导者问我，个人以及事业成功的最重要因素是什么。我所给出的答案是相同的：人际网。确认、建立和发展与他人的关系，是自身发展和事业成功的极其有效的方法。”①良好的人际关系也是重要信息的传播渠道，没有它们，我们就缺乏开展工作必需的信息依据②。领导者如能真诚待人，广结善缘，赢得大家的信任和尊重，建立并善于运用人际支持网络，一旦遭遇困境，就可能获得及时可靠的支持，帮助自己增强能力，摆脱困境，缓解压力。

四是营造良好的工作环境。如果人们总是在互相猜疑、争斗不休的氛围中工作，势必心情压抑、备感压力。因此，领导者要注重营造宽松和谐的环境，真诚对待周围的人和事，力争相互尊重、团结友爱、轻松愉快。

---

①［英］戴维·泰勒著，张允、周遵友、孙晓霞译：《赤裸裸的领导》，中信出版社，2003年，第77页。

②［美］约翰·科特著，孙琳、朱天昌译：《权力与影响》，华夏出版社，1997年，第39页。

"你应该让自己被这样一群人包围，当你尝试新事物时，他们会积极地鼓励你；当你失败时，他们会给予理解和耐心；当你试图从失败中学习时，他们会提供有用的建议。"[①] 能够有这样一种环境氛围，势必利于有效地减压增能。

五是切实了解自己，建立合理期望。工作生活中的某些压力源于不切实际的期望和目标，而这些不切实际又往往由于了解自己不真切。对于自己的能力、才识、长短要心中有数，掂量清楚自己的斤两，尤其对于时常被别人真诚赞美或假意吹捧的领导者，做到这一点很有必要。过分在乎别人的评价，一味以他人的标准看待和衡量自己，让他人的眼光左右自己，势必在人言人殊、众说纷纭的情况下无所适从、压力重重。在了解自己的基础上，结合对社会、单位的发展前景和人事安排的预测，根据自己的水平、特长，制订适宜的职业发展计划，一步一步地去实现。

六是改善认知模式。同样一件事情，看不开的人耿耿于怀、压力徒增，看得开的人毫不介意、平静以待。人生在世，每时每刻都可能事出突然、状况连连。它们完全由不得我们是否喜欢，也丝毫不征求我们的意见——就好像我们本身不由自主地来到人世一样——我们无法掌控世间事情的发生，但对已发生的事情如何看待、怎么解释，主动权是在我们手上的。很多时候，决定我们是否受到压力的不是诸多的外界因素，而是我们对这些因素做出的内在反应。真正伤害我们的往往不是客观发生的事情，而是我们内心对发生之事的不恰当反应，就像被人造谣污蔑一样，错误的只是造谣惑众者，而非被攻击之人，只有当被攻击者因此而心生烦躁乃至抑郁，造谣才会形成伤害与压力。

七是恰当分解目标。把目标分解开来，化整为零，变成一个个易于实

---

① ［美］詹姆斯·库泽斯、巴里·波斯纳著，钟淑珍等译:《领导力的真理》，电子工业出版社，2011 年，第 121 页。

现的子目标，将它们逐个击破。在一次国际马拉松邀请赛上，原本名不见经传的日本选手山田本一出乎人们意料地获得世界冠军。当记者问他取得如此惊人成绩的奥秘时，他说是凭智慧战胜对手。当时很多人认为他是在故弄玄虚。因为马拉松运动是非常考验体力与耐力的，说用智慧取胜，似乎很勉强。后来山田本一在他的自传中做了说明：每次比赛之前，我都会乘车把比赛线路仔细察看一遍，并将沿途比较醒目的标志记下来，如第一个标志是银行，第二个标志是一棵大树，第三个标志是一座红楼，等等，直到赛程的终点。比赛开始后，我先以百米的速度奋力冲向第一个目标，到达第一个目标后再以同样的速度冲向第二个目标。四十多公里的赛程被我分解成多个小目标轻松跑完了。最开始我不懂得这个道理，把自己的目标定在四十多公里处的终点线上，结果我才跑了十几公里就疲惫不堪了，我被前面那段遥远的赛程给吓倒了！分解目标有助于分解压力。压力小了，做起来也就轻快些了。

二、观念要积极：善待错误，宽容失败

要在实践探索中增长能力（不仅仅是领导者自身的，还包括下属的），必须以积极的观念看待工作探索中（而非日常工作中）的差错、过失，“建立容错纠错机制，宽容干部在工作中特别是改革创新中的失误”。[①]

（一）消极看待错误，妨碍能力进步

一个人对待错误的态度也许是比实际所犯错误更严重的问题。所谓消极看待错误，就是总把错误看成是负面的、有害的，应该竭力避免的。出现差错的人，都是应该受到批评和责罚的。在对错误持这种看法的地方和

---

① 《中国共产党第十八届中央委员会第六次全体会议公报》（2016 年 10 月 27 日）。

单位，领导者本身必然不敢在实践中进行大胆探索，万一有了差错，肯定会想方设法掩盖、开脱。下属出现差错，也一定生怕被上级和同事发现，千方百计隐瞒，因为掩盖事实、淡化问题能够免受责罚，对自己更加有利。结果一定是大家都缩手缩脚，不敢越雷池一步，也就谈不上能够在实践中取得突破、长进。

所以，要树立这样的观念：对于身处开拓创新时代的人们来说，可耻的不是有过创新出错、受挫的记录，而是从来不曾有过创新的尝试，只会缩手缩脚地不敢越雷池一步，谨小慎微地做呆板的“规定动作”，或者一味照搬别人的经验与办法，不敢更不善于做富于创新意味的“自选动作”。错误与失败如同青春期：尴尬，不自在，却是迈向成熟的必需经历。正确是需要错误来探路的。“正确的结果，是从大量的错误中得出来的，没有大量的错误做台阶，也就登不上最后正确结果的高座。”① 如果为了杜绝错误而禁止一切创造性的尝试，就会从根本上堵塞发展进步之路。“犯错能带给你可观的经验，而经验将不断化合到你最终的所得中，即你对经验的认识和由此获得的乐趣。你将获得一种从容的智慧。”② 在某种意义上说，犯了很多错误（当然，不会重复同样的错误）的人甚至要比那些从来没有犯过错的人更可靠③。“正如得过伤寒病的人可以免疫一样，犯过错误的人，只要善于从错误中吸取教训，也可以少犯错误。倒是没有犯过错误的人容易犯错误，因为他容易把尾巴翘得高。”④

犯错也许并不像有些人所想象的那样不光彩。每个人都会犯错误。更何况错误本身也蕴含某些真理的因子。有些时候，所谓错误也许就是自己

---

① 钱学森语，王玉新：《冷眼光》，东方出版社，2014 年，第 71 页。

② ［美］梅尔·吉尔著，刘婧译：《非常识》，中国和平出版社，2005 年，第 177 页。

③ ［美］纳西姆·尼古拉斯·塔勒布著，雨珂译：《反脆弱》，中信出版社，2014 年，第 44 页。

④ 毛泽东：《论十大关系》，《毛泽东文集》第七卷，人民出版社，1999 年，第 40 页。

看不惯的东西、不习惯的做法而已。社会活动领域有时的确是殊途同归的，具有多目标、多路径、多元价值取向的特点。什么绝对正确，什么绝对错误，未必有确定不移的标准。在实际工作中，经过一段时间相互磨合之后，会发现原来意见分歧的双方可能逐渐趋同，接受和认可对方的某些做法。这时再去分辨对错，会发现原先以为错的未必真错，只是另一种同样可行的方案而已。而自己原先竭力主张的也未必是唯一正确的，只是一种同样有瑕疵的方案。

（二）失败和错误是经验的主要源泉

探索性的失败和错误并不会给人们贴上无能者的标签。能力往往是沿着探索性错误的螺旋阶梯上升的。如果能够理性地试错，错误就可以成为一种信息与经验源。如果每次试错都能让你明确什么是不可行的，实际上，你就在渐渐逼近有效解决方案了——“这样，每一次的努力都变得更有价值，更像是一笔支出而非一个错误。”①

科学家斯蒂芬·格伦在医学领域的多个方面均有重大成就。当采访他的记者问到是什么让他具有超出普通人的创造力时，他提到了自己幼年时期的一件事：当时，他从厨房冰箱里取出一瓶牛奶，没走几步就失手将奶瓶掉落在地上，牛奶洒了一地。他的母亲听到声响赶紧过来。面对一片狼藉的厨房，她没有发火，没有训导，更没有惩罚他。她说：“哦，我从没见过这么多的牛奶洒在地上呢，真是有意思啊！反正已经洒了，在我们收拾干净之前，你想玩一会吗？玩牛奶说不定也是很有意思的哦。”他真的玩起了牛奶。过了几分钟，他的母亲说：“牛奶是你洒在地上的，也得由

---

① ［美］纳西姆·尼古拉斯·塔勒布著，雨珂译：《反脆弱》，中信出版社，2014 年，第 41 页。

你来收拾干净。现在，我这儿有海绵、抹布和拖把，你想用什么？”他选择了海绵。他们一起将厨房地面收拾干净后，他的母亲又说：“刚才你把奶瓶掉落在地上了，说明你还没学会怎样用一双小手搬一个大奶瓶。现在，我们到院子里去，在一个瓶子里盛满水，试试看你能不能发现一个合适的搬运方法，使瓶子不会掉落到地上。”通过多次尝试，他知道如果用双手捧住靠近瓶口的地方，瓶子就不会在搬运过程中掉下来。这位著名的科学家回忆说，正是这生动而又内容丰富的一课，让他明白无须害怕犯错误。错误往往是学习新知识的开始。科学难题也是经过一次次错误之后最终找到正确的解决方法。

错误或失败可以是灾祸，也可以是福音，这取决于人们能否正确地看待。真正的失败者是在犯错后不自省、不总结，听不进批评意见，力图粉饰或解释自己的错误而不是借助新的信息、经验开启新的探索。错误、失败不是罪过，但没能从中获得教益就是一种罪过了。

清朝著名剧作家李渔曾经记载了这样一件事：有一回李渔身患重病，他不去请镇上的名医来为自己诊治，却让家人去找邻村一位曾有病人死在自己诊所的医生。家人觉得很奇怪，但由于他一再坚持，只好按他的原意去请医生。后来的事实证明李渔的选择是对的：他的病果真被邻村医生治好了。他解释说，镇上的名医过分求稳，不允许自己出任何差错，从来不收治危重病人，因而不曾有病人死在他那，当然无人非议而名利双收；邻村的医生虽然医死过人，但他有医者仁德之心，从不拒收危重病人，说明他敢于负责。再说，邻村的医生能吸取过去的教训，提高医术，相比之下，还是他更可靠。

李渔择医治病的故事值得我们深思。他不为世俗眼光所惑，不为习惯思维所缚，其独到的见解、非凡的勇气对我们应有启示。

（三）允许自己在探索中出现差错

1. 探索中出错，难以避免

当我们尝试做以前从未做过的事情时，我们不可能保证一次就成功。即便能成功，那也纯粹是走运而已。事实上，在开拓新领域或尝试新方法时，你不可避免地要犯错。所以，在工作生活中，出错甚至失败永远都是一种选择。“进一步说，如果你不愿意失败，你就永远无法成就卓越。”①美国著名球星迈克尔·乔丹说：“在我的生活中，我失败了一次又一次，而这正是我成功的原因。”失败只不过是走向成功过程中一个再普通不过的副产品而已。

2. 应负能力，探索者必备

有一个名词叫“应负能力”，是由英国诗人约翰·济慈提出的。应负能力即应对负面状况的能力，是一种“能经得起未知、神秘及怀疑而不急于追究事实及理由的能力”。换言之，它是一种能从失败中振作起来，克服障碍，进行明智的冒险的能力。具备这种能力的人，不会把时间浪费在怀疑、挫败上，或苦思为何自己会面临困难。因为，他们深知遭遇困难、面临挫败是人生的必然②。应负能力无疑是领导干部面对实践探索中的挫折、失败时应该具备的一种能力。

（四）宽容下属过误，鼓励创新尝试

1. 树立开明的“过误观”

要树立这样的观念：过失、错误是整体进步的一部分，是为了实现最

---

① ［美］詹姆斯·库泽斯、巴里·波斯纳著，刘旭东、牟立新、王士会译：《留下你的印记：体现领导力的最高境界》，电子工业出版社，2011 年，第 141 页。

② ［美］保罗·迈尔、兰迪·思列塔著，汉祺译：《领导力的五大支柱》，上海社会科学出版社，2005 年，第 119 页。

终的目标而进行的投资。美国哈佛商学院教授约翰·科特说：“我可以想象到，20 年前行政人员讨论是否聘请某人担任高级职务时，如果有人指出：‘这个人 32 岁时有过一次惨败。’其他人便会说：‘不错，那的确是个污点。’我相信今天同样一群人在考虑是否聘请某一人选时会说：‘我担心的是这个人从来未失败过’。”[①] 所以，领导者不能老是对别人强调“只许成功，不许失败”，更不要把“你要是搞错了呢，回头看我怎么收拾你”这样的话挂在嘴边。天天做、月月做的日常工作，不允许出错，那自然是有理由的。如果把探索性的工作与日常工作混为一谈，那就大错特错了。

2. 要营造宽容错误的文化氛围

千万不要让人在工作中产生恐惧感。如果你想让人们变得平庸、表面顺从，恐惧也许能让你达到目的。但是，“如果你想要人们甘冒风险、卓有成效、勇于创新，而且享受他们正在做的事情，那么恐惧不是你想要注入的情感”[②]。恐惧感也许能推动人们去做事，但是肯定不能推动人们去有效创新，也不能推动人们表现出最好的自己。要营造一种宽容错误的文化氛围，使下属在努力做一件事但失败了的时候，无须用隐瞒来保护自己，无须担心受到责怪和羞辱。如果一个人犯了一次错误就毫不留情地责怪、羞辱和惩罚，其他人就会陷入僵化，陷入机械地执行命令和决定、唯恐犯错误的恐惧之中。如果大家总是以如履薄冰的不安情绪来工作，就根本谈不上创造性，也绝不会取得积极的成果，培养不出优秀的人才。因此，当组织中发生错误时，当事情没有像期待的那样发展时，首先提出的问题不是“谁应当受到责备？”而应当是“我们能够从中学到什么？”首先要做的不是寻找替罪羊，而是寻找解决问题的办法。甚至也不必只要有人犯了错就大张旗鼓地采取对策来纠错，把错误变成

---

① 王玉新：《寻找领导悟性》，企业管理出版社，2001 年，第 167 页。

② 刘澜：《领导力的第一本书：听大师讲领导力》，机械工业出版社，2016 年，第 32 页。

伤疤。正确的做法只是告诉犯错者，这是一个错误，这就足矣。偶然的错误不值得深究。

强调这一点的针对性在于这种氛围还比较缺乏。“孩童时代，我们都展示出非凡的创意天赋和充分自信。但随着我们逐渐长大成人，这些财富也逐渐远离我们。在我们学会表达自己的看法之后，我们所得到的回答是太多太多的‘胡说八道’或者直接就是‘你这个傻瓜’。”类似这样的杀伤性用语及其背后的抑制性环境使很多创新倾向无法生长：“终于，我们变老实了，学会顺从于别人的同意或不同意，学会按别人的要求这样做或那样做。”①

要建立宽容错误的文化氛围，就要鼓励头脑开放与坦率，善待“诚实的错误”：“它们就像孩子们擦破了皮的膝盖。它们确实会带来一些疼痛，但它们仅仅伤及表面，且会很快愈合。”②要让下属很努力地去做一件事情却出了差错的时候，不必刻意用隐瞒来保护自己。因为他明白，他的上级不会粗暴地责怪他，更不会无情地羞辱他，只会积极认真地帮助他从错误中汲取养分。如果能这样，说明宽容探索性错误的文化氛围已经建立起来了。这能将所有人凝聚起来，各展其才，努力创新。

三、行动要积极：深入调研，了解实情

了解得足够多，才能做得足够好。一些领导者对实际情况了解不够，“情况不明胆子大，心中无数办法多”，就难免在工作中表现出低水平、

---

① ［美］詹姆斯·卢卡斯著，刘永涛译：《企业权力的学问》，上海人民出版社，2000 年，第 155 页。

② ［美］彼得·克拉斯编，赵伟等译：《领导智慧论语》，机械工业出版社，2001 年，第 73 页。

低智能。正如习近平所指出的："领导要有水平，水平从哪里来？水平来自对客观规律的认识和掌握，而规律性的东西，正是蕴藏在广大群众的实践中。因此，要提高领导水平，就要眼睛向下，善于从群众的实践中汲取营养，获得真知。"[①] 要提高领导能力与水平，就要进行有效、深入的调查研究。毛泽东在《反对本本主义》[②] 中指出，许多做领导工作的人，遇到困难问题，只是叹气，不能解决。他恼火，请求调动工作，理由是"才力小，干不下"。这是懦夫讲的话。迈开你的双脚到你的工作范围的各部分、各地方去走走，学孔夫子的每事问，就算才力小也能解决问题。"我的经验历来如此，凡是忧愁没有办法的时候，就去调查研究，一经调查研究，办法就出来了，问题就解决了。"[③] 所谓"不怕乱如麻，就怕不调查""坐在办公室想想都是困难，到基层看看全是办法"说的就是这个道理。

（一）既务实又务虚，提高调研水平

这里所谓"务实"，是指根据领导活动的实际需要，围绕领导活动的实际问题而进行具体实在的调研活动，包括通过各种途径了解、搜集有关情况并进行分析研究，提出切实可行的解决问题的方法、措施等。通过深入调研，把学到的知识，掌握的本领，运用于改革开放和现代化建设的实践，在应用上花功夫，在结合上下力气，在艰苦环境、复杂局面中经受磨炼，从人民群众丰富生动的实践中汲取营养，从而提高自己的能力。

所谓"务虚"，是指针对调查研究工作本身进行研究探讨，包括学习、掌握有关调查研究的科学理论，明确调查研究应该遵循的原则要求，对自

---

① 习近平:《摆脱贫困》，福建人民出版社，2014 年，第 10 页。

② 《毛泽东著作选读》（甲种本），人民出版社，1964 年。

③ 《毛泽东文集》第八卷，人民出版社，1999 年，第 261 页。

己或别人的调查研究实务进行回溯分析和认真审视，提炼出成功的经验与失败的教训，总结出其中带规律性的东西。如果说务实是“砍柴”，那么务虚就是“磨刀”，后者对前者的促进、保证作用是不言而喻的。因此，在调查研究方面，领导者不仅要务实，而且要下一番务虚的功夫，做到“为实而虚，虚实结合，以虚促实，以虚带实”。为了保证调研的科学性，领导者要防止和克服只顾急于着手具体的调研实务，却轻视或忽视调研务虚的倾向。

（二）恪守调研原则，保障调研成效

1. 实事求是原则

实事求是是中国共产党的思想路线，也是开展调研要遵循的基本原则。只有恪守这一原则，从实际出发，按照客观事物的本来面目去认识事物，认清本质、摸清规律，才能科学有效地进行调查研究。落实这一原则，必须注意以下三点。

首先，注重客观，以“实事”为调研之基。调查研究乃是主观反映客观、探寻事物本质和规律的过程，它不排斥调研人员的主观能动性，允许他们有自己的想法与思路，但它要求调研人员承认“实事”——事物的客观实在性，依照事物的本来面目去认识它，而不随意附加任何外来的成分。“我们搞调查研究的目的，不是为了求证现有的某个观点、某项政策如何正确，而是为了把客观情况、实际问题搞清楚，进而有针对性地提出思路和建议。”① 为此，调研人员必须杜绝先入为主、偏听偏信、蜻蜓点水、迎合上级领导的做法，摒弃“文件堆里找材料，电话机里听汇报，办公室里想道道”的简单做法，避免以自己的主观意愿取舍材料，以自己的个人好

---

① 李瑞环:《学哲学用哲学》，中国人民大学出版社，2005 年，第 42 页。

恶裁剪事实。“每一个做调查工作的人，面对一切事物时，都应当把自己看成是被叫来参加陪审团那样的人一样。他仅仅应该考虑的是：所陈述的案情完整到什么程度，证据使案情清楚到什么程度，之后他做出结论，并投下他的一票，而无须去计较他的意见是否与主席的意见一致。”[①]任何调研过程中的唯上是从、唯本是依和自以为是，都会导致调查研究失去其应有意义，成为一种“费而不惠”的无聊把戏。

其次，拓宽视野，按辩证法思想去“求”。实事求是原则要求调查研究从实际出发，探求事物的本质和规律。但“实际”不仅仅是一点、一面或一线，而是一个纵横交错的立体网络。因此，坚持实事求是原则就必须注重以科学理论为指导，多角度、全方位考察研究客观实际，详细地占有材料，做到：既要广泛地收集资料，又要围绕调研目的抓住重点；既要特别重视获得第一手材料，又要认真对待与吸收第二手、第三手材料；既要注意事物的质，又要注意事物的量，把定性分析与定量分析结合起来，从事实的全部总和与联系中去掌握调研对象，避免犯盲人摸象、管中窥豹的错误。正如毛泽东形象地指出的那样：“你对于那个问题不能解决吗？那么，你就去调查那个问题的现状和它的历史吧！你完完全全调查明白了，你对那个问题就有解决的办法了……调查就像‘十月怀胎’，解决问题就像‘一朝分娩’。调查就是解决问题。”[②]

最后，尊重实践，避免自以为“是”。“是”就是事物的内部联系、内在规律。人们经过调研获得的对事物的认识是否正确，能否反映出事物的内部规律，不能凭个人或某些人的主观认定，只能由社会实践来决定。在调查研究中，由于受各种主客观条件的限制，一些调研成果未必属于完全

① 程代熙、张惠民译：《歌德的格言和感想集》，中国社会科学出版社，1982 年，第 104 页。

② 《毛泽东选集》第一卷，人民出版社，1991 年，第 110—111 页。

正确的认识，有些甚至是错误的。这就要求我们要注重在实践中检验和发展调研成果，坚持真理，修正错误，用实践的新经验来突破原先调研所获得的认识，使之不断发展和完善。“在调查的时候，不要怕听言之有物的不同意见，更不要怕实践检验推翻了已经做出的判断和决定。”①

2. 经常性原则

客观事物都处于流变不居的状态，没有绝对静止的事物，社会生活各领域各方面的新态势、新矛盾层出不穷。因而对事物客观规律的认识也不可能是一次性的、一劳永逸的，这就决定了人们在调研中发现问题、解决问题的过程必然是动态发展、持续进行的过程。原有的问题得到认识、解决了，新的问题又有待于人们去认识和解决。以往所做的科学、正确的调查研究，也代替不了新情况下的调查研究。这就要求领导机关和领导者必须坚持不懈地进行调查研究，把调查研究作为一项经常性的工作来做，在实践的基础上反复进行。

3. 群众性原则

调查研究是为了获得对事物的正确认识。但正确的认识只能来自广大民众的社会实践。调查研究说到底就是要了解民众的要求，体察民众的情绪，集中民众的智慧，总结民众的经验，提出反映最广大群众利益的决策方案。因此，群众性原则是调查研究必须坚持的原则。其主要要求包括：首先，要在思想上真正树立起向群众学习的观点。他们当中什么能人都可能有，智慧无穷无尽，才能多种多样。调研人员深入群众之中，汲取其聪明才智，是获得正确认识的源泉和科学手段。其次，要在行动上把群众关心的问题作为调查研究的重点。了解群众需要，努力帮助他们得到。“一切为群众的工作都要从群众的需要出发，而不是从任何良好的个人愿望出

① 1961年3月23日《中共中央关于认真进行调查工作问题给各中央局、各省、市区党委的一封信》。

发”，要了解“群众的实际上的需要，而不是我们脑子里头幻想出来的需要”，[①]真切关注基层群众在想什么，有什么“忧”需要“排”，有什么“难”需要“解”，把与广大群众切身利益息息相关、为广大群众所迫切要求解决的问题作为重点，优先进行调查研究，而不是仅仅根据领导者的意图来确定调研课题和内容。最后，要把向群众负责作为调查研究的最高标准。

（三）“破旧立新”，端正调研作风

一位曾经在农村工作多年的同志说，到乡下调研，与农民拉家常，人家给你倒杯水，你即便不渴也应喝两口；桌椅板凳上的积尘有可能弄脏你的衣裤，但是你千万不能当面拍打。这看似小事，其实能够反映出干部的调研作风。

调研作风在这里指的是领导者在调查研究工作中表现出的一贯的态度和行为。没有良好的调研作风，在调查研究之际怕苦怕累、妄自尊大、浮光掠影、弄虚作假、假公济私，势必导致调查研究蜕变为一种有名无实、有害无益的扰民伤财、污染风气的社会灾害。要避免这种灾害，争取调查研究的应有效益，领导者必须在作风方面进行“破旧立新”。

1. 不“作调研秀”，实实在在搞调研

调查是为了解决问题而去，不是为了调查而调查。领导者不能把调查研究作为自己在政治舞台上不得不摆的表演姿态，迫于形势而又流于形式地去开展。要把调查研究看作是把握实情、增强领导实效性的必要手段，踏踏实实地进行，而不是履行程序、走过场而已。

2013 年 8 月中国共产党新闻网站报道过东部地区某省一位厅级领导到基层做调研的事。在与当地民众交流时，这位领导在简短询问了“家里

① 1944 年 10 月 30 日毛泽东在陕甘宁边区文教工作者会议上所做的讲演。

几口人，收入怎么样，有没有什么困难”几句话后竟不知道说什么了。调研只好在身边人员的圆场下尴尬收场。后来那位领导私下坦承：“说实话，在机关待得久了，同群众打交道确实少了”，见到群众除了寒暄，真不知道该说些什么。一些领导干部平时讲话滔滔不绝，为什么见了群众却哑然失语？原因就在于对基层情况了解太少而不敢乱说，与群众交流太少而没话可说，对群众冷暖不关心而懒得去说。

2. 不“造调研势”，冷冷清清搞调研

一般说来，领导者或上级领导机关的工作人员不宜在调查研究之时兴师动众、大肆张扬，搞得沸沸扬扬、鸡犬不宁，把下基层变成“吓基层”，既影响基层工作的正常开展，又引起基层干部、群众的反感。可取的做法是冷冷清清搞调研：没有惊天动地的警车开道，没有成群结队的前呼后拥，没有烦琐隆重的迎来送往，所到之处“波澜不惊”“冷冷清清”，在耳根清净、心思冷静的氛围中仔细倾听基层干部、群众的实话实说，认真考虑搞好工作的务实之道。

3. 不享调研福，辛辛苦苦搞调研

要坚决杜绝在一些人身上存在的“坐好车，走好路，到好村，看好户，吃好饭，听好话”的“六好”调研劣习，不在下基层调查研究之时图舒适、谋享受，而应不辞辛劳地“走难走的、看难看的、听难听的”，尽可能全面、准确地了解真情实况，拿出解决问题的良策，获得丰硕的调研成果。

4. 不谋调研私，干干净净搞调研

不以调查研究之名行“调他烟酒”、大饱口福之实，不刻意把名贵土特产的正宗产地选为调研重地，把精优土特产的成熟时节定为调研佳期，追求物质上的满载而归。这种别有用心的调查研究是不可能取得应有收获的，它不仅不能对解决群众疾苦有所帮助，反而大大增加基层的负担，引起群众的反感。“周历一乡，可使乡民群聚乐观，毋使乡民愁苦相对；必使民幸其复来，不可使民忧其再至，斯为美举”[①]——清朝官员陈宏谋[②]此番“下基层”的告诫还值得当代领导者三思。尽管近年来经过严厉整治，借调研之机谋私的问题没那么普遍、突出了，但强调这一点并非完全多余。

（四）正确把握调研之“知”

中国古代把地方府州县长官称为知府、知州、知县，就是强调官员要熟知真情实况。“为治者，名为知州知县，须周一县一州而知之。”[③]有所不知，则可能有所不治。只有做到“情形利弊，熟悉于心胸”，才能“因俗立教，随地制宜”，造福于民[④]。领导者要尽量突破时间、空间、经历和自身知识的限制，增强知情力，处理好以下关系。

1.“间知”与“亲知”

所谓“间知”即间接得知，从别人的汇报材料、宣传报道中获得对情况的了解；“亲知”即亲自调研得知。对于领导工作来说，“间知”是必要的和有益的，因为，“在我为间接经验，在人则为直接经验”。但是，无论“间知”的东西有多重要、可靠，都不能完全代替“亲知”。要想了解真实情况，掌握第一手材料，就必须亲自深入基层，进行调查研究。在“间知”与“亲知”的问题上，更应当重视“亲知”。一位县委书记说：我在基层工作多年，心里非常清楚，很多地方领导来了一个样，走了又是另一个样；向上级汇报工作什么都好，下基层一看根本不是那么回事。我们在基层工作，眼里就不能只有这些“花架子”，要亲眼看、亲耳听最真实的情况，才能真正出台对老百姓负责的好政策。李瑞环同志也特别提醒要警惕：

---

① 徐世昌：《将吏法言》卷五。

② 陈宏谋（1696—1771）字汝咨，广西临桂人。雍正进士，历官布政使、巡抚、总督，至东阁大学士兼工部尚书。在外任三十余年，任经十二行省，官历二十一职，所至颇有政绩。

③ （清）汪辉祖：《学治臆说》卷上，尽心。

④ （清）陈宏谋：《咨询民情土俗谕》，见（清）贺长龄：《皇朝经世文编》卷二十。

"有的人学了这么一套，有问就答，有零有整，有情况、有数字，但都是编的。"①

2. "虚知"与"实知"

所谓"虚知"，即对事物只是知道些表皮的东西；"实知"是指真切实在的了解、掌握。从总体上说，"虚知"绝不能代替"实知"。只有"实知"，才能切实看到并掌握真实、全面的情况。进行调查研究，如果不用心去求"实知"，不去"打破砂锅问到底"，即使深入基层，也是了解不到真实情况的。形象地说，就好像把一个葫芦放到水井中，从上面角度看，葫芦似乎是深入下面了，但从水井里看，它并没有下沉到水里，而是浮在井水的表面，对于水井深层的真实情况是无从得知的。当然，对于领导者来说，不必任何事物都了解得那么具体、详细，有些事知其大概即可，不必事无巨细都去"实知"，不要陷入为了搜集信息而搜集信息的陷阱之中。美国汽车大王亨利·福特曾经自豪地指着他的一辆汽车说："这款汽车有整整4721个零件。"福特居然了解如此细微的信息，这让来访者感到非常惊讶。后来，来访者向一位工程师求证这个数字是否准确。但他得到的回答是："我不知道是否准确。即使准确，我也想不出比这更无用的信息了。"②

3. "浅知"与"深知"

所谓"浅知"，就是指在调查研究时，先接触到具体的人和事，通过开座谈会、访问和现场查看，对情况获得初步的了解，有粗浅的印象；"深知"即在"浅知"的基础上，对所掌握的情况经过深入分析，反复思考，对事物的真实情况有深层的把握。"浅知"只是了解事物的现象，"深知"才能抓住问题的本质，找到解决问题的办法，达到调研的目的。搞调查研

---

① 李瑞环：《学哲学用哲学》，中国人民大学出版社，2005年，第182页。

② ［美］罗杰·道森著，李同良译：《赢在问题解决力》，广东人民出版社，2013年，第58页。

究不能满足于“浅知”，必须达到“深知”。

4.“点知”与“面知”

所谓“点知”即了解某个“点”上的情况；“面知”即掌握“面”上的情况。各级干部搞调研，既要做到“点知”，又要做到“面知”：首先，要善于抓典型，通过典型调查，解剖麻雀，把“点”上的情况摸清楚，并总结出有指导意义和推广价值的经验，指导“面”上的工作。其次，还要了解“面”上的情况。对“面”上的情况不熟悉、不了解，就不可能懂得典型的普遍意义，也就不善于抓典型；不知道“面”上的需要，就不能有效地发挥典型的作用，必然导致“点上出高产，面上无丰收”。

5.“静知”与“动知”

领导者获取信息、了解实情务必注意其运动变化与动态发展，及时把握鲜活的情况，而不能满足于对静止的、停滞甚至过时的情况的了解。所以对有关人员反映、提交上来的材料一定要多长一个“心眼”，想想“现在”怎么样了。否则容易思维滞后、举措落伍。

四、总结要积极：用心实践，升华经验

人可以一直成长、进步，直到生命终结的。这是人生应该揭示的一大真相，也是人生应该持有的内在目标。将自己不断推进到一个更加成熟状态的过程，是产生和维持人生幸福感的源头。而人的不断成长、成熟，有赖于积极、自觉的总结。

（一）做实践有心人，从中刻意索取

实践是增强能力的重要途径。但是，在现实生活中并不一定是谁实践得越多，谁的能力就越强。在实践中有效增强能力的重要前提是做实践的有心人，不断提高下一次实践的起点。具体来说就是要在实践中有意识地

多观察、多思考、多提炼总结，增强实践活动的“索取”意识。在现实生活中，有时会遇到这种情况，两个人天赋相近，学历相同，经历相似，实干的劲头也差不多，参加实践活动的机会也差不多，但参加工作若干年后，其中一人能力提高明显，另一人却没有多大进步。从自身因素来说，主要在于他们是否能够提高每次实践活动的“利用率”，真正做到打一仗进一步、吃一堑长一智。能力提高快的人往往在实践中有很强的“索取”意识，即我每干一次，都不能白干，必须要从中“索取”点什么，琢磨出点什么，悟出点什么，实践目的很明确，就会在实践中做有心人。多看、多想、多问、多记，把实践经验上升为规律性的认识，从而有效地提高每一次实践活动的“利用率”，不断提高自己下一次实践活动的起点，能力的提高就快。而不善于做有心人，总是懵懵懂懂，心不在焉，做得好也不知道为什么好，做得不好也不知为什么不好，也就不会有多少长进。当然，善于做有心人，要注意遵循“有心与无心”的辩证法：在有些事情上要有心，用心总结、提炼；在有些事情上则要无心，“没心没肺”、不去记挂。事事都往心里去，会把自己的心变成一座垃圾场。

李瑞环同志从一名建筑工人成长为国家领导人，就是明显得益于特别重视总结经验。他对于总结实践经验有非常到位而经典的阐述。他说要考虑如何把过去和现在做的工作，变成做其他工作的积累，比如，盖楼的经验怎么用在办报上，办报的经验怎么用在统战工作上，搞统战工作的经验怎么用在农村工作上。“这里的关键在于会不会把个别的经历、个别的经验，概括和抽象成一般的东西。”① 他说，总结经验有三个条件。第一是要有材料，而且材料要全、要准，不能缺东少西，也不能虚假差错。材料不全不准就加工不出好的产品。第二是要有武器或工具，没有工具就没法加

① 李瑞环:《学哲学用哲学》，中国人民大学出版社，2005 年，第 133—134 页。

工。这个工具就是马克思主义理论。第三是要有加工的本事。有了材料、工具，没有手艺不行；同样的工具和材料，手艺不同制作出的产品一定不同。手艺要靠勤学苦练才能得来。要不断地使用工具加工材料，即不断地用马克思主义理论去加工实践中的材料[①]，把材料掰开了，揉碎了，理顺了，进行去粗取精、去伪存真、由此及彼、由表及里的概括抽象，工作水平就会有提高。

（二）翻检实践经历，从中获得教益

对于自身的经历，一般人的做法是将其搁在一边，“就好像是塞进裤子的后兜里，等将来用到时再拿出来看看。但真正的领导者会不断地将它们翻出来，对它们进行检查，看看能从中得到什么经验或教训，并考虑怎样有效地将它们表述出来”[②]。

总结提炼自身实践经历的一种方式是写日记。在写的过程中去梳理、沉淀，去提炼、反思。“在日记中记下你对人生经历的反思。你会发现，在你追寻智慧的探索过程中，这个简单的习惯是无价的。”[③] 因为，保持这一简单的习惯，就是经常抽出些时间来“自言自语”，与自己进行心灵的对话，让自己在沉淀中成熟、成长。人们往往感叹现在工作、生活忙碌，在忙碌中变得浮躁。其实并不是大家真的忙得没有时间坐下来，静下心来想一想、写一写的。有些人在下班之余，有大量时间用于网络游戏、QQ或微信聊天，与见过或没见过的网友废话连篇，没完没了地闲聊，却不愿意花些时间与自己聊一聊，与自己“交交朋友”，这实在是对自己内心的

① 李瑞环:《学哲学用哲学》，中国人民大学出版社，2005年，第109页。

② ［美］诺埃尔·蒂奇　艾利·柯恩著，周景刚译:《领导力引擎》，中国人民大学出版社，2010年，第73页。

③ ［美］沃伦·本尼斯著，姜文波译:《领导的轨迹》，中国人民大学出版社，2008年，第52页。

一种严重冷落和不负责任。不和自己交朋友的人将会永远孤单。每天花一些时间写日记，与自己对话是必要的、值得的，这些时间应该得到确保并作为最重要的时间来看待。关键在于持之以恒。

（三）留心别人创意，从中反省自己

一个人要想在实践中不断取得进步，需要特别注意别人提出的新想法、新做法以及观察、分析问题的新角度，并实实在在反省：人家能想到、做到，自己为什么不能？时时、事事进行这方面的总结分析，一定有助于自己不断进步。说起来这似乎很简单，却并非人人都能真正做到。需要虚己之慧心，也需要正向观人的慧眼，需要打心眼里认识到“在己未必尽是，在人未必尽非”才行。对于那些总是高看自己几眼、挑剔别人缺点的人，很难通过这种途径取得进步。

【本章延伸阅读】之一

正确地对待错误

1. 人是在错误中成长的，那么，就应该允许人犯错误，特别是允许年轻人犯错误。否则就违背了事物发展的客观规律，就扼杀了人自身的生长权、成就权。

2. 错误大多是在做没有做过的事情时发生的，开拓者的错误最多，也最大，因为他们从事的是全新的工作。敢于犯错误是开拓者的一个特点，也是一个优点，还是他们的勇气。所以，对他们的精神应该采取支持的态度，至少是不要对其施压。

3. 要分清是什么样的错误。就错误本身来说，只要是影响大局，危害

了组织的存在，违背了社会发展的方向，就应该加以纠正。如果不是这样的错误，即使已经造成了很大损失，也不应该作为原则性错误加以对待。我们应该允许这样几个概念存在：合理性错误；创新性错误；建设性错误；质疑性错误；对比性错误。

4. 只要不是有意在犯错误，只要不是上面所说的原则性错误，就应该给犯错误的人以自己活动的空间，不要制约他非得如何，以免打击他的积极性。错误由自己的实践来认识，比别人纠正要好。这样更自觉、更实际、更深刻、更科学，也更有利于人的进步，事业的发展。

5. 提倡犯合理的错误，鼓励别人敢闯、敢冒，与非原则性错误保持一定的距离，给错误以一定的空间；批评、谴责明哲保身、但求无过、平庸无错的思想和行为。创造一个宽松、进取、向上的环境。

唯有如此，我们的工作，我们的事业才会有新的局面。

——王玉新《思维着的哲学智性》，
中国经济出版社，2000 年，第 352 页

【本章延伸阅读】之二

有效授权九要点

有效的授权意味着分派给下属有意义的工作，这项工作既有挑战性，又能带来回报。在授权的时候，以下九个方面的指导也许会有所帮助。

1. 要确保每个人都理解他们得到的授权是什么。涉及的所有人都必须知道他们的授权是什么，他们的责任是什么。

2. 要确保每个人只对一项特定的结果负责。联合负责和双人负责就是

没有人负责。

3. 在分派工作的同时，要分配责任。没有什么比被要求干一件事情，却得不到干事所必需的工具更让人心烦了。要确保在一定的时候，被分派工作的人同样要拥有权力。

4. 设计一套大家共同达成的汇报制度，以了解工作的进展。要确保这个汇报制度对于提供潜在问题的早期预警有效，这样才能在灾难发生之前采取必要的行动。

5. 对每一个特定的结果要设立阶段性的标志物和截止日期。通过这个方法，每个人都能了解事情的进展。

6. 给予你所授权的人充分的自由。如果可能，只看结果而不要过问过程。

7. 分派工作的时候要把挑战和激励结合起来，尽可能激起人们的热心和激情。

8. 考虑个人的特点分派工作。要考虑他的知识、经验、职业发展需求、培训需求、能力和个人特长。

9. 要时常询问他们的反馈，以确保每个人都知道你对他们的期望。

——［美］杰拉尔德·W. 福斯特等:《责任制造结果》，
中信出版社，2003 年，第 115—116 页

CHAPTER 04

第四章

精神领导功
——以精神营养强化积极影响

探讨这一话题，原本是有所顾虑的，担心会费力不讨好。因为这样的话题确实不是一般人感兴趣的，人们津津乐道、孜孜以求的往往是位子、房子、车子、票子之类的东西，认为这些才实实在在，而精神营养似乎是虚无缥缈、无关紧要的："我们关心自己的物质财产，却经常忘记滋养自己的灵魂。"[①] 但是时代、社会发展到现在，干部队伍已经呈现出这样一种生态：物质营养普遍丰富甚至过剩，精神营养则相对不足甚至严重匮乏。所以，到了应该特别强调精神营养的时候了！我们的住房都要经常维护，我们的车子尚需定期保养，又怎能不注重精神家园的滋养呢？心灵是幸福的"感受器"，对于一些领导干部而言，忽略精神营养，疏于照看自己的心灵，正是幸福感不强、领导境界不高的重要原因。

本章围绕增强领导干部修养这一中心来进行探讨，摄取精神营养是增强修养的手段，强化积极影响则是增强修养的目的。领导，说到底就是要强化积极影响。通过摄取精神营养来强化积极影响，从而有效地开展领导活动，是现代领导的必然要求。

① ［美］约翰·奈斯比特著，魏平译：《定见》，中信出版社，2007 年，第 251 页。

一、精神营养的含义与构成要素

（一）含义

精神，是指人的意识、思维活动和一般的心理状态；也指人的精气、元神，相对于形骸而言。“夫人之所以为人者，非以此八尺之身也，乃以其有精神也”[①]。

营养，从字义上说，“营”的含义是“谋求”，“养”的含义是“养生”。“营养”就是“谋求养生”。从生物、医学的角度上说，营养是机体摄取食物，经过消化、吸收、代谢和排泄，利用食物中的营养素和其他对身体有益的成分构建组织器官、调节各种生理功能，维持正常生长、发育和防病保健的过程；营养也指养分，养料，有助于发展的滋养物。

精神营养，指有助于人的意识、思维活动和一般心理状态发展的滋养物。简言之，是能够为人提供精神能量的养分。本章主要是在这种意义上运用精神营养这一概念。

（二）构成要素

关于营养，我们熟悉的是物质层面的。人们每天都从各种各样的食物中摄取蛋白质、脂肪、维生素、碳水化合物、水、矿物质（无机盐）和膳食纤维等营养要素。那么，精神营养呢？可用以喂养我们的精神、心灵，为人们提供精神能量的养分究竟有哪些？现有各种书中都未见专门的词条介绍精神营养，更没见有人写过专著、专文对精神营养做细致的研究、论述。本书试对精神营养的构成要素做如下阐述。

---

① （东汉）王符:《潜夫论・卜列》。

1. 价值观念

价值代表着我们认为重要的东西。价值观念是对我们认为重要的事情所持有相对持久的概念或者判断。它们反映了你做事的优先顺序，决定你如何做出决策；它们告诉你什么时候说不，什么时候说是；它们帮助你、解释你做出的选择以及你为什么要这么做①。价值观是方向盘，是管方向的，并且是“自动挡”的，在人们不知不觉中掌控方向。它使人们在脑海中明确该做什么、不该做什么。当我们坚持，当我们奋斗，当我们努力时，价值观就是飘扬在我们心中的旗帜②。人们往往是在价值观这面旗帜的引领、支配下行动的。它指导你驾驭自己的工作生活，指导你找到东南西北。价值观念能够为我们坚持、奋斗、努力提供精神支撑、精神滋养。

当然，价值观念包含理想信念在内。理想信念的力量相当惊人，对于人的精神世界极其重要。在人生旅程中，人们常常遭遇各种挫折与失败，陷入某些预料不到的困境。此时，理想信念犹如精神导向器，能帮助人们保持平稳心态，跨越逆境，防止偏离人生轨道和陷入精神洼地。

2. 思维方式

思维是产出思想的工具与载体，是创制思想产品的机床与模具。思维和思想有直接的血脉关联：思维方式是思想、观念、理论、方案等精神产品的生产方式。采用何种思维方式，就会产生什么样的思想观念。思维方式对人的精神状态的影响显而易见。面对现实问题，是不是善于从全面的、发展的角度思考？面对某种状况，是能够看到整体，还是只盯着局部？总

---

① ［美］詹姆斯·库泽斯、巴里·波斯纳著，徐中、周政、王俊杰译：《领导力》，电子工业出版社，2013 年，第 38 页。

② ［美］詹姆斯·库泽斯、巴里·波斯纳著，方晓利、张新、王莉娟译：《领导者：信誉的获得与丧失》，中国经济出版社，2000 年，第 55 页。

是以自我为中心，还是善于换位思考？是进行积极思维，还是沉迷消极思维？不同的思维方式对人的精神状态有明显的影响。“哭婆变笑婆”的故事就很能说明问题。

古代日本京都南禅寺前有一位被人称为“哭婆”的老太太。她下雨天哭，晴天也哭，一边许愿一边哭个不停。南禅寺的和尚问她：“老婆婆，你为什么哭呢？”老太太说：“老修行，你有所不知。我有两个女儿，大女儿嫁给了卖鞋的，二女儿嫁给了卖伞的。天气好的日子，我就想到小女儿的雨伞一定卖不出去；下雨天，我就想到大女儿，雨天哪会有顾客上门呢？想起这些，我就伤心落泪。”和尚劝她：“老婆婆，你不要哭！下雨也好，天晴也好，我们都应该感谢佛，好好地过日子。天晴时，你应该想到大女儿的鞋店生意兴隆；天阴时，你该想到你家小女儿的伞一定卖得很好。”老太太当即开颜破涕。从此，这位“哭婆”整天都乐呵呵的，日子过得很和满，[①] 由“哭婆”变成了“笑婆”。

真可谓转念一想，豁然开朗。换一个角度考虑，苦涩立马变甜蜜。

3. 心理需求

发自内心地对于尊重、信任、认可与鼓励的寻求，对自我价值实现的追求，内心深处付出关爱与获得关爱的渴求等，都可以给人带来强大的精神能量。正如美国著名企业家乔布斯所说：“我很清楚，唯一使我一直走下去的，就是我做的事情令我无比钟爱。你需要去找到你真正所爱的东西，对于工作是如此，对于你的爱人也是如此。”

4. 责任意识

“对成功研究得越深入，就越能够理解责任在人们迈向成功的过程中扮演的角色的重要性。富有责任感的人无论做什么事，都会比那些责任

---

① ［日］秋月龙珉著，汪正求译:《禅海珍言》，漓江出版社，1991 年，第 77—78 页。

感差的人更容易成功。”[①] 责任感差的人，会极力逃避责任，也总能为此找出种种理由。既然有理由不做，自然就不会努力去做，也就与成功无缘。而强烈的责任感让人注重对结果负责，这会给人带来压力，也能转换成强劲动力，会推动人们勇往直前，承担起自己应担负的，不断改进提高，寻求突破，最终达成目标。和责任感差的人相比，他们努力的程度大大不同。对他们而言，没有退路和借口，只有对结果的执着追求。这种不达到目标不罢休的态度，绝非责任感差者所能比的。在很多情况下，人们表现出良好的精神状态，面临极大困难也能坚持不懈，就是由于受到责任心的强力驱使。

5. 意志品质

人们的意志行动往往会带有某些稳定的特点，体现出一定的规律性，在心理学上就被归纳为几种不同的意志品质。良好的意志品质是保证活动顺利进行、实现既定目标的重要条件。心理学家曾做过一个实验：让三组学生托举重物，看哪一组坚持的时间长。实验人员对第一组的学生什么都没有说；对第二组的学生说想看看你们谁最有耐力；对第三组则说，你们举起的这些东西关系重大：上面的导线连着电网，只要你们一放下来，这个城市就要断电，为了朋友和家人，你们务必多举一阵子。结果，第一群学生平均举了 10 分钟，第二群学生竭尽全力，平均坚持了 15 分钟。第三群学生却平均坚持了 20 分钟。可见，意志的力量直接影响着身体潜能的发挥程度。意志品质是否具有自觉性、果断性、坚忍性、自制性，精神状态大不一样，结果也会大不一样。意志品质的核心是对冲动和满足眼前利益的控制。

1945 年 8 月毛泽东应邀赴重庆谈判。在长达 43 天的谈判中，毛泽东

---

① ［美］杰拉尔德·W. 福斯特等著，陈小龙译：《责任制造结果》，中信出版社，2003 年，第 3—4 页。

与蒋介石一共会谈了10次。过后蒋介石对其智囊陈布雷谈起对毛泽东的印象，发自内心地说，毛泽东此人不可轻视。他本来嗜烟如命，手执一缕，绵绵不绝，据说一天要抽50支。但他知道我不抽烟，在同我会谈期间，竟然绝不抽一支烟。对他的决心和精神不可小视啊[①]！小事见精神，毛泽东的意志品质由此可知。

6. 文化知识

“腹有诗书气自华”，说的就是文化知识对人的精神气质的影响。人的眼睛可以不够清亮，但目光可以炯炯有神；脸面可以不太标致，但表情可以魅力四射；身材可以不很匀称，但仪态可以优雅高贵。这些都离不开文化知识的熏陶，离不开读书学习。读书是一种精神活动，对人起着潜移默化的熏陶、化育作用。人的精神气质就是在连绵不断的阅读中化育养成的。

7. 愿景目标

愿景是对发展前景的描绘，它把使命具象化，比较具体形象，可以调动情感，提供事业的动力。“你的愿景就是你热烈追求未来的梦想。它是你人生目标得以实现后的情形，它是点燃你及身边那些人热情的燃料。它是你可以想象得到的、不停地驱动着你和你的人生向前迈进的东西。”[②]组织愿景对人们的精神状态具有显然影响。用美国领导学大师本尼斯的话来说：一方面，愿景是一幅图像，描绘了你和他人能够努力实现的未来，它可以激励你做好自己的工作，使你忘我地贡献创意或行动。另一方面，如果你的愿景触及或反映了同事们最深切的渴望，与他们的真实感受产生了共鸣，那么它就会具有说服力和影响力。总体来说，组织愿景对于领导者

① 丁晓平：《光荣梦想　毛泽东人生七日谈》，学习出版社，2013年，第152页。

② ［美］罗茜·巴哈尔·休尔森著，王正林译：《四维领导力》，电子工业出版社，2016年，第67页。

和追随者的精神振奋具有重要意义，被组织成员认同的组织愿景能够给人们强大的精神力量。它会为组织提供标记得清清楚楚的线路图，让每一个成员都能够看到组织正在走向何方，并且愿景的传达可以激发旅途的兴奋。为这段旅程制订的计划，可以化混乱为有序，可以注入信心和信任，可以提供成功的标准[①]。

目标往往伴随着行动计划、进程控制，是理性的，是对实施步骤的整体设计。不管是个人发展目标还是组织发展目标，一旦确立或获得认同，就能够给人带来精神力量。“领导者是那种能够吸引他人的人，不是因为他们的人格，而是因为他们有梦想、有愿景、有一系列的目标和行动计划、有一个参照系”[②]。

精神营养的构成要素有上述七种。它们都能够给人们提供精神能量和养分。如果恰当地从这些构成要素中摄取精神营养，是能够增强领导修养的。所谓恰当的摄取，就是要讲究精神营养的质量。

二、强化积极影响，必须摄取高质量精神营养

（一）摄取精神营养应当有质量要求

领导干部摄取精神营养的质量追求是既要优质，又要丰厚，两者缺一不可。

1. 质的要求：优

一说到营养，大家都会觉得有营养的东西就是好东西。殊不知，从精神层面来说，有些能够给人带来精神能量、动力的东西未必是好东西。精

① ［美］沃伦·本尼斯著，姜文波译：《领导力实践》，中国人民大学出版社，2008 年，第 111—112 页。

② ［美］沃伦·本尼斯著，姜文波译：《领导力实践》，中国人民大学出版社，2008 年，第 110 页。

神营养是有优劣之别的。

一是衡量标准不同。是否对社会、自然有益无害，是衡量精神营养的重要标准。在林林总总的价值观念、思维方式、心理需求、责任意识、意志品质、文化知识、发展目标当中，对社会、自然有益无害的就是优质的，反之就是劣质的。以价值观念来说，敬业的价值观念要求人们尊重和认同自己的职业，热爱和珍惜本职工作，认真负责地对待工作，把职业、劳动作为自己的社会责任与义务，视劳动和工作为实现个人理想和个人价值的基本途径。一个人真正树立了这种敬业价值观，这种价值观一定会给他带来强大的精神能量，引领他在工作中表现出尽心尽力的专注精神和精益求精的执着劲头。这对于社会发展和自然环境都是有益无害的，这种精神营养就是优质的。反之，拜金的观念也能给某些人带来强大的精神动力，驱使他们孜孜不倦、兴高采烈地追求物质财富，但是这种观念及其指导下的行为会导致唯利是图、不顾其余，社会秩序和自然生态会遭受严重破坏，对于人类社会、自然环境是有害无益的，因此，拜金观念所蕴含的精神营养就是劣质的。对于其他几种构成要素来说，也是同样的道理。

二是作用影响不同。一方面，优质的精神营养具有积极影响。进步的价值观念有助于排毒养气，正确的思维方式有助于明目醒脑，健康的心理需求有助于祛寒阻滞，强烈的责任意识有助于抗压抑懈，坚定的意志品质有助于强筋壮骨，科学的文化知识有助于益智增能，适宜的发展目标有助于凝心聚力。另一方面，劣质的精神营养会带来消极影响。比如，价值观念跑偏，引人走入深渊；思维方式不对，工作生活受累；心理需求扭曲，带来诸多唏嘘；责任担当出格，行为背离法则；意志被恶驱使，后果令人发指；知识陈腐荒谬，制造社会伤痛；发展目标不当，酿成发展灾难。

领导干部要真正增强自身修养，强化积极影响，必须有效摄取优质的精神营养。

2. 量的要求：厚

量的要求是丰厚，即精神营养摄取要全面，多种要素齐备，相互搭配，在此基础上多多益善。

爱因斯坦说，人的差别在于业余时间。业余时间可以培养出科学家、政治家，也可以培养出懒汉、酒鬼和赌徒。他强调的是业余时间对人的重要影响。业余时间占人生一大半，人们在业余时间热衷于什么，吸收了什么，接受了什么熏陶，最终会导致人与人之间的巨大差异。这种差异不是在肉体上，而是在精神上。从肉体上说，人尽管各不相同，但又差别不大（身体结构、高矮轻重等，多数人都相差无几）。在精神上则可以差得天高地远：人心，小至仅容得自己，大可容下全世界。心灵上的云泥之别，源于精神营养摄取的巨大差别。

（二）摄取高质量精神营养才能强化积极影响

领导干部增强修养，总是有一定追求的。不同的人有不完全一致的追求，但追求发展应该是共同的。大体包括以下几方面：实现自身全面发展，保障家庭健康平安；促进工作顺利开展，推动下属成长发展；引领社会文明和谐，争取天人协调共荣。这些追求的真正满足，都有赖于摄取高质量的精神营养。

1. 微观：实现自身全面发展，保障家庭健康平安

一方面，实现自身全面发展，有赖于摄取高质量精神营养。人都追求自身的发展。人的发展应当是全面的。人的全面发展最根本的是人的智力和体力的充分、统一的发展，也包括人的才能、志趣和道德品质等多方面得到发展，成为真正神形皆备、身心健全的人。弗洛伊德说人有

"三我"，即本我（生物本能我）、自我（社会现实我）和超我（道德理想我）。这"三我"亦可理解成人有"三性"，即自然属性、社会属性和精神属性。人的全面发展就是要实现"三我"协调或"三性"协调。片面的发展导致人的畸形与残缺。缺乏精神追求的人，不过是行尸走肉而已。人的全面发展必然包含精神层面的提升。精神层面的提升有赖于精神营养的有效摄取。

另一方面，保障家庭健康平安，有赖于摄取高质量精神营养。一般来说，人都有自己的家庭，都会有一定的家庭责任感，有些人甚至会把家庭摆在非常重要的位置，把家看作是自己人生的重要支撑，把谋求家庭的安康圆通，即家庭的安宁、康乐，富足圆满、良性发展，作为人生的强大动力。说实在地，为家庭考虑，为家庭打算，是人之常情，不是什么可耻的事情。但是，领导干部要真正承担家庭责任，谋求家庭安康圆通，是离不开良好的个人修养的。古人经常说"修身齐家治国平天下"。其中修身与齐家的关系非常紧密：身不修则家难齐。而廉洁奉公恰恰是修身的基本功。此功不修，会导致辱没祖宗，让子孙蒙羞，陷家人于凶险之中！给家庭带来的后果会非常严重。古往今来，有多少人因为己身不修而导致家破人亡、子孙遭殃。

明代著名思想家王守仁描绘过这种现象。他说"今人为子孙计，或至谋人之业，夺人之产，日夜营营，无所不至（也就是倚仗权势，想方设法通过各种手段，为自己子孙积聚财产），昔人谓为子孙作马牛。然身没未寒而业属之他人，仇家群起而报复，子孙反受其殃，是殆为子孙作蛇蝎也"①。在当今社会，明火执仗地去谋人之业、夺人之产的领导干部也许不多见了，但以权谋私，贪污受贿，为子孙当牛做马的人

① （明）王守仁:《王阳明全集 · 悟真录五》。

还是有的。这里面包含的教训是：出发点是爱，结果却是伤害，甚至还可能是毒害。

2. 中观：促进工作顺利开展，推动下属成长发展

一方面，促进工作顺利开展有赖于摄取高质量精神营养。一般来说，领导干部是希望把工作做好，希望领导工作顺利开展的。要让领导工作顺利开展，要实现顺当地“领”、便利地“导”，率领干部群众努力达成领导目标，领导干部必须讲究以情感人、以理喻人、以德服人。而要做到这“三以”，离不开精神营养的有效摄取。有人把领导者影响别人的方式概括为以下 7 种，从最差到最好的顺序来排列是：强迫，操纵，恐吓，交换，说服，激励，尊敬①。很明显，越是真正有效的方式，越需要领导者在精神上达到较高境界。

另一方面，推动下属成长发展有赖于摄取高质量精神营养。帮助下属成长，是领导干部的职责、本分。“领导者独一无二的遗产是创造经过时间考验生存下来的有价值的组织。领导者最大的贡献不是带领组织在今天生存下来，而是使组织和员工长期发展，让他们能够适应、改变、成功和发展。”②帮助下属成长发展，是领导干部应当承担的责任。借用“不孝有三，无后为大”的古语，对于组织来说，不忠之尤，在于断后：不能有效培养下属、帮助下属成长进步，就是断送组织的后路，就是对组织的不忠。一个不善于有效摄取精神营养的领导者，是谈不上有效帮助下属成长、发展的：在价值观念、思维方式、责任意识、意志品质、文化知识、发展目标等方面贫乏、错误、低俗的人，怎么可能真正有效地

---

① ［美］提姆·爱摩著，沈宇、赖伟雄译：《图说领导力》，江西人民出版社，2010 年，第 80—81 页。

② ［美］詹姆斯·库泽斯、巴里·波斯纳著，徐中、周政、王俊杰译：《领导力》，电子工业出版社，2013 年，导言第 5 页。

帮助下属成长发展？

3. 宏观：引领社会文明和谐，争取天人协调共荣

领导干部是社会的榜样群体、引领力量，具有聚焦与示范效应，容易成为社会各阶层关注的目标或效仿的对象，对于社会的发展具有正面或负面的重要影响力。要想对社会产生正面、积极的影响，领导干部必须有效摄取精神营养。但凡有一定的社会责任感的领导者，都应该有这种意识并且努力行动。

天人协调，即人与自然的协调。自然是人类的母体，是人类最老的老祖母，也是人类赖以生存、发展的环境和条件。领导干部在引领人们开展各种活动的时候，必然有一个如何对待自然之母的问题。所以，从更广的视野来说，如何正确处理人与自然的关系，是领导修养必须面对的问题。有人把中国经济比喻为一只正在出售自己熊掌的黑熊。其中的警醒是值得认真思考的。我们所追求的发展绝不应该是这种不可持续的、自杀式的发展。

要正确处理人与自然的关系，正如党的十八大报告所说，要“给子孙后代留下天蓝、地绿、水净的美好家园”，必须树立生态文明观念。树立生态文明观念，离不开精神营养的有效摄取：精神营养缺乏，必然导致对自然的掠夺性征伐。人类最终将会为这种征伐付出代价：“今天你可以站在屋顶上大声喊叫催促实现高增长，但是明天，空气中将会含有太多的污染物，让你根本张不开嘴！”①

总的说来，领导干部要增强自身修养，从而对上述各方面的发展产生积极影响，必须高质量地摄取精神营养。

① 李斌：《走下神坛的GDP》，载《人民日报》2014年3月5日。

三、领导干部摄取精神营养的偏差分析

（一）偏差的表现及危害

1. 不信科学拜鬼神

这种表现在多年前已广为人知。2013 年 6 月 28 日，习近平总书记在全国组织工作会议上的讲话就指出过这方面的问题：有的领导干部不信马列信鬼神，从封建迷信中寻找精神寄托，热衷于算命看相、烧香拜佛，遇事“问计于神”。国家行政学院程萍博士曾针对县处级公务员做过一项科学素养调查。在接受调查的 900 多名县处级公务员中，具备基本科学素质的人数比例仅为 12.2%，有 47.6%的受访者不相信迷信现象，有半数以上存在相信“相面”“周公解梦”“星座预测”“求签”等迷信现象的情况，对其中一些迷信现象的相信程度相当于或高于一般公众。现实生活中，领导干部热衷于占卜算命、求神拜佛乃至大肆造墓、择日选辰等活动的也不鲜见。天津市纪委于 2016 年 9 月通报的天津原市委委员、津南原区委书记吕福春就是其中典型之一。他在当中央候补委员和副市长不成后，背弃共产党人的信仰，迷信鬼神，到虚无世界里寻求护佑。他不惜花费数十万元购买佛像供奉在家中，还时常找风水先生破解风水、卜问前程，掐算吉凶。在他的办公室、住处和公务用车等处都布满消灾辟邪、增长权势的“符”与“器”，香炉佛珠、靠山石、转运石、风水球等一应俱全。

2. 不尊公义重私谊

这里所谓“公义”是指象征着公平正义的法律规定、制度准则。在人们心目当中，它们本来应该是至高无上的、备受尊崇的。但实际上未必，有时它们处于很尴尬甚至难堪的境地。用民国时期的北大教授宣永光的话来说就是：“法律如同蛛网，它的能力，只能捕住弱小的苍蝇与细微的蚊

蠓。强大的黄蜂与凶横的木蜂，虽有时触到网上，网不但捕不住它们，反倒被它们撞几个窟窿。从来一国的法律之破坏，不怨小民，而怨一些有大势力的人。”① 最后一句话其实就反映出社会上一些掌权之人“不尊公义重私谊”的问题。朱自清先生在《论自己》一文中也说：“做官的都爱做好官，不过往往只知道爱做自己家里人的好官，自己亲戚朋友的好官；这种好官往往是自己国家的贪官污吏。”② 反映的也是同样的问题。为了私人关系、个人情谊，有些人不惜突破法律底线，破坏公平正义原则。把私人的关系、情谊看得比公义要重，凌驾于公义之上。2014 年 10 月出台的《中共中央关于全面推进依法治国若干重大问题的决定》也指出了这方面存在的问题：“一些国家工作人员特别是领导干部依法办事观念不强、能力不足，知法犯法、以言代法、以权压法、徇私枉法现象依然存在。”

3. 不积德产谋财产

并不是官员、干部完完全全不能谋财产，而是这种行为应该有一定的界限，在什么范围内谋，以什么手段来谋。如果像明人姚舜牧在其《药言》中指出的那样：“舍心地而田地，舍德产而房产”，那就不可以。清代著名学者纪晓岚在其《阅微草堂笔记》中记载了一个真实事件。他说：“我的父亲姚安公③ 任南新仓监督时，仓库的后墙突然无故倒塌了。挖开来一看，底下有死老鼠将近一石，大的体形几乎像猫那样大。这是因为老鼠长期在这墙下打洞，繁殖得越来越多，洞也越打越大，以至于墙下全被掏空了。于是地面承受不了压力，造成地陷墙塌。先父的同事福海说：‘当老鼠破坏别人房屋，扩大自己的洞穴时，可能忘了自己的洞穴依

---

① 老宣著，朱波编：《疯话连篇 · 疯话》，山西古籍出版社，1996 年，第 221 页。

② 1942 年 11 月 15 日《人世间》第一卷，第 2 期。

③ 纪容舒（1685—1764），康熙五十二年恩科举人，历任户部、刑部属官，外放云南姚安知府。

赖房屋而存在的吧？’”在纪晓岚看来，李林甫、杨国忠之流尚且不明白这番道理，又怎么能怪那些老鼠呢[①]！鼠辈固然缺乏弄明白那道理的智慧，人类社会也总有些人意识不到损公肥私的结果往往是从自私过度变成对自我的杀戮。所以，有些人只要一有机会就不管不顾地以公权谋私利，把道德律令抛到脑后。笔者前几年曾经与所带的一位硕士研究生聊天。他说暑假期间回家乡做了一些社会调研，跟一个家庭比较富裕的高中同学交流，言谈之间发现同学很看不起当地官员，在他们这些年轻的富二代看来，在那个70万人口的县城，那些大大小小的官员都不值得敬畏。因为他们认为只要有钱就能够搞定那些人。既然可以用钱来搞定，那他们就既不可敬，也不足畏。在某种意义上，这样的官员其实就是挖国家政权墙脚的硕鼠。

4. 不寻规律施蛮力

做事没有章法，想起一出是一出，东一榔头西一棒子。忙忙碌碌，疲于应付，陷入事务主义。不懂得抓规律性的东西，不注意在总结中获得长进。就好像吕坤所说的那样："闲暇时留心不成，仓卒时措手不得。胡乱支吾，任其成败，或悔或不悔，事过后依然如昨""先事体怠神昏，事到手忙脚乱，事过心安意散，此事之贼也。"[②]

5. 不念百姓图自便

清朝大臣陈宏谋曾经描绘当时官场："仕途中人怀便利之私。每遇一事，为己之念重，为民之念轻。明知其于民有益，而于己无益，亦不肯为。若更于己有累，则动色相戒。其所谓累亦不必重大劳费，即眼前心思稍费筹画，口语稍费开导，非尽不能，直是不肯，不曰‘何苦乃尔’，则曰‘不

---

① （清）纪昀:《阅微草堂笔记》卷十一·槐西杂志一·鼠穴。

② （明）吕坤:《呻吟语》卷三，岳麓书社，1991年，第137—178页。

如其已’耳。”[①] 毫无疑问，类似现象现在依然存在。有些部门公务员给人感觉“门难进，脸难看，话难听，事难办”就是因为图自己省事、方便，尽量远离麻烦、避免受累。

6. 不思进取求安逸

某经济学家断言：现在中国的改革已丧失体制内动力。因为官员们都已成为体制的受益者而根本没有变革动力。他用了“都”“根本”等绝对化的字眼，把话说得过于绝对。毫无疑问，领导者当中还是有变革者的。但毋庸置疑的是，对于有些人来说，辛辛苦苦、努力奋斗若干年，好不容易走上一定的领导岗位，有权有势有地位，有房有车有保障；往前看稀稀拉拉，往后看密密麻麻。他们自我感觉良好，觉得这样下去就挺好。他们改革的动力、热情衰退是不难想象的。《中共中央关于全面深化改革若干重大问题的决定》强调要“敢于啃硬骨头，敢于涉险滩，以更大决心冲破思想观念的束缚、突破利益固化的藩篱，推动中国特色社会主义制度自我完善和发展”，针对的正是干部队伍中存在的这种问题。广西壮族自治区区党委书记彭清华在中共广西区党委十届四次全会第二次全体会议上的讲话（2013 年 12 月 1 日）强调“各级领导干部要有自我革新的勇气和胸怀……正确对待利益格局调整，从自身改起，从本部门本地区改起，坚决克服地方和部门利益的掣肘，走出触动利益比触及灵魂还难”的困境，做改革的促进者，不做改革的绊脚石，针对的也是这方面的问题。习近平同志批评过的“既然多干多出错，少干少出错，不干不出错，何不就得过且过”[②] 的“为官不为”“庸官懒政”现象也可证明这方面问题的存在。

---

① （清）陈宏谋：《寄杨清江锡绂书》，贺长龄：《皇朝经世文编》卷十六。

② 2014 年 8 月 27 日习近平《在听取兰考县和河南省党的群众路线教育实践活动情况汇报时的讲话》。

7. 不养和气滋暴戾

学者刘广起在其《思想的寻找》中说："做官为宦最容易产生'老虎屁股摸不得'的暴虐胸襟。所以现在难得一见有雅量的儒官，尤其王化不及的地方，很少不是爪牙之士。"[①] 这话说得有些夸张。在领导干部当中，还是有人具备雅量的，不乏温文尔雅、待人随和之士。但在现实生活中，在某些领导干部身上，我们也不难感受得到刘先生说的那种胸襟。有些人时常对下属说话不耐烦，甚至动不动就板着面孔骂人、发脾气，听到不同意见就暴跳如雷，这都是不良胸襟的证明。

8. 不崇俭朴尚奢华

爱国华侨领袖陈嘉庚在抗日战争时期回国，分别到重庆和延安考察。在重庆，蒋介石热情地招待了他，并花 800 块大洋（当时有些普通劳动者辛苦工作一个月还得不到一块大洋）在重庆最好的酒店为他摆了一桌接风宴。陈嘉庚痛苦地发现"前方吃紧""后方紧吃"，竟是战时首都大小官员的常态。无奈之下，陈嘉庚连续三天在国民党《中央日报》刊登罢宴声明："在此抗战中艰难困苦时期，望政府及民众实践节约，切勿消耗物力！"后来陈嘉庚到了延安，毛泽东也非常热情地招待了他，请他在窑洞外的露天破旧方桌上吃了自己亲手种的大白菜、豆角。这餐饭最讲究的是每人一碗鸡汤。毛泽东解释了鸡汤的来历：邻居大娘家唯一的一只鸡，正下着蛋呢，她听说有贵客临门，悄悄宰了送来的。这一顿饭，只花了两毛钱。事后，陈嘉庚深有感慨地说："蒋介石招待我花了 800 块大洋，而毛泽东招待我只用了两毛钱。"他得出的结论是："得天下者，共产党也！"吃饭也可观政。陈嘉庚先生从国共两党两位领袖对他的不同招待看到了两个政党的兴衰成败。历史事实也证明了他的结论之准确无误。陈老先生已经离开

---

① 刘广起：《思想的寻找》，群言出版社，2002 年，第 144 页。

我们 50 多年了，假如他看到当今某些共产党干部、政府官员表现出来的不良风气、陈腐做派，不知他老人家会发出什么样的感慨，会得出什么样的结论！宣永光先生曾经为国民党政权下过这样的结论："用自己的钱，如同抽筋剥皮。用国家的钱，等于扬沙撒土。一有这种现象，纵然没有敌国外患，也必民穷财尽，民乱国亡。"[①] 这值得我们认真反思、高度警惕！经过中共十八大以来的多方整饬，干部队伍中的"四风"问题已经得到明显改善，但是问题并没有根本解决，这仍是我们必须看到的。

上述精神营养摄取的偏差，涉及领导干部队伍的价值观念、目标愿景、思维方式、心理需求、意志品质、责任意识等问题，也是"精神懈怠、能力不足、消极腐败、脱离群众"四大危险的具体表现。

（二）偏差的原因探究

1. 社会因素

一是公共权力约束有局限。某些干部表现出来的精神营养摄取上的偏差有制度根源，不宜单方面责怪个人。我们的某些具体制度规定还有局限性。其中包括对于公共权力的约束具有局限性。这在几年前尤为明显。有些职位权力很大，很多开支（吃喝、旅游等诸多名目）都可以堂而皇之地用公款报销，丝毫不足为奇。公车私用、收受礼品等十分寻常，甚至被认为是理所当然的，无人过问，无人监督。这当然会助长某些领导干部表现出前述某些偏差。

回想抗日战争末期，中外记者西北参观团访问延安。记者们接触了许多陕甘宁边区的人和事，很多共产党、八路军干部身上所表现出来的精神气质、道德风尚和生命活力，让他们感到特别新鲜，也特别兴奋。回到国

---

① 老宣著，朱波编：《疯话连篇》，山西古籍出版社，1996 年，第 571 页。

民党统治区后，他们中有的人对宋美龄感叹：没想到中国居然还有这样一群积极上进、健康廉洁的人存在！因为原先他们在重庆，在国统区其他地方，司空见惯的是国民党官员的消极颓废、腐败堕落，他们以为全中国都是那样。宋美龄听后，说了这样一番话："我承认，也许你们说的都是真的，但是，那只不过是因为他们还没有尝到真正权力的滋味！"宋美龄作为蒋介石的夫人，见证了国民党的整个发展历程。国民党也不是从一开始就那么颓废、腐败的，它也曾经有过比较积极、健康的时候。问题在于当它成为执政党，它的组织成员掌握了公权力，富起来、贵起来，却没有相应的监督、制约，甚至可以为所欲为的时候，政党及其成员就会走向积极、健康的反面。

宋美龄其实是在告诉人们，精神懈怠、萎靡不振是一种富贵病！"手握大权的体验会毁掉当初帮助我们获得权力的美好品格和能力。"[①] 共产党执政以来，有些领导干部表现出来的摄取精神营养方面的种种偏差，其实也是与此大有关联的。上海的周立波在谈到腐败是因为权力缺乏制约监督时，做了一个生动形象的比喻："这如同一个餐馆请了一个饿汉来看馒头，还是肉馒头，还要求他值班，还是值夜班，而且是一个人值夜班，会发生什么情况，当然可想而知，要是我，我也吃。"

二是精神营养供给有缺陷。原苏联部长会议主席尼古拉·伊万诺维奇·雷日科夫在反省苏联解体时说："我们贪污腐败，监守自盗，行贿受贿；我们卖官鬻爵，吃喝玩乐，作威作福；无论在报纸、新闻还是讲台上，我们都谎话连篇；我们一面沉溺于自己的谎言，一面为彼此佩戴奖章。而且官僚集团中的所有人都在这么干——从上到下，从下到上。"雷日科夫这番话其实涉及精神营养供给不足的问题。他说的虽然是苏联，但认真想

---

① ［美］达契尔·克特纳著，胡晓姣、李想等译：《权力的悖论》，中信出版社，2016 年，第 102 页。

想，对照一下早年的情况，似乎并非与我们毫无关系。甚至有人戏言："雷日科夫好像在我们这里蹲过点！"话虽刺耳，却可警心。

三是价值观念多元有影响。包括现代改革开放带来的外来观念的冲击；历代传承下来的旧观念影响，如人治的观念，做官发财的观念等。"最恨方今仕途如市，入仕者如往市中贸易：计美恶、计大小、计贫富、计迟速"[①]。明末崇祯皇帝也说当时的官员"出仕专为身谋，居官有同贸易"。这种观念还在持续影响着后人。正像陈独秀说的："充满吾人之神经、填塞吾人之骨髓，虽尸解魂消，焚其骨，扬其灰，用显微镜点点验之，皆各有'做官发财'四大字。做官以张其威，发财以逞其欲。一若做官发财为人生唯一之目的。人间种种善行，凡不利此目的者，一切牺牲之而无所顾惜；人间种种罪恶，凡有利此目的者，一切奉行之而无所忌惮。此等卑劣思维，乃远祖以来历世遗传之缺点……与夫社会之恶习，相演而日深。无论若何读书明理之青年，发愤维新之志士，一旦与世周旋，做官发财思想之触发，无不与日俱深。浊流滔滔，虽有健者，莫之能御。"他还一针见血地指出："发财本非恶事，个人及社会之生存与发展，且以生产殖业为重要之条件。惟中国式之发财方法，不出于生产殖业，而出于苟得妄取，甚至以做官为发财之捷径，猎官摸金，铸为国民之常识，为害国家，莫此为甚。发财固非恶事，即做官亦非恶事，幸福更非恶事；惟吾人合做官发财享幸福三者以一贯之精神，遂至大盗遍于国中。人间种种至可恐怖之罪恶，多由此造成。"[②]应该说，时至今日，"做官发财享幸福"三位一体的观念在一些领导干部头脑中仍占有一定的地位。

2. 个人因素

同样在一个社会、一个时代工作、生活，不同的干部在精神营养摄取

---

① （明）周顺昌:《烬余集》卷二。

② 《独秀文存》，安徽人民出版社，1987 年，第 43—44 页。

方面有不同的表现，甚至有些差异还相当巨大，与他们个人的内在因素是有关系的。对个人来说，有一个心态、能力、方法的问题，有一个愿不愿意、能不能够、善不善于去摄取优质精神营养的问题。就好像同样参加一次学习培训，不同的人吸收到的东西可能会有差别。

四、精神营养高质量摄取的着力重点

王阳明有一学生眼睛出了点毛病，他为此一直“戚戚甚忧”——弄得自己心烦意乱、心情郁闷。王阳明说他是“贵目贱心”。现实生活中，不少人的确有“贵目贱心”的倾向与习惯：很注重爱护自己的明眸，却任由自己的心灵之眼陷入黑暗；很注重维护身体的完整和健康，却总是无视心灵的残缺和病变，时常由于某些“物”的原因而让自己心灰、心烦、心痛、心碎。问题的解决需要社会、组织与个人多方努力。

（一）社会：多形式监督

某作家的官场朋友做了某地方的一把手，请作家对饮。两人酒酣耳热之时，作家问一把手履新后的感受，一把手说，就八个字：“为所欲为！一言九鼎！”作家惊讶之余，弱弱地问：“不怕被扒光吗？”一把手长笑道：“扒光，那是小概率事件……可惜你虽是作家，却没有才华想象这社会的滋味，也总结不出这样的人生……”[①]一定的生活阅历与见识告诉我们，这事并非虚构。有些执掌权力的人曾经甚至仍在享受这样的滋味和人生。对公权力的约束乏力，成全了他们“为所欲为”“一言九鼎”的滋味。但是，正如原苏联部长会议主席雷日科夫所说的：“权力应当成为一种负担。当它是负担时就会稳如泰山，而当权力变成一种乐趣时，那么一切也就完

① 余世存：《人世间我们时代的精神状况》，九州出版社，2014年，第168页。

了。”[①] 掌权者享受权力的乐趣，这对社会和他们自身来说都是危险和有害的。要避免执掌权力的人不注重承担社会责任，而是凭借权力自我放任，就必须把权力关进制度的笼子。把权力关进制度的笼子里，就是要加强民主制度建设，把党内民主和社会民主紧密地结合起来，使民主和法制贯穿于权力运行的始终，“必须加强对领导干部的监督，党内不允许有不受制约的权力，也不允许有不受监督的特殊党员。要完善权力运行制约和监督机制，形成有权必有责、用权必担责、滥权必追责的制度安排”。[②] 要建立起决策权、执行权、监督权既相互分离、制约，又相互协调的权力运行机制。还要形成全民监督的态势，保障公民的监督权利，包括知情权、监督权、质疑权等。通过优化媒体舆论等各种监督“把权力放出笼子”——释放公民监督的权利——来促成把权力关进笼子。一旦权力被关进制度的笼子，执掌权力的人不在精神世界出现如前所述的那么多偏差，就获得了制度层面的强力约束。这是可以肯定的。

（二）组织：多方面保障

1. 共同愿景的优化设置

对于一个组织来说，精神营养的丰富不仅仅是领导者的事情，而是所有组织成员的事情。“众人皆乏你独丰”远远不够。反映大多数人的意愿追求，获得大家认同的组织愿景能够对人们的精神世界产生强有力的引领和提振。所以，就组织的层面而言，要注重对共同愿景的优化设置。其中关键是让愿景为大家所真正认同，能够让大家有强烈共鸣。如果领导者想激发人们灵魂深处的能量，那就必须记住：最重要的不是推销自己想当然

---

① 吴黎宏：《好领导要有高情商》，新华出版社，2014 年，第 200 页。

② 《中国共产党第十八届中央委员会第六次全体会议公报》，2016 年 10 月 27 日。

的愿景，而是向人们展示愿景将如何使他们获益，他们的需求将如何得到满足。因为，人们都渴望在领导者描绘的未来组织图景中看到自己梦想成真的可能。你不要把愿景看作是你一个人的独白，而应该感召他人与你共话未来[①]。如果一个组织愿景让人们觉得只是领导者的安排与选择，它很难产生强大的精神能量。这就需要深入基层实际，倾听各方面意见，了解群众需要，而不能“首先决定自己需要什么，然后便试图说服别人也像我们一样去疯狂地追逐我们想要的东西”。[②]

2. 法纪制度的优越引领

胡锦涛同志在2011年“七一讲话”中强调：“要坚持把干部的德放在首要位置，选拔任用那些政治坚定、有真才实学、实绩突出、群众公认的干部，形成以德修身、以德服众、以德领才、以德润才、德才兼备的用人导向。”习近平同志在2016年“七一讲话”中也强调：“我们要坚持德才兼备、以德为先，坚持五湖四海、任人唯贤，坚持事业为上、公道正派，坚决防止和纠正选人用人上的不正之风”“以德修身、以德立威、以德服众，是干部成长成才的重要因素。每一名党员干部都要坚守‘三严三实’，拧紧世界观、人生观、价值观这个‘总开关’”[③]。

毫无疑问，领导人所强调的当然应该是各级组织、广大干部要努力追求、身体力行的。但是，要真正形成上述“德行丰盈”的用人导向，防止和纠正上述“缺德”的不正之风，要让干部队伍成为道德高尚者的聚集区，仅仅靠领导人的强调、再三强调是永远不够的。把希望寄托于任何人的强

---

① ［美］詹姆斯·库泽斯、巴里·波斯纳著，刘旭东、牟立新、王士会译：《留下你的印记：体现领导力的最高境界》，电子工业出版社，2011年，第92页。

② ［美］乔治·曼宁、肯特·柯蒂斯著，刘峰、郁天莹译：《领导艺术》，中国财政经济出版社，2007年，第225页。

③ 习近平：《在庆祝中国共产党成立95周年大会上的讲话》，人民出版社，2016年，第24—25页。

调、提倡，最终都可能令人失望。因为对于大多数人来说，他们的道德不是被“倡导”出来、“强调”出来、“传达”出来的，而是被严格的纪律规则“逼”出来的，被严厉的法律“治”出来的。严格纪律法律，严肃纪律规则，优化法纪制度的引领，胜过千百次的道德说教。道德有自己特定的家园。把道德的作用任意夸大，在实际生活中不仅起不到应有的作用，可能还会适得其反。应当把道德和制度分开来，道德的归道德，制度的归制度。

国产电影《烈日灼心》有一段台词说得特别好：“我认为法律是人类发明过的最好的东西……人是神性和动物性的总和，就是他有你想象不到的好，更有你想象不到的恶，没有对错”，法律“不管你能好到哪，就限制你不能恶到没边儿。它清楚每个人心里都有那么点脏事儿，想想可以，但做出来不行。法律更像人性的低保，是一种强制性的修养。它不像宗教要求你眼高手低，就踏踏实实地告诉你，至少应该是什么样，又讲人情，又残酷无情”。随着时代的发展进步，在民主观念逐渐深入人心的今天，制度合乎人性的属性越来越成为制度权威的重要源泉。合乎人性的制度，才能获得社会成员的普遍尊重和奉行，才会有预期的效力。

纪律、法制的引导是基础性的引导，也是相对可靠、切实有效的引导。良好的导向、风气的形成有赖于这种引导。《中共中央关于全面推进依法治国若干重大问题的决定》（2014 年 10 月）明确规定，要把法治建设成效作为衡量各级领导班子和领导干部工作实绩重要内容，纳入政绩考核指标体系。把能不能遵守法律、依法办事作为考察干部的重要内容，在相同条件下，优先提拔使用法治素养好、依法办事能力强的干部。对特权思想严重、法治观念淡薄的干部要批评教育，不改正的要调离领导岗位。相关规定如能得到真正贯彻，对于防止和纠正干部队伍在精神营养的偏差将起到积极作用。

中央政治局常委、中央纪委书记王岐山在 2015 年 9 月提出监督执纪

“四种形态”之后，在2016年初召开的中央纪委十八届六次全会上再次强调，要“让咬耳朵、扯袖子，红红脸、出出汗成为常态，党纪轻处分、组织调整成为大多数，重处分、重大职务调整的是少数，而严重违纪涉嫌违法立案审查的只能是极少数”。监督执纪这“四种形态”，为纪律尺子准确标出了管治的“刻度”，清晰地划分出了“治未病”“正歪树”“治病树”和“拔烂树”四道防线，有利于监督执纪“对症下药”“精准治疗”，有利于干部队伍精神营养状况的改善。

3. 精神营养的优裕供给

强调法律制度的优越引领，并不意味着否定教育的作用。它们是在不同的层面、针对不同的人起作用的。当有些人连基本的道德规范都不能遵循，身为官员不把守为官的道德底线，作为党员根本没有党员的样子时，对他们真正起作用的首先是纪律、法律。但是，对于那些真正精神境界高尚的人来说，纪律、法律也许并不起作用，因为他们的所作所为已经远远高于法纪的要求。是教育的深层触动让他们德行高洁。法律规则是人性的低保，正面教育则促人追高向好。干部队伍精神营养状况良好，也离不开教育的积极有效引导。这就有一个精神营养的优裕供给的课题。解决这一课题，涉及以下一些具体的问题。

马克思主义中国化、时代化、大众化问题。习近平同志“七一讲话”指出，面对新的时代特点和实践要求，马克思主义也面临着进一步中国化、时代化、大众化的问题[①]。马克思列宁主义是科学的理论，是重要的思想武器，有些人却“不信马列拜鬼神”，将马列理论置之不顾，对封建迷信奉若神灵，固然有他们自身的因素。但是，有关方面没能根据新时代、新实践的新要求，做好做实马克思主义中国化、时代化、大众化的工作，给广

① 习近平：《在庆祝中国共产党成立95周年大会上的讲话》，人民出版社，2016年，第9页。

大干部提供鲜活的、通俗易懂的、与中国实际相结合的马克思主义理论也是重要原因之一。许多人心目当中的马克思主义理论甚至还是以往经过苏联曲解的、教条式的、掐头去尾的“联共（布）教材”。这样的马克思主义在给当代中国的干部们提供优质精神滋养方面是无能为力的。“怀疑马克思主义的科学性、摇摆不定是危险的；把马克思主义与实践相割裂、教条式理解、贴标签式应用是会误事的；拘泥于马克思主义的个别论断、墨守成规、停滞僵化是有害的。”[①] 在这方面需要认认真真地下一番“正本清源、归真出新”的功夫。

社会主义核心价值观念真正深入人心的问题。“价值标准具有一种陀螺般的力量，即使在暴风雨的海面上，它也能为我们提供一个稳定的指南。”领导者不仅要弄清自己的价值标准，还要帮助别人弄清他们的价值标准[②]。党的十八大报告中对社会主义核心价值观做了层次上的区分。从国家的层面上倡导富强、民主、文明、和谐，从社会层面上倡导自由、平等、公正、法治，从公民个人层面上倡导爱国、敬业、诚信、友善。怎样使它们真正深入人心，内化为人们的自觉追求，仍有相当的难度。各地进行了一些尝试，通过各种方式方法，抓认知、促认同、建机制，力图让人们熟悉、掌握相关要求，践行核心价值观，也取得了一定的成效。但我们现在仍然面临的尴尬局面是，有些领导干部还是记不住社会主义核心价值观的内容要求，也并不清楚自己应当追求什么。有些清楚、明确的追求却是有违社会主义核心价值观的，自然谈不上能够在价值观方面给干部队伍以正确的引导和滋养。

集体学习如何真正有效的问题。经常性的、大规模的集体理论学习构

---

① 李瑞环：《学哲学用哲学》，中国人民大学出版社，2005 年，第 99 页。

② ［美］詹姆斯·库泽斯、巴里·波斯纳著，方晓利、张新、王莉娟译：《领导者：信誉的获得与丧失》，中国经济出版社，2000 年，第 228 页。

成了我国一种相当别致的景观。从中央政治局到各基层组织都时常开展理论学习。这种学习对于中国的各项事业的发展、进步起到了积极促进的作用。但不应回避的是，在一些地方、单位，这种学习的实效性还有待进一步增强。理论学习的形式主义倾向不仅无助于干部队伍理论水平的提升，反而有碍于他们综合能力的增强。“人之心思、物力只有此数。于浮文上多一分，即于实事上少一分。”[①] 本书第六章有具体论述，兹不赘言。

（三）个人：多感官摄取

1. 心摄：用心促进精神境地的高洁

人除了身体之外，还有精神和灵魂（也就是王阳明所说的“心”），假如人们只重视前者，却轻视甚至遗忘后者，那就无异于把自己降格为“非人”的低等动物了。领导干部当然不应如此“堕落”，而应努力用心促进自己精神境界的高洁。

一是求学进德之心。作为领导干部，时常面对各种复杂的情势与迷人的诱惑，如同站立在风波之中，注重修德进学，做到“理明义正，脚跟扎定”，才经得住政治、财经等领域的风吹雨打、波浪冲击，才不会成为“易动易摇撼”[②] 之人。因而，以一般人“积财货之心积学问”，以一般人“求功名之心求道德”[③]，就成为领导干部必要且明智的选择。

二是自警自励之心。主要包括通过谨始慎初来警醒自己，通过恰当攀比来激励自己，通过战胜自我来激励自己。

首先，以谨始慎初自警。明人吕坤在《呻吟语》中所说“凡人之为不善，其初皆不忍也。其后忍不忍半，其后忍之，其后安之，其后乐之”，

---

① （清）陈宏谋:《论吴中吏治书》，贺长龄:《皇朝经世文编》卷二十二。

② （明）王樵:《方麓集》卷九。

③ （明）洪自诚:《菜根谭 · 修省》，岳麓书社，1991 年，第 4 页。

其实揭示了一种带规律性的品德蜕变轨迹。四川简阳市原副市长卿某某因受贿被处无期徒刑。他在《我的自白》中对迈出那可怕的第一步懊悔不已："有了第一次，第二次就没了思想斗争，第三次已感到十分畅快；再往下，已认为是天经地义的事。""收受的贿赂多了，接钱就像接香烟一样随便。"前人的揭示和后人的忏悔都警示我们，从自身角度来说，谨始慎初是预防蜕变、堕落之必需。牢记这一点会让人终身受益。曾经担任明朝吏部尚书的张瀚对此深有体会。刚走上从政之路时他在都察院实习。一次，他去拜访左都御史王廷相。王公对他说起一件小事：自己昨天在雨后乘轿出门上街，一轿夫穿了一双新鞋子，开始走得非常谨慎小心，一路"皆择地而蹈，兢兢恐污其履"。但后半程泥泞之处多了起来，轿夫偶尔一脚踩入泥水坑，新鞋沾上了些许泥污后，他就"不复顾惜"了。王公就此事引申开来说："居身之道，亦犹是耳。倘一失足，将无所不至矣。"这番话让张瀚"终生不敢忘"①。

其次，以恰当攀比自励。人往往容易拿自己跟别人比，却常常不善于比，不能恰当地比，因而总是导致一种结果：人比人，气死人。跟别人比较是危险的。"如果我们的价值和个人安全意识来自这种比较，我们就会变得喜怒无常，一会儿觉得比别人强，一会儿又觉得比别人差。"②明人洪自诚所谓"事稍拂逆，便思不如我的人，则怨尤自消；心稍怠荒，便思胜似我的人，则精神自奋"③讲的也是这个道理。在当今时代，领导干部依然需要在恰当比较中消除怨尤之心、怠荒之意，保持奋力向上的精神动力。"最有力的激励方式不是金钱或是害怕惩罚，而是自豪感、荣誉感、自尊、

① （明）张瀚：《松窗梦语》卷一·宦游记，中华书局，1985年，第5页。

② ［美］史蒂芬·柯维著，阮江平、何金娥、吴月辉译：《高效能人士的领导准则》，中国青年出版社，2012年，第78页。

③ （明）洪自诚：《菜根谭·概论》，岳麓书社，1991年，第46页。

自我发展以及成就感……只有你自己才能最终激励自己。”①

最后，通过战胜自我来激励自己。领导力大师约翰·马克斯韦尔形象地说：

我有一个敌人，我一直想要认出他的样子，
无论我在哪里，他总是像影子一样缠着我。
他干扰我的计划，挫败我的目标，
他像一堵墙拦住了我的去路，
就在我再一次为着崇高目标前进的时候，
他冷冷地说，不。
一天夜里我终于紧紧地抓住了他，扯下了他的面具，
我看清了他的脸，那是……我自己②。

自己是自己的敌人，这一观点恐怕无人不知、无人不晓。相信经过约翰·马克斯韦尔用这样一些话语来表述，能够给人以较深刻的印象，甚至可能让人产生一种冲动：我早就知道自己是自己的敌人，但从未胜过此敌。从此以后，一定要努力做到战胜自己！

战胜自己，其实就是要克服自身的惰性。人都有惰性。人们往往就是在惰性作用下走向消沉、颓废的。惰性是精神振奋的天敌。如何才能战胜它呢？可以尝试从培养一种行为习惯开始：每天早晨毅然“克服躯壳的拉力，即用精神战胜床垫”，早早地起床，我们就能体验到这一天中的第一

---

① ［美］彼得·凯斯特鲍姆著，高秀娟、冯亚华译：《领导者的内心修炼》，高等教育出版社，2006年，第140页。

② ［美］约翰·马克斯韦尔著，邓郁译：《开发你内在的领导力》，上海人民出版社，2006年，第171—172页。

个胜利。早晨的胜利给人一种征服的感觉，这种感觉会“鞭策人进一步战胜困难和跨越一天中的各种障碍。以早晨取得对自己的胜利而开始这一天，是打破旧习惯、培养新习惯的好方法”[①]。

三是知恩图报之心。古时候，有个年轻的乞丐到一大户人家门前乞讨。主人见他身强力壮，不傻不哑，不缺胳膊不少腿，不但没给他任何食物，还将他数落一番。乞丐感觉到屈辱，立志报仇雪恨。当时政局动荡，军阀混战。他加入了一支部队，心怀仇恨英勇作战。若干年后，年轻人当上了将军，带着兵马来找那大户人家报仇。那家人早已闻讯跑得无影无踪。将军寻仇不成，感觉目标落空而陷入迷茫。一位知情人提醒他：你何必恨人家呢，难道别人是吝啬几个馒头吗？如果当年不是人家说你几句而是扔给你两个馒头，把你打发走，你现在说不定还是一个可怜的乞丐呢！将军如梦初醒，恨意顿消而感恩之心油然而生。明人吕坤提醒官员们：身为士大夫，时世社会待你们不薄，甚至是相当优厚的：“不蚕织而文绣，不耕畜而膏粱，不雇贷而车马，不商贩而积蓄。”这是为什么？如果在享受了这一切之后竟然“于世分毫无补”，那是有负于天地之间所有人的[②]。对于当今领导干部来说，对时代\对社会多存知恩图报之心是于人于己都有益的。

2. 眼摄：开眉展眼地感知别人的长处

以满心的欢喜和诚意撑开自己谦逊的双眼，去感知别人之所长，通过眼睛向外、向下来向别人学习，汲取知识专长、经验感悟、积极思维等精神财富。强调这一点的针对性在于，有些人在这方面做得还远远不够的。当有人问，你能说出自己每个工作伙伴的三项长处吗？也许有些人一项也很难说出来。让他说别人的短处与不足，他却可以立马罗列一大堆。在这

---

① ［美］史蒂芬·柯维著，阮江平、何金娥、吴月辉译：《高效能人士的领导准则》，中国青年出版社，2012 年，第 68—69 页。

② （明）吕坤：《呻吟语》卷二·修身，岳麓书社，1991 年，第 98 页。

方面，有个“三一律”值得借鉴：如果你发现自己看某人不是很顺眼，觉得他不该那样行事，怎么办？你先不要说话，直到你从对方身上找出三项优点，你才有资格提出一项指正。这个“三一律”不必刻板遵循，但它所倡导的原则值得尊重：多以正向的眼光看待别人，有助于多方吸收精神营养。

戒除身处高位的优越感。有一则伊索寓言值得领导者重温。山羊站在屋顶上吃稻草。一只四处觅食的狼从下面经过。山羊得意地对狼说：“你今天早晨好像情绪不太好，你是不是在找鼻涕虫或者毛毛虫，然后用你那难看的大牙把它吃掉啊？也许你可以赶跑牛奶碗旁边的母猫弄点吃的吧？”狼抬头看了看屋顶上的山羊，鄙夷地说：“吃你的陈稻草吧！你站在屋顶上胆子大，说话嘴硬。只要你敢下来，你就会明白谁才是真正的强者。不要忘了，使你高大的不是你自己，而是屋顶！”屋顶上的山羊，令人回味悠长！身处“屋顶”的优越感，不宜滋长！不要错把组织的平台当成自身的本事。作为领导者一定要清醒地认识到，你身上耀眼的光芒，未必是你自带的亮光，而是领导舞台打给你的强光。不要让这些灯光弄得自己头晕目眩，失态又失败。很多时候领导头衔具有迷惑性，让领导人误以为自己的形象有多高大，以为自己的计策有多出色，以为自己的笑话有多逗人。领导者大为谦卑的时候，才是最近于伟大的时候。“如果一个人不过高地估计自己，他就会比他自己所估计的要高得多。”[①]

3. 耳摄：通过有效倾听收获佳音

作为领导者，“你很难知道别人怎么看你，除非他们告诉你。但通常情况下他们不会这么做，即便告诉你，也未必是真话”[②]。在这种情况下，了解真情，提升工作水平和自身修养就必须注重倾听。善于倾听能够让领

① 程代熙、张惠民译：《歌德的格言和感想集》，中国社会科学出版社，1982 年，第 21 页。

② ［美］Lee G. Bolman、Terrence E. Deal 著，刘怡译：《像伟大的领导者一样思考——重构的艺术》，人民邮电出版社，2016 年，第 71 页。

导者收获佳音。

一是积极对待外来反馈。“乐于接受反馈，尤其是消极的反馈，是最好的学习者的典型特征，也是所有领导者尤其是有抱负的领导者应该培养的习惯。”[①] 比尔·盖茨说“有时我认为作为首席执行官最重要的工作就是倾听坏消息”，首席执行官和其他高级经理必须坚持听取坏消息，还应该在组织内“建立起倾听坏消息的嗜好”。带来坏消息的人应给予奖励，而不应该视为犯上。“您必须始终乐意接纳坏消息，并针对它采取行动。如果您不对此采取行动，您的人最终将会不再告诉您坏消息，这将是破落的开始。”[②] 消极反馈（坏消息）通常来自四类人，他们都应该受到积极对待。

第一类是并无恶意的实话直说者。他们口无遮拦，不掩饰自己的想法。他们不在意自己的话会让听者有何感受，总是有话就说。明知他们秉性如此，不必计较他们的冒犯之处，淡化自身的不适感，择其善而从之即可。即便是刺耳的牢骚也可能是改变不合理现状的催化剂。过滤掉其中刺耳的字眼，就可能成为蕴含合理成分的意见、建议。正如唐朝大臣魏徵提醒唐太宗李世民“自古上书不激切，不能动人主之心，所谓狂夫之言，圣人择焉”。[③]

第二类是心存善意的逆耳忠言者。他们出于对事业、对领导者义不容辞的责任感，说些带有恨铁不成钢意味的话。话可能不中听，但应该静心听，并且心存感激。批评的声音总是不悦耳的。即便知道批评你的人是出于善意，也明白那些批评有助于你的完善，你依然可能因为批评声而产生一些负面情绪。但要知道，一个人能否成功就取决于他对各种反馈的接受

① ［美］詹姆斯·库泽斯、巴里·波斯纳著，钟淑珍等译：《领导力的真理》，电子工业出版社，2011 年，第 120 页。

② ［美］比尔·盖茨著，蒋显璟、姜明译：《未来时速》，北京大学出版社，1999 年，第 171、173—174 页。

③ （宋）司马光《资治通鉴》卷一百九十四。

能力，以及他是否愿意从上司、同事和下属那里寻求更多的指点、提醒和建议。所以，批评的声音往往不动听，真正的智者却常常主动去听。人家不是真正为了你好，大可不必跟你说的。

第三类是惯于反馈的职业说教者。其中包括干部教育培训师、咨询师、教练。他们对有关问题有专门研究，他们说的一些话未必专门针对谁，而是针对一些普遍性的问题，包含某些规律性的认识。认真听听，有则改之，无则加勉，不无益处。

第四类是心怀不满的刻意挑剔者。他们有意跟你过不去，好像拿着放大镜寻找你的缺点，希望通过贬低你以达到其个人目的。但也要看到，他们的刻意挑剔中也可能包含有价值的负面反馈。所谓“仇人背后之诽论，皆是供我箴规”。因为有时你本身难以意识到自己的毛病，而亲戚朋友对你的缺点、不足则“当面言既不尽，背后亦多包荒”。只有那些跟你有过节的人，才会不遗余力地揭你的短，你才得以知道自己的问题所在，“反躬自责，则仇者皆恩矣”。[①]

对外来反馈漠然以待，后果可能超乎想象。有人对此做过形象的比喻说明：一天早上，你开车去上班。你看了看仪表盘，发现水温表显示有点儿过热。你不以为然地照常驱车前行。在半路上，一股怪味从通风孔内冒出来，你闻到了，但你只嘀咕了一声“什么味道”，便继续向前行驶。再过了一阵子，你发现蒸汽从机器盖子下面冒了出来。你停下车，打开机器盖子，确信汽车发动机确实过热了。你打电话求助路边维修站，请他们把车拖走，为此你耽误了半天的工作。回过头来看，你会发现此前车子发出过多次警告信号，但你没有理会，直到严重问题出现。领导工作的道理与此类似。对早期的警告信号保持敏感有助于防微杜渐、防患于未然。建立一套与汽车仪表盘类似预警系统，并且关注那些警告信号，有助于你和组

① （清）申涵光：《荆园小语》。

织更有效地发展。[①] 对于领导者来说，以积极的态度对待来自别人的反馈就是从警告信号中获益的重要途径。

李瑞环同志也很注重这一点。他主张要把群众情绪作为第一信号。群众情绪是广大群众对存在的现实问题的直接反映，也许不那么规范、雅致，不那么有条理、有分寸，有时甚至会以尖锐的、粗糙的、使你感到不那么舒服的形式和方式表现出来。但作为领导者，一定要善于体察，从中获得教益[②]。

二是杜绝先入为主。有些人往往在对方开口之前，就有了先入为主的判断和期望值，这是导致他们倾听失效的重要原因。当别人说话时，“我们倾向于听到预期听到的，对非预期的就充耳不闻”，这对我们的倾听效力有强大的限制[③]。

三是克服网络恐惧。有些领导干部对网络心存恐惧：唯恐被人说自己“作秀”；惧怕舆论持续发酵，失去掌控；担心网络信息真假难辨；害怕一些不愿公开的事情被放大曝光。其实，恐惧无益也不必。“有些地方和部门遇到敏感复杂事件，习惯于采取‘捂盖子’的做法，有的还通过宣传部门‘灭火’。这种观念和做法在信息社会无异于掩耳盗铃。”[④] 从一些领导者的实践经验看，许多实际工作中问题的查找与梳理，思路的拓展与深化，对策的提出与完善都得益于网民的集思广益。善用网络会给人脑洞大开的感觉。

四是避免因人废言。其一，避免因对方地位低下而轻其言。曾有一乡镇党委书记在课堂讨论时发言说：“说起来可能有些不恭敬，在电视上看

---

① ［美］詹姆斯·库泽斯、巴里·波斯纳著，刘旭东、牟立新、王士会译：《留下你的印记：体现领导力的最高境界》，电子工业出版社，2011 年，第 20—21 页。

② 李瑞环：《学哲学用哲学》，中国人民大学出版社，2005 年，第 532 页。

③ ［美］理查德·哈斯努特著，贾光伟译：《巅峰智慧——成功领导的九大法则》，中信出版社，2002 年，第 29 页。

④ 中共中央文献研究室编：《习近平总书记重要讲话文章选编》，中央文献出版社、党建读物出版社，2016 年，第 426 页。

到总书记、总理到基层、到田间地头向普通老百姓了解情况、询问计策。那些人能有多高的水平啊，他们懂得什么呀，问他们能问出些什么来！应该多问问我们乡镇党委书记、县委书记。”这里面其实包含了一种认识上的误区。其二，避免因与自己关系疏离而厌其言。正如宋代思想家程颐所指出的那样：“人心所从多所亲爱者。常人之情，爱之则见其是，恶之则见其非。故妻孥之言虽失而多所从，所憎之言，虽善为恶也。”[①] 这种听言上的误区也是需要高度警惕的。只向关系亲近的人问计，而听不进跟自己关系疏远者的真知灼见。其三，避免因对方曾经犯错而弃其言。“凡取人，当舍其旧而图其新。自贤人以下，皆不能无过：或早年有过，中年能改；或中年有过，晚年能改。当不追其往而图其新，可也。若追究其往日之过，并弃其后来之善，将使人无迁善之门，而世无可用之才也。”[②] 这里所说的用人，也包括采纳曾经有过错之人的正确主张。

五是主动征求意见。领导者切勿因听不到不同意见而沾沾自喜。别人不愿意表达反对意见或不同意见未必意味着他们完全赞同你的看法。也许他们是不确定你是不是想听到真话，所以将自己的真实意见隐瞒下来；也许他们认为即使提出意见和建议你也不会认真对待；也有可能是他们对你的提议根本就不在乎，还有可能是有些人会以保持沉默来表达对你的抗议。所以，如果你作为领导者不采取主动，他们是不会主动透露更多信息的。因此，主动征询是让对方开诚布公最简单、有效的方法。“精心设计的问题有助于你得到真相，而执着地询问则能让你挖掘到更多真相。”[③] 主动寻求反馈具有一定风险性，因为你有可能听到自己不愿意听到的话。只

---

① （明）杨昱：《牧鉴》卷二，采纳。

② （明）薛瑄：《薛文清公要语》。

③ ［美］Lee G. Bolman、Terrence E. Deal 著，刘怡译：《像伟大的领导者一样思考——重构的艺术》，人民邮电出版社，2016 年，第 68 页。

要你愿意解释，对方是会理解的，但还是要向对方表达谢意。要把真诚的反馈视为礼物，如果不能正确对待，或者让对方感到内疚、后怕，那么今后你可能再难听到真话。

六是注重移情倾听。着重于关注对方对自己的定位、需求和认识的表述，让对方明白你非常理解其处境、立场和感受。这意味着把你所听到或看到的反馈给对方，复述其说话要点，让对方知道你未加任何主观判断地听清了对方的表述；对他们提出问题以更多地了解他们的真实感受或看法；不评判他人的反应或根据自己的进程来压制他们，给对方的反应留出空间。①

七是学习乐正子“好善”。孟子有个学生叫乐正子，是鲁国人。鲁国国君准备重用他，让他掌管国家政事。孟子说：“我听了这消息，高兴得睡不着（喜而不寐）。”学生公孙丑一连问他：乐正子刚强吗？有智慧和谋略吗？见多识广吗？孟子都说不是。公孙丑于是说：“既然如此，先生为什么高兴得睡不着呢？”孟子回答说：“他这个人啊，只有一个优点，叫好善，就是喜欢听取善言，别人的话只要有价值，就喜欢听。”“爱听好意见就够了吗？”孟子说，爱听好意见，治理天下就绰绰有余了，何况治理一个鲁国？如果爱听好意见，那么天下的人都愿意不远千里地赶来把好意见告诉给他；如果不喜欢听取善言，人们就会模仿他说：“呵呵，我早就知道了。”他那个腔调、脸色就把别人拒在千里之外了。士人千里之外止步不来，喜欢进谗言和阿谀献媚的人就会凑到跟前来了。同那些人混在一起，想要治理好国家，可能吗？

4. 脑摄：以理性态度明辨冷热取舍

一是明晰辨别当冷与当热。“无冷心不可以居官，无热心不可以办事。冷者，无名利之心，升沉荣辱置之度外；热者，视国事如家事，只问是非

---

① ［美］沃伦·本尼斯著，姜文波译：《领导力实践》，中国人民大学出版社，2008 年，第 137 页。

不顾利害。热于居官必冷于办事。若视官如敝屣，则冰心铁面，复何所顾忌系恋而不敢为耶。”[①] 这段话对于今天的领导干部来说，仍不乏警醒价值。一味热衷于追求职务，追不到烦恼，追到后可能仍会嫌职位低，也可能因德能与职位不符而备受煎熬。何况权力本有双刃，弄得不好就祸国殃民，损家庭害自身。“今人为卑官则恨不享大位，及位高而颠踬倾危，回想卑官而受清宁之福，天上矣。布衣粝食，妻子相保，则恨不富贵，一旦祸患及身，骨肉离散，回想布衣粝食、妻子相保时，天上矣。人聪明强健，则恨欲不称心，一朝疾病淹缠、呻吟痛苦，回想聪明强健时，天上矣。古今来无人不犯此病，若能先见一步，蚤退一步，必也明哲之士。”[②] 并不是说人生在世都不应该有进取追求，但确实必须弄清楚应该追求什么。如果只是一味追求权位上升，自己的德行却没有长进，就会导致德位不符而出问题。越是位高权重，面临的诱惑就越大且多，所要求的德行也就越高尚丰厚。德位不能相配，在位者终将崩溃。有一句拉丁语格言说：“奴隶地位约束不了多少人，多得多的人是甘当奴隶”。乍一听，似乎不可思议。细想一下，其实很有道理：从某种意义上说，人人都可能是奴隶——财富的、虚荣的、关系的、权力的、名分的、情绪的、嗜欲的，等等，凡与人相关的事物都可能使人隶属于物而为奴。在追求上辨不真切，不能明哲地珍惜既得，就可能驱使自己一生为奴而不自知。曾经担任美国国务卿的科林·鲍威尔将军的忠告是：不要把你自己和你的地位联系得太紧，不然，当你的地位瓦解时，你自己也会瓦解。[③]

二是理性对待自由与克制。“每天你都可以听到无数蠢人高谈自由，就好像它是个无比荣耀的东西。”其实从广义上来讲，自由并没有什么值

① 徐世昌：《将吏法言》卷四。
② （清）张鉴：《浅近录》。
③ ［美］梅尔·吉尔著，刘婧译：《非常识》，中国和平出版社，2005 年，第 230 页。

得炫耀的，它不过是动物的一种自然属性而已。法纪约束及其所要求的适当克制，似乎给人带来麻烦与不便，“但毕竟不是束缚人的锁链，而是护身的铠甲，是力量的体现”。你只要平心静气地想一想就会发现，“正是这种克制而不是自由使得人类在万物之中显得高明一些”[①]。我们身上有与动物一致的部分，这不可否认，也不可能完全抑制，但绝对不应该让这部分来驾驭我们。作为领导干部，深刻理解和认识克制的必要性，比一般人来得更加重要。“你要生活得随意些，你就只能活得平凡些；你要活得辉煌些，你就只能活得痛苦和复杂些”[②]。要忍耐克制，要接受某些约束，有时确实是痛苦的。但这也是必需的，否则就可能走向辉煌的反面！这也是领导者在追求精神境界的提升之时要切实想明白、弄清楚的。

三是清醒防范各种形式的趋附。手中有权往往引来许多趋附之人。掌权的人往往“以附己为贤”，容易对那些喜欢靠近自己的人产生好感，对那些不主动靠近的人则心存疑虑，以为他们对自己不服、不满，对他们冷淡、疏离以待。对于趋附之人，领导者是需要小心对待的。趋附的形式有多种多样，不只是钱财上的贿赂而已：“我喜谀，则人以称颂为附；我恶谀，则人以弥缝为附；我有所喜，则人以荐引为附；我有所恶，则人以排挤为附；我有所欲行，则人以将顺为附；我有所好尚，则人以趋向为附。”[③]此种趋附都具有很强的迷惑性，让人在不知不觉中上当受骗，其危害比行贿还要厉害。陈云说：“一有错就有人骂，容易改正。如果人家天天喊万岁，一出错就是大错。……如果五年没有人说错误，一直往上爬，到第六年再从五层大楼上跌下来，那就坏了。”[④]

---

① ［英］罗斯金：《自由与克制》，武俊平主编：《思想者的思想》，经济日报出版社，2007年，第159页。

② 李清明：《微雨独行：一个平凡人的觉悟》，《中国图书评论》2007年第2期，第118页。

③（清）陈宏谋：《从政遗规》卷一《吕新吾去伪斋文集钞》。

④ 王玉新：《寻找领导悟性》，企业管理出版社，2001年，第242页。

四是高度警惕贪婪的代价。这方面的道理并不深奥，不需要细论，让我们看看列夫·托尔斯泰留给后人的寓言故事《魔鬼与农夫》(见本章的延伸阅读)吧！但愿它能够在未来的岁月里时常给我们提示与警醒。这对于我们摄取精神营养一定是有益的。

有部关于非洲部落的电视片，记录了猎人捕猴的一种方法：先在大树干上掏个洞，并在洞内放些食品。洞口的大小正好是松开手能伸进去，而握紧拳头后手就拿不出来。猴子发现洞里有吃的就伸手去抓，但抓住食品后手就拿不出来了，直到猎人来猴子也一直舍不得松手放弃食物逃走，从而活生生地成为猎人餐桌上的一顿鲜活大餐。可能有人总想不通：猴子为什么如此之笨，只要舍弃手中食物，或者少拿一点，要不然就吃一点再拿一点不就没事了吗？其实人类何尝没有类似的蠢举呢，实际需要的物质财富并不太多，但古往今来不少人却一味追求拥有远远超过自己所需的财物，因贪财而死之人层出不穷，即便不为财死，也为钱财而处心积虑、无限纠结、痛苦不堪，造成精神上的严重损害，为了贪婪而付出沉重的代价。

【本章延伸阅读】

魔鬼与农夫

有个老魔鬼看到人间的生活过得太幸福了，他说："我们要去扰乱一下，要不然魔鬼就不存在了。"

他先派了一个小魔鬼去扰乱一个农夫。因为他看到那农夫每天辛勤地工作，所得虽少得可怜，但他还是那么快乐，非常知足。

小魔鬼就开始想，要怎样才能把农夫变坏呢？他把农夫的田地变得很硬，让农夫知难而退。那农夫敲半天，做得好辛苦，但他只是休息一下又继续敲，没有一点抱怨。小魔鬼看到计策失败，只好摸摸鼻子回去了。

老魔鬼又派了第二个去。第二个小魔鬼想，既然让他更加辛苦也没有用，那就拿走他所拥有的东西吧！那小魔鬼就把他午餐的面包跟水偷走，他想农夫做得那么辛苦，又累又饿，却连面包跟水都不见了，他一定会暴跳如雷的！

农夫又渴又饿地到树下休息，想不到面包和水都不见了！“不晓得是哪个可怜的人，比我更需要那块面包和水？如果这些东西就能让他得温饱的话，那就好了。”又失败了，小魔鬼又弃甲而逃。

老魔鬼觉得奇怪，难道就没有任何办法能让这农夫变坏吗？这时第三个小魔鬼也来了。他对老魔鬼讲：“我有办法，一定能把他变坏。”

小魔鬼先去跟农夫做朋友，农夫很高兴地跟他做了朋友。因为魔鬼有预知的能力，他就告诉农夫，明年会有干旱，教农夫把稻子种在湿地上，农夫便照做。结果第二年别人都没有收成，只有农夫的收成满坑满谷，他就因此而富裕起来了。

小魔鬼每年都对农夫说当年适合种什么，三年下来，这农夫就变得非常富有了。他又教农夫把米拿去酿酒贩卖，赚取更多的钱。慢慢地，农夫开始不工作了，靠着贩卖的方式，就能获得大量金钱。

有一天，老魔鬼来了，小魔鬼告诉老魔鬼说：“您看！我现在要展现我的成果了。这农夫现在已经有猪的血液了。”只见农夫办了个晚宴，所有富人都来参加；喝最好的酒，吃最精美的餐点，还有很多的仆人侍候。他们非常浪费地吃喝，衣裳零乱，醉得不省人事，开始变得像猪一样痴肥愚蠢。

“你还会看到他身上有着狼的血液。”小魔鬼又说。这时，一个仆人端着葡萄酒出来，不小心跌了一跤。农夫就开始骂他：“你做事这么不小心！”“唉！主人，我们到现在都没有吃饭，饿得浑身无力。”“事情没有做完，你们怎么可以吃饭！”

老魔鬼见了，高兴地对小魔鬼说：“唉！你太了不起！你是怎么办到的？”小魔鬼说：“我只不过是让他拥有比他需要的更多而已，这样就可以引发他人性中的贪婪。”

——［俄］列夫·托尔斯泰寓言故事集《呆子伊凡》

CHAPTER 05

第五章

思维拓展功
——以创新思维突破领导篱围

有一种说法众所周知："人是万物之灵。"这是人类的自我评判、自我标榜，其他的动物（包括可能存在的外星生物）是否服气，我们不得而知。我们知道的是，从某种角度来比较，人并不见得总是比别的动物灵。比如，人的听觉、嗅觉、视觉比不上某些动物灵敏、灵便，人的奔跑、跳跃比不上某些动物灵活、灵巧。不过从整体上看，人类的确具有其他地球动物无法比拟的巨大而神奇的力量。这种力量从何而来？主要来自人类拥有的高度发达的思维。它使人类既能相互合作，又能不断创新，创造出一个又一个的人间奇迹。思维是人类社会的永恒课题，也是领导活动的重要课题。领导活动能不能有声有色、卓有成效地开展，关键在于能否科学地进行思维拓展，以创新思维突破领导思路的藩篱。

一、领导者创新思维的概念与特征

（一）概念

1. 创新

创新概念由美籍奥地利经济学家约瑟夫·阿罗斯·熊彼特提出。他所说的创新是企业家对生产要素实行新的结合，以达到更高的经济或社会效果，包括五种情况：引入新的产品或提供产品的新质量；采用新的生产方法、新的工艺流程；开辟新的市场；开拓原材料或半成品的新的供给来源；

采用新的组织管理方式。

美国管理学大师彼得·德鲁克认为："创新是一种赋予资源以新的创造财富能力的行为""任何使现有资源的财富创造潜力发生改变的行为都可称为创新"。创新包括技术创新和社会创新。简单地说，创新就是利用现有资源与能力，做一些与现在不一样的事情，以创造新的财富。

2. 创新思维

创新思维是指具有开创意义的思维活动，是运用新的认识方法、手段以及特有的思维视角，开拓新的认知对象和领域，取得新的认识成果的思维活动。创新思维是人类一切创新活动的"骨髓""基石"。没有思维中的创新，就没有实践中的创新。

3. 领导者创新思维

领导者创新思维是领导者依托新的理念和实践，超常而首创性地推动事物由旧质形态向新质形态转化的活动。它主要表现为形成新的观念，创建新的理论，进行新的决策，开创新的局面等。

（二）特征

领导者创新思维具有以下几方面的特征。

1. 独立性

这种思维特性包含三种"因子"。

其一，不轻信盲从的"怀疑因子"，在众口一词面前保持独立。表现为对人们习以为常或认为"完满无缺"的现象和事物提出怀疑，别出心裁地加以"挑剔"，不轻易相信、不盲目听从。别人说什么就是什么，盲目听信的人是很难有什么创新的。

其二，不轻易动摇的"自信因子"，在传统、权威面前保持独立。杜绝"权威偏误"，不迷信权威。表现为在没有确凿证据之前，不轻率改变自己的立场、主张和方法，即使面对旧的传统势力的强大压力也不轻易动摇、妥协，不在面对权威时将自己思考的独立性调低。

我国著名语言文字学家、教育家黎锦熙说：民国头十年间，我在湖南办报，当时有三位青年学生常常帮我们抄写文稿。第一位是不管文稿内容，什么都抄，就连文稿中的技术性错误也照抄不误；第二位是见到文稿中的问题就会提出来，并能够主动润色修饰；第三位则与众不同，看到他不同意的文稿，干脆就不代抄，更不屑于在技术问题上纠缠。这3位青年后来的前程大不一样。第一位终身是个小职员，在历史上默默无闻；第二位后来成为我国著名的作家、戏剧家，他就是田汉；第三位则在历史上成就了一番大事业，他就是毛泽东①。

其三，不故步自封的"自变因子"，在确凿证据面前舍旧纳新，不要跟自己的陈旧观点难舍难分。能适应客观事物的变化，及时改变自己原先的思想观点，打破"自我框框"，适应新的发展趋势。当你遇到的新证据新理由胜过你一直以来所依赖的，你应该大大方方地舍旧纳新。与其在牵强附会、强词夺理的旧结论上执迷不悟，不如在理由充分、证据确凿的新观点面前臣服。这是一种积极的自我否定、自我完善。有时，否定自我就是创新的发端。

2. 联动性

就是要善于举一反三，由此及彼，实现思维的联动。常以三种形式表现出来。

一是"逆向联动"，即从一种事物或现象，联想与之相反的事物或现象。比如，一般动物园都是把动物关在笼子里供游客观赏的。有个动物园的老板，在生意萧条时突发奇想：能不能反过来，把人关在笼子里面，而

① 王玉新：《冷头脑》，东方出版社，2014年，第7页。

让动物在园内自由活动？于是，他投资兴建一个天然动物园，让游客坐在汽车里观赏在园内自由自在活动的各种动物。这一招果然轰动一时，吸引了众多游客，动物园变得生意兴隆起来。另外，某植物园为防止名贵植物丢失而创新告示语也体现出思维的“逆向连动”。原先，该植物园时常有花卉盆景不翼而飞。这让管理人员伤透脑筋。后来他们在园内挂出写着“凡检举偷窃花木者赏金 200 美元”字样的告示牌。此后，植物园再没发生过植物失窃之事。有游客好奇地问管理人员：为何不按通常做法写成“凡偷窃花木者罚款 200 美元？”管理员的回答是：“要是那么写，就只能依靠我自己的两只眼睛，而现在，可能有几百双警惕的眼睛在帮我盯着。”把同样的 200 美元从“罚款”改为与之相反的“赏金”，就使管理贴近了人情，让游客从事不关己的“客人”变成利益相关的“主人”，将原先的“一个人管住每个人”变成了“每个人都参与管理”。

二是“纵向联动”，即发现一种现象后，不停留在表象，而是向纵深挖掘，探究其产生的原因。

三是“横向联动”，即发现一种现象后，便联想到与之相似、相关的事物。

战国时期齐国丞相邹忌劝齐王纳谏的故事就是一个包含纵向与横向思维联动的例子。邹忌虽然身材高大，容貌端庄，仪表堂堂，但的确长得不如本国美男子徐公，其妻、妾和客人却都说他比徐公美。何以如此？邹忌进行纵向联动，深挖其原因，终于明白其中的缘故：“妻私我，妾畏我，客有求于我。”他又进行横向联动，由自己推想到齐王，得出结论：“王之蔽甚矣。”因为齐威王王后、宫妃也会偏袒他，朝廷大臣都会怕他，四海之内的人都有求于他，都可能因此不敢对齐王讲真话、反映真实情况，这样一来，齐王所受的蒙蔽就会非常严重。于是邹忌上书齐王，提出广开言路的建议。

3. 多向性

表现为四种“机智”。

一是“发散机智”，即在一个问题面前，尽量把思维发散开来，提出多种设想、多种答案，以扩大选择余地。

二是“换元机智”，即灵活地变换影响事物质和量的某些元素，从而产生新的思路。众所周知的“把梳子卖给和尚”的营销故事，讲的就是这个道理。作为梳头工具，和尚无发可梳，自然是不需要梳子的，但如果把梳子做成具有宗教文化意义的纪念品，那就不一样了，就可能在寺庙中创造大量需求。

在数学上，4+4=8，2+6=8，6+2=8。三个等式的数值是一样的。但在社会生活中，有人却奇迹般地让 2+6 或 6+2>4+4，这是怎么回事呢？事情还要从美国旧金山的金门大桥说起。金门大桥是 4+4 车道通行模式，但因车流量在上下班不同时段出现两个半边分布不均匀的现象，所以桥面经常发生交通拥堵。为了解决这一问题，当地政府打算在金门大桥旁边重新建造一座大桥。一位年轻人得知此讯后，向当地政府表示，不必再建大桥也可以很好地解决桥上的堵车问题。年轻人说，在桥面不增宽的情况下，可以在现有的 8 个车道上做文章，实现 8 大于 8 的通行效果。这位年轻人的办法就是，把原先的 4+4 车道模式，按上下班的车流量不同，改为 6+2 或 2+6 模式，即在上班或下班高峰时段，将车流量大的一边扩展为 6 个车道，而另一边则缩减为 2 个车道，但整个桥面的车道还是 8 个车道。当地政府采纳了年轻人的主意，大桥堵车问题得到了很好的解决。这个金点子为当地政府节约了新建大桥的上亿元资金。

三是“转向机智”，即思维一旦在某个方向受阻，能够及时地通权达变，驾着“思维之车”转向另一个方向，找到“柳暗花明又一村”，而不是一条道走到黑。鲁迅说，世上本没有路，走的人多了自然就成了路。他说的是自然之路。在社会活动当中，在创新发展方面，有时恰恰是世上本来是有路的，走的人多了就没有了。一种生意，今天我做，收入不错，明天你也来做，后天他也来做，最后可能我就做不下去了。太多的人走了我的路，导致我无路可走了。要想总有路走，必须懂得适时转向、变道。美国人戈登·休做过的一个实验包含了这方面的启示。把6只蜜蜂和6只苍蝇装进同一个玻璃瓶里，将瓶子平放（瓶口是敞开着的），瓶底朝着明亮的窗户，会出现什么状况？苍蝇们全然不顾光亮的吸引，四下乱飞乱窜，在两分钟内先后从敞开的瓶口处逃出；而蜜蜂则一味地试图在瓶底找出口，直至力竭而亡都没发现出路就在相反的方向[①]。要走好创新发展之路，不能像这些蜜蜂一样，要有适时转向的智慧和变道的胆识。

四是"创优机智"，即使对于问题已经有解决方案，也要用心去寻找更新的、更优的答案，不满足于已有的、现成的。

4. 综合性

表现在过程与结果两方面：一方面，创新思维过程既有归纳、演绎、分析、综合等逻辑思维，又有超越经验材料的科学遐想；既有长期的积累与沉思，又有短时间的突破与顿悟。另一方面，创新思维形成于大量概念、事实和观察材料的综合；形成于前人智慧的巧妙结合；形成于多种思维形式和方法的交替、融合。

5. 探险性

即探索性、风险性。创新思维活动不是指向现存的客体，而是刚刚进入人类的实践范围，尚未被人类所认识的客体，或者是人们虽有了一定的认识，但认识还不完全，还可以从深度、广度上加以进一步认识的客体，这两类客体都带有探索性、风险性。

二、领导者创新思维的向度要求

当今中国的竞争优势，"就在于它愿意适应任何必要的以及能够给自

① 王玉新：《思维着的哲学智性》，中国经济出版社，2000年，第257页。

己带来利益的变革。没有其他任何一个国家像它一样进行如此大规模的调整和适应，也很少有民族有它这样的事业心和雄心壮志”。[①]这里所说的“竞争优势”“事业心”“雄心壮志”都离不开创新思维的支撑。要进行卓有成效的变革、创新，必须明了领导者创新思维的向度要求。这部分要阐述的是，领导活动创新要求领导者思维朝什么方面培育、发展，需要具备什么样的维度。

（一）高度：思维的立足点要高远

要善于居高望远，表现出高见远识。这无疑是领导创新所要求的思维向度。

1. 高：统筹全局，兼顾各方

这是从空间上说的。在这方面需要明确三点。

第一，高度不仅仅是高层的事。一提到思维的高度，很多人就觉得这应该是少数高层领导者的“专利”，与我们中层、基层干部没有关系。其实不是这样。在任何层面做工作，都有一个统筹全局、兼顾各方的问题。就好像优秀的运动员之所以出色，就是他既能记住自己该干的事情，又能看到全局状况，如果运动员只关注自己的动作，对整个场面却视而不见，往往会错过许多时机。“高”不是绝对的，而是相对的。对于中层干部来说，尤其要注意进行“跃位”思维，从领导的角度去考虑问题，也就是要从领导的职责、任务出发，运用领导的观点、思路去观察和思考问题，做好工作，从而避免同领导的要求存在明显差距，难以获得认同。

第二，善于把局部放到大局中去摆布。很多人是处在基层、中层的某个位置上，从事某个部门的局部工作。但要做好这份局部工作，也

---

① ［美］约翰·奈斯比特著，魏平译：《定见》，中信出版社，2007 年，第 190 页。

是需要有全局思维，善于把自己所分管的局部工作放到大局中去摆布的。要站在高一层次来考虑本部门的工作方案或计划，避免局限于本部门的小利益来打算，这样才不会导致局部与全局的冲突，才能获得来自全局的强力支持。毛泽东说只有了解大局的人才能合理而恰当地安置小东西。

第三，具备高度才能走上更高处。有上进心的人都想往高处走。要想走上更高处，必须具备思维的高度。身处基层、中层的时候，向上级领导提交方案，在大会上发言，都得表现出思维的高度，着眼全局，关注长远，让人觉得你是有担负更高层面工作的思维基础的。反之，缺乏思维高度，考虑问题太过本位、狭隘，一般来说，没有人看好你有走上更高处的潜质。

2. 远：从长计议，善于前瞻

这是从时间上来说的。“愚者暗于成事，智者见于未萌。”[①] 做领导工作不能只是注重眼前。减少对眼前具体事务的时间投入，花更多的时间、精力探索未来的各种可能，是领导者的当务之急和工作的重点。要在了解过去、把握现在的基础上前瞻未来，在问题尚未萌发就能敏锐地感知到它，防患于未然。这样一来，工作必然更加主动，效果也更好。这也符合人们对领导者的普遍期望。人们期望领导者具有什么样的品质？美国领导学者詹姆斯・库泽斯、巴里・波斯纳所做的大量问卷调查“结果是前瞻性仅次于真诚，这是人们最期望领导者具有的第二项品质。如果你不考虑你的长期项目完成之后要做什么，那么你就和其他人一样。换句话说，你就是多余的”。[②] 领导者的重要职责就是要考虑下一个项目、再下一个项目在哪里。这是领导者和非领导者的重要区别所在，也是领导者的重要价值所在。在

---

① （战国）商鞅：《商君书・更法》。

② ［美］詹姆斯・库泽斯、巴里・波斯纳著，刘旭东、牟立新、王士会译：《留下你的印记：体现领导力的最高境界》，电子工业出版社，2011 年，第 6 页。

美国前总统尼克松看来，能否从长远考虑问题及障碍也是杰出的领导者与一般的领导者的区别：前者具有对未来的理想，因而可以从长远的观点来考察各种障碍；相反，后者把路上小石子般微不足道的小障碍，也看作是大石头似的大惊小怪①。

毛泽东非常明确地阐述过前瞻性预见对于领导的重要性。他在中共七大上说："坐在指挥台上，如果什么也看不见，就不能叫领导。坐在指挥台上，只看见地平线上已经出现的大量的普遍的东西，那是平平常常的，也不能算领导。只有当还没有出现大量明显的东西的时候，当桅杆顶刚刚露出的时候，就能看出这是要发展成为大量的普遍的东西，并能掌握住它，这才叫领导。""所谓预见，不是指某种东西已经大量地普遍地在世界上出现了，在眼前出现了，这时才预见；而常常是要求看得更远，就是说在地平线上刚冒出来一点的时候，刚露出一点头的时候，还是小量的不普遍的时候，就能看见，就能看到它将来的普遍意义。"②预见是一种稀缺而宝贵的资源，它要求领导者考虑问题看远一步，想深一步，先行一步。有人说最好的管理是追求让人感觉不到的状态。当人们身体器官运行正常之时，是不太会想到自己的五脏六腑的。只有当某处出了问题时，如胃痛、肝疼，人们才会感到胃与肝的存在。由此推想到社会生活领域也是一样的道理。人们平时可能不太会注意到各行政管理机构的存在与功用。只有当某些方面出了问题，如交通拥堵严重，盗窃抢劫猖獗，垃圾污水无人管，噪声污染让人烦，大家才会想到公安都干嘛去了，环保、城管的人都干嘛去了。其实，让人感觉不到的管理就是超前的、有预见性的管理。"为下属服务并不意味着坐着等下属来叫你"，

① ［美］基辛格：《人生的道路》，《领导文萃》2001 年第 2 期，第 37 页。

② 中共中央文献研究室编：《毛泽东文集》第三卷，人民出版社，1996 年，第 394—395 页。

它意味着“为了下属的利益你得提前行动起来，并且常常要做到需要在后满足在前。是否具备这种预见和承诺未来的能力是对领导工作的真正考验”。[①]

缺乏预见性可能会带来灾难性的后果。以“重启思维，定见未来”而著称的美国学者约翰·奈斯比特在其《定见》一书中生动描绘了这方面的一个经典事例：“一条灰色的毯子覆盖在了澳大利亚广袤的土地上，它并不是来自南面海洋的乌云。它是1859年从西方而来，有四条强壮的腿和两只长耳朵，最初是为了给喜欢打猎的绅士们提供消遣而来到这个国家的”：一位名叫托马斯·奥斯汀的先生在自家庄园放养了24只野兔。7年后的1866年，仅仅在他的庄园里就有14253只兔子被猎杀。这是多么大的成功啊！但是后来事态的发展却远远超出奥斯汀和许多人的想象。在20世纪50年代的澳大利亚，有人因在农夫约翰·罗伯逊的土地上射杀了一只兔子被罚款10镑。不料时隔几年之后，罗伯逊的儿子却不得不每年花费5000镑来控制惊人增长的兔子数量。“我召唤来的精灵，现在却无法摆脱。”澳大利亚人控制兔子数量增长的呼声极高，但至今也没能找到有效良方。每一次的治理都会给其他相关方面造成负面影响。而如今，这条灰色的毯子仍在不断增长[②]。其中的教训值得我们吸取，小心类似这样的兔子！

1977年美国一家数码设备公司的创始人断言：“没有理由相信哪个傻帽儿会愿意在自己家里放一台电脑。”现在大家都知道，说这话的人才是真正的傻帽儿。而准确预见到电脑会进入千家万户的公司则因为抓住了商机而在创新中勃兴。

---

① ［美］詹姆斯·库泽斯、巴里·波斯纳著，方晓利、张新、王莉娟译：《领导者：信誉的获得与丧失》，中国经济出版社，2000年，第250—251页。

② ［美］约翰·奈斯比特著，魏平译：《定见》，中信出版社，2007年，第104—105页。

现在智能汽车正向我们驶来。Google 公司已经测试过一种自动驾驶系统，它被安装在普通的丰田 Prius 上，使用摄像头探测周围的环境，在大街小巷的各种路况中都能自如行走，最高可以达到 120 公里的时速。装上该系统的智能车会识别交通信号，智能跟踪、判断行车道上的其他车辆与想要穿越马路的行人，并能以每秒 20 次的频率预测这些物体的位置变化。假如旁边的车道上有辆车开得不好，智能车甚至知道如何躲避它。媒体报道说，跟人类司机相比，智能车能注意到更多的路况信息，能对紧急情况做出更快捷的反应，能对付更复杂的路线。它从不惊慌，从不愤怒。它甚至从不眨眼！当然，它更不会开小差。据新华社报道，2016 年 9 月 14 日美国打车软件公司优步推出无人驾驶汽车载客服务，在美国东部匹兹堡市上路试运行，4 辆车型为福特 Fusion 的无人驾驶汽车亮相街头。[①] 智能汽车能在若干年后成为道路交通的重要组成部分吗？它有哪些潜在的弊端？它会给我们的工作、生活带来什么样的影响？应该如何及早应对？这恐怕是需要相关方关注与考虑的问题。

当然，预见并不容易。由于世间事有不确定性，有“黑天鹅”存在。有人甚至断言，“任何人都不擅长预测任何事”“人们常说智者能够预测未来，或许真正的智者是那些知道自己不能预测未来的人”[②]。但这不能成为人们完全放弃预见的理由。历史上毕竟也有过成功预见并取得良好效果的先例。《礼记 · 中庸》中“凡事豫则立，不豫则废”的说法尽管有绝对之嫌，但许多事业成则得益于预见、败则受损于盲目是可以肯定的。“当你能够用不同的思维看到前进道路上的陷阱和路障时，你的胜算会

---

① 《南国早报》2016 年 9 月 17 日。

② ［美］纳西姆 · 尼古拉斯 · 塔勒布著，万丹、刘宁译：《黑天鹅》，中信出版社，2011 年，第 213、165 页。

大大增加”，所以“你最好在陷入流沙之前，先看到它”。[①]领导者就好像等待巨浪的冲浪好手，“人不能控制海浪，但能随浪共舞。人不能控制事件或结构，但能做出预见，让事件和结构在一定程度上适应自身的目标”。[②]所以，不是要不要预见的问题，而是如何让预见更靠谱而非离谱的问题。

（二）深度：思维的聚焦点要深透

所谓聚焦点要深透，就是说要聚焦需要解决的矛盾和问题，精准发力，下深入透彻的思考功夫。

1. 深入内核，洞察本质

第一，吸取“专家”不得要领的教训。有一个笑话，说一位专家在发表演讲，告诉听众如何辨别真正的成功人士。他说成功人士有八大特征：一是不给别人发名片；二是自己不开车；三是衣服上没有Logo；四是住在小独院里；五是每天有时间午睡；六是经常在郊区户外活动；七是钱包里现金很少；八是可以生两个以上的孩子（当时国家尚未出台允许生二孩的政策）。听到这里，坐在下面的一位农民兄弟站起来大声地说：“这种人，在我们村里到处都是！”很明显，“专家”之所以闹笑话是由于他对成功人士特征的概括似是而非、不得要领，没有抓住内在本质。在实际工作当中，能不能真正具有洞察力，剥掉外层而寻求问题的本质，抓住本质来看问题、解决问题，效果大不一样。

第二，弄清“模特猫”捣蛋的究竟。洞察，就是能够清楚地、深入地看问题，准确把握事物。如果把矛盾、问题比喻为一座海上冰山，不仅要

---

① ［美］Lee G. Bolman、Terrence E. Deal著，刘怡译：《像伟大的领导者一样思考——重构的艺术》，人民邮电出版社，2016年，第155页。

② ［美］约瑟夫·奈著，李达飞译：《灵巧领导力》，中信出版社，2009年，第10页。

看到显露出来的小小一角，更要看到隐藏起来的大大一堆；不仅要看到水面上的八分之一，更要看到水面下的八分之七。

有一家公司专门设立摄影工作室拍摄宠物广告明星——猫，被认为是很有前途的。然而，这家公司遇到一个问题：实际所需要的拍摄时间经常比计划的长很多，导致广告作品交付延期。这势必引起客户不满，导致客户流失。所以，他们得及早解决此问题。经过一番讨论，他们认定问题的原因在于模特猫调皮捣蛋，不乖乖听话。怎么办？他们认为必须尽量让猫感到舒适、愉快，趁它们开心之时，给它们摆出合适的姿势拍照。怎样才能让模特猫舒适呢？他们采取了许多措施，比如，给猫们更多的爱抚和喜欢的食物，为摄像间空调设定适宜的温度，将摄像场所按照猫所喜欢的样子进行装扮，尽量避免拍摄期间出现噪声等。能想到的办法，他们都一一试过了。效果却不明显，仍有些猫一进入拍摄场所就上蹿下跳，狂躁不安。无奈之下，他们向深知猫们习性的生物学家咨询。生物学家告知猫捣乱只是表象，深层的原因只是它不喜欢前一只猫在拍摄间留下的气味而已。针对生物学家所说的原因，他们将一个工作室分为好几个拍摄区，以便有足够的时间来清除每只猫在拍摄区域留下的气味。问题最终得到了解决，而这正是得益于下了一番深入内里、洞察本质的功夫。

第三，不要轻易上平均值的当。深入内里、洞察本质还要求不被事物表面现象所迷惑，不被某些“平均值”所误导。平均值有其诡异之时，小心上它的当。以《黑天鹅》《反脆弱》等书而闻名于世的纳西姆·尼古拉斯·塔勒布教授告诫世人：“不要穿越一条平均 4 英尺深的河流。”[①] 那条河流平均只有 4 英尺（1.2192 米）深，千真万确，但有

① ［美］纳西姆·尼古拉斯·塔勒布著，万丹、刘宁译：《黑天鹅》，中信出版社，2011 年，第 164 页。

可能大部分河面只有几厘米或十几厘米深，其中心地带却深达 10 米、8 米，试图蹚过去的人可能有性命之忧。总是用平均值来看待问题是有害的，因为事物差异悬殊的不均衡分布的真相，有时会被平均值掩盖，造成人们的思想麻痹和对情势的误判。一些伟大因平均值而严重矮化，也有一些现象因平均而让人产生错觉和认识偏差。所以，要正确把握事物、解决问题，我们需要对平均值保持警惕，需要具体探究平均值背后的整体分布。

2. 深究关联，把握规律

一是在关联中创新发展。思维的深度不仅表现为对某事物有本质认识，还表现为对事物之间的关联与规律有清晰把握。“天才们的发现总是建立在常人都能发现的事物之上的，但是常人却无法看到它们之间的联系和规律。”[①] 有时候，创新就是对“点”的关联。“点”是已有的资源存量，以一种让人不以为意、熟视无睹的形式零零散散地存在着，而创新就是发现一条无形的“线”，将那些散乱的“点”连接起来，从而呈现出一种新的图像。领导新局面的开创，发展新步伐的跨越，往往得益于对事物关联性的敏锐洞察与牢固把握。在这方面，新加坡的发展给我们留下了重要经验。李光耀任总理时说过两句很有名的话：这世界上没有谁欠新加坡一碗饭吃；新加坡政府也不欠任何人一碗饭吃。在他看来，新加坡对外必须谋求自己在国际社会的立足之地，对内必须拒绝欧洲式“从摇篮到墓地”的高福利制度。国家和个人都要自力更生，自救自立。新加坡的自救自立策略就是注重关联，以世界的眼光来谋划发展，从本身仅有的一点区位优势出发，把本国的发展同亚洲及至整个世界的发展密切关联起来，在联结东西方的世界产业体系中准确定位自身的发展，巧用关联

① ［美］约翰·奈斯比特著，魏平译:《定见》，中信出版社，2007 年，第 47 页。

之道拓展财富，通过打造关联全球的人才高地，获取更强的关联竞争力，把新加坡从一个经济基础薄弱、资源极度匮乏的弹丸小国建成一个关联大国。重要的不是你拥有什么，而是你关联、连接什么，在当今时代尤其如此。

二是通过关联见微知著。我国最著名的“照片泄密案”也是“深究关联”的一个经典例子。20 世纪 70 年代，中国与国外的交往开始恢复正常。为了加快建设步伐，中国政府决定向国外就一些重大建设项目进行招标，其中包括大庆油田的石油设备。当时大庆油田的情况是保密的，西方国家甚至连油田的具体地点都不得而知。但是来自日本的投标很有针对性且成功中标。背后的原因居然是日本的情报专家通过 1964 年中国画报上刊登的“铁人”王进喜的照片，分析出大庆油田的诸多相关信息。照片中，王进喜头戴狗皮帽，身穿厚棉

图 4 “铁人”王进喜[①]

① 图片转自吴军著:《智能时代》，中信出版社，2016 年，第 20 页。

袄，顶着鹅毛大雪，手握钻机柄，双眼眺望远方。星星点点的高大井架在他身后散布着。在一般人看来，这张照片除了体现出中国石油工人的豪迈之气，似乎并无特别之处。可日本情报专家却据此解开了大庆油田的秘密：首先，他们根据照片上王进喜的衣着判断，只有在北纬 46 度至 48 北纬度的区域内，冬季才有可能穿这样的衣服，由此推断大庆油田应该是在齐齐哈尔与哈尔滨之间。其次，他们通过照片中王进喜所握手柄的姿势，推断出油井的直径。最后，他们从王进喜所在的钻井与背后油田间的距离和井架密度，推断出油田的大致储量和产量。以此为基础，再结合对其他通讯报道、图片资料的关联分析，日本人设计出了适合大庆油田需要的石油设备，并赢得了宝贵商机。他们推断中国将在近年有购买炼油设备的需求，而且所要的买的设备必须满足每日炼油一万千升的需要。中国当时的采油能力大大超过炼油能力，解决这一矛盾可供选择的方案是出口原油和进口炼油设备。当时日本资源贫乏，原油紧缺，而邻近的中国原油过剩；日本工业产品急需寻求销路，如能向中国出口炼油设备，当然再好不过。于是，日本很快派出两个经贸代表团到中国，一个是商谈购买中国原油，另一个是商谈向中国出口炼油设备。结果谈判一举成功，日本从中获得了可观的经济效益。

这个事例启示我们，数据之间隐藏着微妙的关联。深入研究和恰当利用这种关联性，不仅能够提炼出有价值的信息，还可能在开创新局面上有重要突破。

三是注重对规律的认识把握。明朝末期江苏北部蝗灾严重。曾任礼部右侍郎的科学家徐光启当时退隐在家。出于忧国忧民之心，徐光启下大力研究治蝗对策。他收集并研读了从春秋到明朝 2000 多年的蝗灾记录，发现了一些有规律性的现象：从时间上说，在 110 次蝗灾中，发生在农历四月、五月、六月、七月的分别有 19 次、26 次、31 次和 12 次，发生在其他月份的仅 9 次。他由此确定蝗灾大多数是发生在夏秋炎热时节，且以六月为最多；从地域来说，蝗灾多数发生在“幽涿以南，长淮以北，表兖以西，梁宋以东诸郡之地”（相当于今天的河北南部、山东西部、河南东部和安徽、江苏两省北部），仅元朝百余年间，史书上有记载的 400 多处受灾地区，95% 都在此范围之内，原因是这些地区湖泊、沼泽相对多。根据以上时间、地域、原因等因素的分析比对，徐光启提出了适宜的治蝗对策，为蝗灾的减缓贡献了自己的智慧。

其实，各方面问题的研究解决，各项工作局面的开拓都离不开对相关规律的认识和把握。“把材料搞全了、弄准了，把问题掰开了、揉碎了，把内在联系厘清了、摆正了，这样才可以得到反映事物本质的真知和理论，才可以发现事物运动的规律。”① 毛泽东同志非常强调对领导工作中客观规律的总结、阐述。“领导要能够适合客观发展的规律。如果领导得好一些，适合客观规律好一些，缺点错误就少一些，工作也就好一些。如果领导得差一些，适合客观规律差一些，工作也就差一些。”② 中华人民共和国成立以来我国各项事业的发展进步和挫折起伏都可以从正反两方面证明这一点。切实把握规律，才能立于不败之地！

3. 深透探寻，挖掘根源

真理诞生于若干个问号之后。多问几个“为什么”，进行深层探寻，有助于弄清问题的真正源头或症结所在。有一天，某汽车公司一台生产配件的机器突然停止运转了。有关负责人立即召集大家，通过一系列提问逐步指向问题根源：为什么机器不转了？因为保险丝断了；为什么保险丝会断？因为超负荷而电流太大；为什么它会超负荷？因为轴承不够润

---

① 李瑞环：《学哲学用哲学》，中国人民大学出版社，2005 年，第 124 页。

② 毛泽东在资本主义工商业社会主义改造问题座谈会上的讲话，1955 年 10 月 29 日。《毛泽东文集》第六卷，人民出版社，1999 年，第 500—501 页。

滑；为什么轴承不够润滑？因为油泵吸不上润滑油；为什么油泵吸不上油？因为抽油泵被严重磨损；为什么油泵被严重磨损？因为油泵未装过滤器而使铁屑混入。症结找准了，问题也就得到有效解决。在当今信息化时代，要更好地开展工作，实现社会治理创新，应当与时俱进地确立大数据思维，善于利用大数据进行追根溯源，从而解决各种难题。美国近年在解决毒品问题上的一些尝试为我们提供了有益借鉴。解决毒品问题的关键在于切断毒品来源。以往美国长期以切断来自南美洲的毒品供应为缉毒重点。这是有成效的，但仍无法杜绝毒品泛滥问题，因为提炼毒品所需要的一些植物，如大麻，种植起来相当容易，甚至可以在房屋里面种。在马里兰州巴尔的摩市东部，有些人把某些废弃的屋子四周的门窗钉死后，竟然在里面悄悄用 LED（发光二极管）灯种植大麻。由于周边社区治安状况不佳，外人很少到那边去，那里就成为大麻种植者的宁静乐园。在环境优美、生活水准较高的西雅图地区，不可能把门窗钉死后种植大麻，但大麻种植者也有自己的招数。他们花 50 万美元购买了一栋豪宅，四周是种满了观赏植物的花园，平时很少有人光顾。豪宅内部的四房两厅并不是用来让人居住，而是摆放了 658 株盆栽的大麻。房主每年卖大麻的收入，不仅足够缴付豪宅的分期付款和电费，还让他攒够了首付又另外买了一栋房子[①]。其他地方也有类似问题。洛杉矶警局接到居民报警，说社区内有民宅起火。警员和消防员赶到现场后，发现起火民宅内种植着 2489 株生长阶段各不相同的大麻，还有许多种植工具[②]。近年来，这类问题的发现已经不再依靠民宅起火这样的偶然事件，而是靠大数据分析。在多个地方，警察通过智能电表收集来的各家用电情况分析，成功地抓到了一些户内大麻种植者。因为，智能电表不但能够记录

---

① 吴军：《智能时代》，中信出版社，2016 年，第 146—147 页。

② http://blog.ifeng.com/article/31870201.html.

用电数量，还能记录用电模式。用于种植大麻的房屋的用电模式是不同于居家生活的。警察把这些房屋的异常用电模式和典型的居家用电模式进行对比，就能精准定位，锁定那些大麻种植者。[①] 同样地，税务局也可以利用大数据分析，比较容易且准确地圈定可能偷、漏税的企业和个人；商家也可以通过这样的方法准确了解顾客的需求，做更多的生意。

（三）跨度：思维的危险点要跨越

某些不良的思维方式会给领导创新活动造成严重妨碍，必须高度警惕，注意防范、跨越。

1. 跨越本位思维藩篱

本位思维的主要特征是以自我为中心，从各自的位置、角度去考虑和看待问题。它很容易造成一叶障目的危险后果，影响新局面的开创。20世纪40年代解放战争时期，原本实力悬殊的国共双方力量对比发生巨大转变，人民政权得到巩固，蒋家王朝迅速崩溃，在一定程度上与两党两军能否跨越本位思维藩篱有关。给我们留下了正反两方面的启示与教训。其实当时蒋介石的很多看法是有预见性的，但往往得不到有效贯彻落实。其中最典型的，一是在1948年初蒋介石就预感东北守不住，让卫立煌把东北60万精锐部队全部撤到关内。如果卫立煌这么做了，战争进程会有改变，至少解放战争的持续时间会延长。二是当卫立煌守不住的时候，蒋介石让傅作义放弃北平天津，把华北50多万精兵撤到长江以南。但傅作义也未答应。蒋介石这两大决策都未能实施，就是因为国民党派系林立，都有各自的利益考量和得失盘算，无法相互支持、形成合力，顾全大局：卫立煌担心以后蒋介石把丢失东北的责任推到自己头上，让自己当替罪羊；

① 吴军：《智能时代》，中信出版社，2016年，第149页。

傅作义则盘算自己本是华北人，华北是他的天下，撤到江南就失去了根基。他们从各自本位计较、推诿的结果是蒋介石的战略部署一次次落空。与此相反，中共各方面领导人往往能够跳出本位思维，不计个人得失、安危，通盘考虑全局。1947年夏刘邓大军千里跃进大别山就是一个典型例子。当时国民党军队对陕北、山东发起重点进攻。邓小平同志回忆说，“毛主席打了个极秘密的电报给刘邓，写的是陕北‘甚为困难’。当时我们二话没说，立即复电，半个月后行动，跃进到敌人后方去，直出大别山。实际上不到十天，就开始行动。那时搞无后方作战，困难是可想而知的啊”“整个解放战争最困难的是挑这个担子，是挑的重担啊”[①]。但是他说：一副担子，有重的一头，有轻的一头。我们在大别山背重些，其他部队和地区就能大量歼灭敌人和深入开展工作，这对全局极为有利。常言道“旁观者清，当局者迷”。有些当局者之所以会迷，恰恰就是因为“是非”“利害”蒙蔽了他们智慧的双眼。正如法国思想家帕斯卡所说的那样：我们自身的利益是一种奇妙的工具，足以使我们眼花缭乱。就是世界上最公正的人，也不可以担任他自己案件的审判官。[②]一个总以自我为中心的人，是周围人也是他自己的灾星。超脱出来，更能以科学、客观的态度看待和处理有关问题，更有利于成功地创新。

2. 跨越两极思维陷阱

非此即彼的两极式思维是人们经常容易落入的陷阱。两极化思维也叫作“全有或全无”思维，它只支持黑白两种状态，不允许阴影或者灰色地带的存在。以极端的眼光看待问题，不给中间地带留任何余地。一个人不是好人就是坏人，一种观点不是对的就是错的，一种路线不是左的就是右

① 邓小平：《对二野历史的回顾》，《邓小平文选》第三卷，人民出版社，1993年，第339—340页。

② ［法］帕斯卡著，何兆武译：《思想录》，商务印书馆，1985年，第45页。

的，一种政策不是“姓资”就是“姓社”，一种状态不是美妙的就是糟糕的，不是令人喜悦的就是无法忍受的。凡此种种，都是两极式思维的表现。总是以这样的方式去思考和处理问题，不可能得出正确的结论。要实现有效创新，必须摆脱这种思维陷阱。重温一下“土地爷的批示”也许可以对我们有所启发。传说土地爷掌管着当地的风雨雷电，所以每天都有一些对天气有特殊要求的人，跑到土地爷那里提出自己的要求。那一天，土地爷要外出一阵子，就让他儿子顶班接待来访者。他儿子顶班过程中来了 4 个人，提出了各自的要求：一位果园主希望当天不要刮风，尤其不要刮大风，免得把自己的果子刮掉下来；一位生意人要求当天必须刮风，并且要稍大些，因为他将逆水行舟，非常需要风能鼓帆，助他行船；一位农民要求当天一定要下雨，因为天旱已久，再不下雨，禾苗要干枯死了；一位出门办事的行人则要求当天千万不要下雨，因为下起雨来，弄得他一身泥一身水，实在不方便。土地爷的儿子面对这些人提出的不同要求，东想西想，不知道怎么办，因为他陷入了非此即彼的两极式思维当中：要么刮风下雨，要么不刮风下雨，但不管是否刮风，都不能全部满足 4 人的要求。他没办法处理，只好把他们的要求记下来，等土地爷回来。还好，土地爷很快回来了，拿起记录一看，想了一下，批了 4 句话：“刮风莫刮果树园，刮到河边好行船。白天天晴好走路，晚上下雨救农田。”4 个人的要求都得到了满足。他的高明之处正是在于超越了两极式思维。我们当然不可能有土地爷这种呼风唤雨的神通，但对两极式思维的超越是我们也可以学到的。有时候，我们面对一些问题束手无策，觉得“山重水复疑无路”，也许就是因为陷入了两极式思维陷阱当中。跨越出来，立马就能发现“柳暗花明又一村”。

3. 跨越定式思维屏障

通常人脑在筛选信息、分析问题时，总会自觉不自觉地沿着以往熟悉的方向与路径进行思考，而不去另辟蹊径。这种熟悉的方向、路径就是个人特有的思维定式。它具有很强大的惯性，一旦形成就难以改变。按定式思维行动并非一无是处——当你的手触碰到滚烫的火炉时，定式思维让你毫不犹豫地把手挪开，而不是让你紧紧捂着火炉。对于领导者来说，定式思维有利于驾轻就熟、得心应手地处理日常事务和一般性问题，却会阻碍新观念、新主意的构想，妨碍头脑对新知识的吸收，让人习惯于唱老调、走老路。

抗美援朝时期，我志愿军一支空军部队出征前举行誓师大会，朱德、刘亚楼等同志亲临大会。该部队一位领导讲话完毕，为鼓舞士气，特意站起来向台下官兵发问："大家有决心没有？"官兵们齐齐高声回应："有！"再问："有信心没有？"仍答："有！"三问："有孬种没有？"台下官兵还是齐声高喊："有！"刚喊出口，台上台下哄堂大笑。连朱德和刘亚楼也笑出了声。这就是惯性思维定式闹的笑话。思维定式的危害不仅仅在于闹点笑话。不能突破定式思维的制约，开拓创新可能会成为一句空话。在做事情时，那些让人感觉疑惑的地方恰恰是创造的源泉。创新都是从疑惑之处开始的。但遗憾的是，人们总是过早地否定了疑惑的价值，总是倾向于认为：这不可能，这不符合常识，按老方法做应该没有错。被这样的思维定式束缚，最终还是局限于常规的做事方式，创新灵感遭到扼杀。

新加坡旅游业的发展创新便是得益于对定式思维的突破。1972 年，新加坡旅游局给总理李光耀提交一份报告，说新加坡不像埃及有金字塔，不像中国有长城，不像日本有富士山，也不像夏威夷有十几米高的海浪。我们除了一年四季直射的阳光，什么名胜古迹都没有。要想发展旅游事业，实在是巧妇难为无米之炊。这份报告显然陷入了一种思维定式：要发展旅游业，就必须有名胜古迹。没有名胜古迹，就不可能发展旅游业。据说李光耀看过报告后，在上面批了这么一些文字："你还想让上帝给我们多少东西？上帝给了我们最好的阳光，只要有阳光就够了！"后来，正是利用一年四季直射的阳光，大量种植奇花异草、名贵树木，把新加坡建设成为世界上著名的花园国度、花园城市，它的旅游业收入曾经连续多年位列亚洲前三。新加坡旅游业的创新发展是值得我们回味的。

4. 跨越“专长沉迷”思维误区

这里所谓“专长沉迷”思维就是特别注重并沉迷于自己擅长领域的思维，它与人们的一种心理循环紧密相关。人们往往喜欢做那些自己所擅长的事，越是喜欢，就越有兴趣去做。做得越多，就越擅长。越擅长就更乐意做，加班加点也在所不惜，甚至乐此不倦。这种循环能让我们在这方面积累丰富的经验。它将我们深深吸引，让我们陶醉其间不能自拔，因为它成了我们的快乐与自信的源泉。但是它也可能让我们产生错觉：自己擅长的事就是最有价值也是最重要的事，因而值得我们花大量时间去做。正如一位非常坦诚的管理者所说的，要跳出这样一种循环相当困难。他说：“我得罪了很多人，因为我与他们常常就需要先处理什么事情的问题发生争执。而后来我渐渐明白了：你忙于做你喜欢的以及你认为重要的事，这就是问题所在。”① 当我们把时间、精力分配在那些自己擅长的领域时，就只能花更少的时间在其他事情上，但实际上，那些事可能也很重要，甚至更有价值，对于开创新局面可能更有意义，却因为我们的“专长沉迷”思维而被忽略掉了。

（四）密度：思维的辐射面要绵密

考虑问题不能仅仅局限于点，简单地就事论事，还得顾及相关的方方面面，所以就有一个辐射面的问题。辐射面要绵密（细致周密），主要包括以下要求。

---

① ［美］埃米尼亚·伊贝拉著，王臻译：《逆向管理》，北京联合出版公司，2016 年，第 39 页。

1. 紧密联系历史环境背景

善于把问题放到具体的环境背景中去考虑。脱离一定的环境背景去考虑问题，不可能得出正确结论。就好像评价我国 20 世纪 70 年代末改革开放初期的人和事，是以今天的眼光去看，还是把有关人和事置于当时环境背景中去看，结论大不一样：当事人的一些言行在今天看来平平常常，但在当时能够那么说、那么做，非常了不起。

2. 周密考虑现实相关因素

对好多问题，人们往往有自己的答案。但有些时候，问题的关键不在于你的答案是什么样的，而在于你在得出那个答案的时候，考虑到了哪些相关的因素。在此重温一个例子也许对我们有所启发。一位老师在课堂上向学生们提出一个问题："树上有 10 只鸟，开枪打死 1 只，请问还剩几只？" 一名学生在回答这个问题之前，反过来问了老师一大堆的问题："您用的是无声手枪吗？""不是。""枪声有多大？""80 ～ 100 分贝。""树上的鸟，有没有聋子？""没有，它们的听力都很正常。""有没有因为伤残或饥饿而飞不动的鸟？""没有。""有没有不怕死的笨鸟？""没有。""算不算怀在肚子里的小鸟？""不算，一般小鸟不是怀在肚子里的。"在跟老师进行多轮问答之后，他才给出了自己的答案："打死的鸟要是挂在树上没掉下来，那就剩一只；如果掉下来了，就一只不剩！" 这个例子相当耳熟，也许有些人在幼儿园就听老师讲过了，但在此重温一遍可能还是有益的：它能够提示我们在考虑某些问题时，要尽可能地考虑到应该考虑的相关因素，而不是轻易地给出答案。不能凭空想象应该怎么办，还得据实思考能够怎么办。有些领导工作中严重失误的铸成，恰恰就是遗漏了某些应该考虑的因素。

3. 严密防范未来可能后果

"如兴一利也，惟恐不利于民，惟恐利民不久，更惟恐利少而害多；

除一弊也，惟恐害之不去，惟恐此时无害而将来有害，更惟恐一害未去别害又生。彻始彻终有一番筹划，防微杜渐有一番布置。”① 陈宏谋这番话强调为官之人兴利除弊要统筹考虑，防患于未然，包含了某些与现代科学发展观相通的主张，对我们今天开展领导创新活动仍有警醒意义。

世界上许多海域由于过度捕捞，已经面临渔业资源枯竭的危险。各国政府最早采取的解决办法是设置休渔期，每年只允许在规定的期限内捕捞。这一办法在某些地区收效不明显。因为它促使一些人购买更先进的渔船和其他相关设备，在规定期限内大肆捕捞。美国阿拉斯加海域一度把准许捕捞的时间限定为每年仅 3 天，结果在这 3 天时间内，鱼就被捕捞殆尽，根本达不到休渔的目标。对于渔民来说，他们也有怨言，花钱买来的先进设备只能每年用 3 天，而且那 3 天即使天气恶劣也得冒险出海捕捞。后来有学者提出了捕鱼权配额的办法。按照这一办法，政府先通过海上监管、海港监管等统计、测算出每年可以允许捕捞的总量，然后把它配额分配给有关方面（具体包括企业配额、社区配额、个人配额、渔船配额等）。政府不管你何时捕捞，也不管你用什么船捕捞，只管你每年的捕捞量不能超过配额，严格实行产出控制。这样一来，渔民之间不必恶性竞争，鱼也得以休养生息。更好的是，捕捞配额可以转让。万一你的渔船不够先进，遇上天气差的日子不便出海，或者由于其他原因你不能亲自捕捞，你可以把捕捞配额卖给别人。这一办法在冰岛、加拿大、美国等国率先实施，效果不错。

也有一些反面的教训值得我们吸取。河内的法国殖民地政府曾经颁布过这样一条法令：人们交出一只死老鼠，政府就给他发钱。政府这样做的初衷是想控制鼠灾，该法令实施的结果却导致人们养殖老鼠。另外，针对有些家长在幼儿园放学时还不来接孩子的问题，两位经济学家提出了解决

① （清）陈宏谋：《申饬官箴檄》，见丁日昌辑：《牧令书辑要》卷一·治原。

方案——对迟到的家长进行罚款：每迟到10分钟交相当于3美元的罚款。他们以以色列海法市的10家幼儿园为样本进行实验。他们统计，罚款措施实施前4周内，每家幼儿园每周平均有8位家长迟到。罚款措施开始实施后，家长迟到的次数立马增加，很快，每周迟到的家长便增加到20人次，比原来翻了一倍还多。问题出在哪儿？一方面，3美元的罚款微不足道，让家长们觉得即使天天迟到，花费也不多；另一方面，这一举措用经济手段取代了道德手段，让家长们消除了迟到内疚感。没有罚款规定时，家长们认为迟到会给老师添麻烦，因而还是尽量争取不迟到。家长最担心的就是老师会不高兴，但是他们不知道老师能有多不高兴。现在迟到罚款的规定把迟到从人情账变成了购买服务，家长们知道了老师的不高兴就值3美元，他们就觉得不必为了3美元而匆匆赶路。而且，罚款额度太低，让他们觉得迟到也不是什么大不了的问题。后来，经济学家在调查的第七周取消了罚款，家长迟到得更加心安理得了，既不用交罚款，也不觉得愧疚。

（五）强度：思维的生命线要强韧

思维的重要价值在于独立思考。“有些人对任何事物都不加分析，完全以‘风’为准。今天刮北风，他是北风派，明天刮西风，他是西风派，后来又刮北风，他又是北风派。自己毫无主见，往往由一个极端走到另一个极端。”[①] 失去了独立性，思维也就失去了生命活力。“命悬一线”，创新思维的生命线就寄托在独立性上面。

1. 面对上级的意见不能一概盲目尊崇

强调这一点是因为，对上级意见一概盲目尊崇，势必失去强劲思想活

---

① 毛泽东：《论十大关系》，《毛泽东文集》第七卷，人民出版社，1999年，第41—42页。

力。我们这个国度是曾经有过盲目尊崇的不良传统的。明代思想家李贽[①]指出，我们曾经尊崇孔子，奉孔子为圣人，但有些人并不知道“孔子何自可尊”，就好像“矮子观场，随人说妍，和声而已”。他把五十岁以前尊孔的自己比喻为“一犬”，“因前犬吠形，亦随而吠之，若问以吠声之故，正好哑然自笑而已”。[②]

在当代历史上，我们也有过沉痛的教训。“文革”时期，林彪说过几句非常响亮的口号：“毛主席热爱我热爱，毛主席支持我支持，毛主席指示我照办，毛主席挥手我前进！”这肯定不是林彪的由衷之言，但的确反映了那个年代许多人的一种思想状态，那就是盲从。罗瑞卿大将也曾经说过这样一番话：“这也许是我们党内许多老同志的共同悲剧。只要毛泽东在思考，他们就习惯地关闭自己头脑中相应的那部分机器。”[③]这种悲剧再也不能重演了。这就要求各级干部要有思维的强度，对上级的意见不能一概盲目尊崇。毛泽东同志在《反对本本主义》中早就指出：“盲目地表面上完全无异议地执行上级的指示，这不是真正在执行上级的指示，这是反对上级指示或者对上级指示怠工的最妙方法。”《关于新形势下党内政治生活的若干准则》要求党员干部“在研究工作时充分发表意见”，理所当然包括发表与上级不同的意见。一般来说，上级领导能力强些，经验丰富些，领导水平自然高些，考虑问题也更全面、长远些。对于上级领导的工作指示、命令和决议，下级当然是要服从的。尤其是决策形成之后，个人不得违背集体决定自作主张、各行其是。但有的时候，某

---

① 李贽（1527—1602）福建泉州人。明代官员、思想家、文学家，中古自由学派鼻祖，泰州学派的一代宗师。嘉靖三十一年举人，不应会试。历共城教谕、国子监博士，万历中为姚安知府。旋弃官，寄寓黄安、湖北麻城芝佛院。晚年往来南北两京等地，被诬，下狱，自刎死。著有《焚书》《续焚书》《藏书》等。

② （明）李贽:《续焚书》卷二。

③ 王玉新:《领导越当越智慧》，中国时代经济出版社，2005年，第130页。

些上级领导由于高高在上，对实际情况的了解和把握可能会有偏差，所给出的意见、下达的指令可能会有脱离现实之处。作为下属，应该“忠告以尽其诚，善道以致其礼”——秉持对上级负责任的诚心提出忠告，不失礼节地好好劝说——只要彼此都有把工作做好的诚心，下级完全可以发挥协助、补缺的作用，没有必要在上级面前一味“萎靡不振，悦谀成风：上官曰是，彼亦曰是，上官曰非，彼亦曰非”，明明发现有问题也不做提示，等到后面出了严重问题，却把责任全部推到上级身上，“其居心之险，大非事上之敬”。[①] 有些人在这种情况下动不动就推说自己是“迫于上官不得不从”，真实的原因是“自己无真见而有私心也”。[②] 也就是说，有些人没有足够的水平去判断上级意见的对错，又过多地考虑自身的安危，生怕提出不同意见得罪上级于己不利，于是选择了盲目尊崇，放弃了独立思考。我们主张下级在面对上级的错误意见、指示时，一定要秉持公心，抒发真见，把自己真切了解到的实际情况反映给上级，把自己接地气的真知灼见提供给上级，避免因上级的偶尔失察而给工作带来损失。曾经担任四届美国总统顾问的本尼斯说：“对前总统罗纳德·里根来说，那些不愿意对他讲逆耳忠言的所谓的朋友，要远比他表面上的敌人给他造成的痛苦和损失更大。向当权者说出自己最真诚的忠告，这是优秀追随者的职责。”[③] 当然，向领导说真话、反映实情，就好像对心仪的人表白一样，需要很大的勇气，还可能遭到拒绝！这就要求反映不同意见要注意场合，讲究方式方法，以求得到好的结果。必须明白，作为下级，你将自己所了解的真实信息告诉上司，并发表有关看法是你的职责所在，

① （清）陈庆门:《仕学一贯录》，贺长龄:《皇朝经世文编》卷二十二。

② （清）觉罗·乌尔通阿:《居官日省录》卷六。

③ ［美］沃伦·本尼斯著，姜文波译:《领导的轨迹》，中国人民大学出版社，2008 年，第 224 页。

至于上司如何选择就不是你的职责了。与上司交流是一回事，强迫上司则是另一回事，“面对上司如同面对配偶，不惜一切代价坚持己见的结果是一样的，即使获胜，你仍是输家”——不注意方式方法，坚持己见就难以获得被上级接受的好结果。[①] 在某些问题上，你做到了据实禀告并抒发己见，“如果你最终没能说服上司的话，你还是应该严格遵守这些政策——就好像你百分之百赞同它们一样”。[②]

2. 面对下级的异议不要一味偏执己见

强调这一点的针对性在于，一味偏执己见极易扼杀下级创见。有些领导会觉得自己既然做了别人的上级，就一定有过人之处：能力比一般人强，经验比一般人丰富，考虑问题比一般人全面，甚至觉得“我走过的桥比你走过的路还要多”，容易忽略下级的不同意见，听不进不同意见，陷入故步自封的可怕地步！其实，如果领导者足够明智，他们一定会认真考虑下级的意见，吸收其合理成分。在这方面，解放战争时期的毛泽东同志给领导者树立了光辉典范。当有“战神”之称的粟裕将军在 1948 年上半年 4 次向中央军委提出决战淮海的主张后，毛泽东改变了自己的军事部署。

当时毛泽东已经设想了一个打破中原僵局的方案：中原三军继续分兵，抽出部分主力渡过长江向南开进，迫使国民党军队在中原的部分主力回援。毛泽东的意图是，既然蒋介石把主力放在中原，那我们就搞个大动作，派兵过江直捣他的浙江老巢，让他因后院起火而回防自保。中央军委支持了毛泽东的构想，命令粟裕渡江南下。粟裕经过深思熟虑，认为在无后方、无根据地支持的情况下，我军渡江作战无法获得预期战果，更适宜

---

① ［美］约翰·C. 麦克斯维尔著，施轶译：《中层领导力》，江苏凤凰文艺出版社，2015 年，第 133 页。

② ［美］迈克尔·阿伯拉肖夫著，刘祥亚译：《这是你的船》，机械工业出版社，2015 年，第 52 页。

的做法不是分兵克敌，而是集中兵力杀敌。遂于 1948 年 1 月 22 日给中央军委发电，表示希望不渡江，集中军力在中原歼敌。5 日后再发电陈述自己的主张。4 月 18 日，粟裕第三次电陈第一兵团暂时不过江，力争在中原黄淮一带打大规模歼灭战的主张。在 4 月底的中央书记处扩大会议上，粟裕详细汇报了自己的军事方案，认为如果从中原抽调 10 万主力部队南下会削弱突出力量，甚至可能导致夺取全国胜利的时间推迟。经会议讨论，中央采纳了粟裕的建议，这才有了后来著名的淮海大决战，中国革命的胜利因此而提前了大约 3 年。毛泽东说，粟裕在淮海战役中应该立第一功。

这段历史往事对于我们开创领导工作新局面仍有启发意义。一些身居高位的领导者尽管嘴上承认实事求是的批评是种美德，但是当这种批评来自下级的时候，他们往往怒火中烧。问题的严重性在于，当时的反应会为以后发生的事情定下调子、带来隐患。如果大发雷霆，有可能会是领导者听到的最后一个批评意见——当时提出批评意见的人和其他得知你这种不良反应的所有下级，再也不会自讨没趣地提出任何批评意见。所以，你对批评的反击可能会抚慰你受伤的心灵，但其代价可能是整个组织受到损毁，因为人们再也不敢或不愿意告诉你真相。当自己的思想受到攻击时，人们往往会跳起来维护它，这是出于一种本能。优秀的领导者会克制住这种本能冲动，甚至要求更多的攻击[①]。领导者应该允许下级对自己持有一种"健康的不敬"——允许下级为了事业的健康发展，不惜冒犯上级的尊严，向上级的错误发起攻击。明智的领导者不仅鼓励人们提出反对意见，并且对反对意见进行奖励。他们明白，不管时常听到逆耳之言会让他们感到多么不自在，但那也是值得的，因为"深思熟虑的顶嘴可以强化他们做出正

---

① ［美］沃伦・本尼斯・罗伯特・汤森著，方海萍等译:《重塑领导力》，中国人民大学出版社，2008 年，第 31 页。

确决策的能力”。[①] 所以，领导者应该拒绝的是沉默而不是反对意见。

三、领导者创新思维利剑的磨砺

领导者创新思维能力的提升，离不开以下“三能”：提取实践智能，吸收理论光能，激发创新潜能。

（一）提取实践智能

1. 实践活动蕴藏大量的创新智能

一位曾经在多个省份和农业部等部委工作过的领导同志说，前些年他在研究三农问题时发现，凡是得人心、见实效的农村政策，无一例外都是农民和基层成功实践的总结推广而来；凡是不得人心、劳民伤财的主意及要求，无一例外都是个别决策者头脑发热的产物[②]。这两个“凡是”或许不无绝对嫌疑，但大体反映了历史的真实，属于规律性认识。“很多事靠少数人坐在屋子里冥思苦想，往往一筹莫展；而迈开双腿到群众中去求教问计，就会豁然开朗。”[③] 成功的创新往往发端于基层的实践活动。基层实践活动当中蕴藏大量的创新智能。某个小区出于美观考虑，给住宅楼的外墙设计了一个铝合金的格扇，从一楼到高层都有。小区安防班长发现后向工程中心反映，认为这个设计存在安全隐患，不法分子有可能顺着格子隔扇爬上去作案。于是管理层开始讨论如何改造，想出来的办法都令人不敢恭维：在外面加铁丝网，但肯定影响美观；改成竖向设计，但成本又很高。后来组织基层员工讨论时，客服中心一位员工提议：那些隔扇板是用螺丝钉固定的，能不

---

① ［美］沃伦・本尼斯著，姜文波译：《领导的轨迹》，中国人民大学出版社，2008 年，第 225 页。

② 任仲然：《从政者真话实说》，中共中央党校出版社，2014 年，第 197 页。

③ 李瑞环：《学哲学用哲学》，中国人民大学出版社，2005 年，第 508 页。

能把螺丝钉拧得松一点？这样并不影响美观，但如果不法分子爬上去就会掉下来。按照这一办法，改造基本上没什么成本，问题却得到了解决。

2. 总结自身经验，不断提高实践起点

实践是能力提升的重要途径，这是众所周知的。问题在于，是不是实践越多，能力就越强？换言之，能力的提升是不是与实践的时间长短、次数多少完全成正比？不一定。与当事人是否注重并善于总结实践经验有很大关系。“经验不是发生在你身上的事情，而是你对发生在你身上的事情做了什么”——英国文学家阿尔多斯·赫胥黎提醒我们：经历不等同于经验。经验不是你经历了某些实践活动就自然而然会有的。经验是需要经历实践活动的人们有意识地去总结提炼才能得到的。注重并善于总结的人能够不断提高自己下次实践的起点，因为每次或每隔一段时间，他就有意识地抽出时间，让自己静下来回顾、总结，从而让自己在沉静中沉淀、成长。

3. 借鉴他人得失，探求实践智慧亮点

领导工作创新，往往是需要“领会上头的，摸清下头的，借鉴外头的，拿出自己的”。其中就涉及借鉴他人得失的问题。

一方面，借鉴别人之得，集众人之实践智能为领导创新之大能。“大智兴邦，不过集众思；大愚误国，不过好自用。”① 这从正反两方面强调了能否借鉴他人智慧的不同后果。明智的领导者不应该容忍周边都是只会说“是”的应声虫。他们需要的是愿意支持自己并且发出不同声音的人。“或许我们从来都没有想过，别人会看到我们看不到的地方——甚至会有超乎我们想象的好方案。”②

另一方面，借鉴别人之失，变别人的失败陷阱为自己成功的馅饼。也

① （清）石成金：《传家宝》。

② ［美］詹姆斯·库泽斯、巴里·波斯纳著，刘旭东、牟立新、王士会译：《留下你的印记：体现领导力的最高境界》，电子工业出版社，2011 年，第 56 页。

就是说要善于从别人的失败教训中汲取营养，帮助自己发展。让别人的失败陷阱成为自己的成功“馅饼”。

巴菲特的黄金搭档查理·芒格是个投资高手。在过去的45年里，他和巴菲特携手创造了有史以来最优秀的投资纪录——伯克希尔公司股票账面价值以年均20.3%的复合收益率创造投资神话，每股股票价格从19美元升至84487美元。有人问他：你怎么能够保证自己的选择往往都是对的呢？芒格回答说他有个错误清单，每次做决定之前都会认真看看。清单上罗列的全都是别人的错误！

为什么要特别关注别人的错误呢？原因有三个。一是成功的因素非常复杂，可能是此，也可能是彼，还可能是多个因素共同起作用。错误则不同，“一着不慎，满盘皆输”。只要你不重复别人的错误，就能避免重蹈覆辙。二是负面的东西更能让人印象深刻，人们从错误中吸取经验教训的可能性更大。三是记录的是别人而非自己的错。如果是自己的过错，你可能会找各种借口开脱，让自己相信这不算错误，只是运气不好或时机不对。对别人的错误，你就更能做到旁观者清，更客观地看出问题所在。

很多情况下，人们往往不能从别人的错误、失败中吸取教训，而要等到自己亲自痛过才深切悔悟。“通过一次事故、一场大病或一次崩溃而获得认识是最悲惨——恕我直言——最愚蠢的方式。”[①] 明智的人恰恰是能够感同身受地从别人的失败中吸取教训，而不必总要等到自己去亲历失败。

（二）吸收理论光能

1. 理论之光可为创新提供能量

许多杰出人物在思想理论和领导实践创新方面成就斐然。在他们众所

① ［德］罗尔夫·多贝里著，刘菲菲译：《明智行动的艺术》，中信出版社，2013年，第159页。

周知的声望背后，都有一个共同的身份：终身学习者。正是由于坚持不懈地学习，他们在人生的马拉松进程中，渐渐把怠于学习的人们远远抛开，让那些人望尘莫及。正如法国作家罗曼·罗兰所说："成年人慢慢被时代淘汰的最大原因，不是年龄的增长，而是学习热忱的减退。"渴求创新成就的领导者，应当首先成为理论光能的科学吸收者。包括对历史、文化等的学习。其中尤其重要的是对哲学——最根本的创新之学的学习吸收。因为哲学从本质上说，不是一种知识体系，而是批判性思维活动本身和关于批判性思维活动的学问。良好的哲学素养有助于我们因善于逻辑分析而言行有条理；因注重反思而思想深邃；因视野开阔而高瞻远瞩；因懂得辩证而头脑灵活。当科学理论观点吸收到一定程度，知识结构得到优化，领导理念得到更新，心胸眼界得到拓展，工作思路得到开阔，就很可能呈现这样一种效应：人家视而不见，你已经洞察底蕴；人家一叶障目，你能够见微知著；人家缩手缩脚，你在做有效探讨；人家一筹莫展，你早就收获丰满！金立群（现任亚洲基础设施投资银行行长）"文革"时期在乡下当知青学习英文的时候，他也许并不清楚这会有什么用处。但几十年后，当他在"亚投行"谈判中用莎士比亚的典故打动英国人，为谈判的突破拓展润滑通道的时候，学习的用处得到了认证。

2. 以适宜心态与方法吸收理论光能

首先，保持谦逊的学习心态，有助于点亮创新智慧之光。对于领导者来说，有时最智慧的东西不是高智商而是低姿态，如大海，低到极处，便是浩瀚、博大与力量。一个人身处某种高位的时候，能不能、愿不愿把自己的身段放低一些，这对于吸收理论光能非常重要。不仅对自己未知世界的思想认识，要保持谦逊的态度，即便是在自己擅长的领域，也要有自知之明：对于某些具体论题，我们的见识也可能是贫乏的。保持这种开放与谦逊的学习心态，有助于点亮创新智慧之光。创新能力强的人，从不故步自封、画地为牢，他们在观念的溪流中自由徜徉，在观念上每有所获，就把它置入思想的溪流中，与其他人交融、碰撞、验证，生发出新观念。

其次，选择适宜的学习方法，有助于增强创新实践之能。在第五章中，笔者将详细介绍淘金式学习方法，这也是有利于创新的学习方法。万维钢先生把类似的学习方法称为“强力阅读”，并且做了相当到位的阐述。他认为强力阅读的核心技术是读书笔记。一本好书应该被读两遍，而且只读两遍。最有效率的做法是读完一遍马上再读第二遍。在读第二遍之时写下读书笔记。读书笔记应有四方面的内容。

一是清晰地表现每一章的逻辑脉络。大多数人没能真正理解一本书，是由于看不清其逻辑脉络。要把书由厚读成薄，从具体的山川景色变成抽象的地图。只有当你跳出字里行间，以居高临下的姿态俯视全书，书的脉络才能看明白。看清脉络之后，用自己的语言把它表达出来。

二是带走书中所有的亮点。如果发现真正好的小故事，把它记下来；记下作者令人拍案叫绝或一语惊醒梦中人的话。

三是有大量自己的看法与心得。不要只是在看完的书上画重点线，要写下自己的批注，包括对事情的理解，对作者的质疑或肯定，自己阅读时产生的灵感等。

四是发现该书与以前读过的其他书或文章的联系。对此问题，别的书是怎么说的？有无更新的证据支持或反对此结论？要找到它们的异同点。一个真正善于主动读书的人对此应非常敏感。①

（三）激发创新潜能

一位心理学家曾经说过这样一番话：编撰 20 世纪历史的时候，可以

① 万维钢：《万万没想到》，电子工业出版社，2014 年，第 154—159 页。

这样写：我们最大的悲剧不是恐怖地震，不是连年战争，甚至不是原子弹投向日本广岛，而是：千千万万的人生活着然后死去，却从未意识到存在于他们身上的巨大潜力！现在我们可以肯定的是，这绝不仅仅是20世纪的历史悲剧，因为在进入21世纪以后，我们还能感觉得到，还是有许许多多的人生活着然后死去，却从未意识到存在于他们身上的巨大潜力！提高创新的重点之一就是要挖掘创新潜能。

1. 优化环境，强化创新能量

强调这一点的针对性在于有些地方的思维创新环境还不太好，聪明才智的表现、发挥受到制约。“独创性的思想一旦问世，它的典型的遭遇是：第一个人把它打翻在地，第二个人再踏上一只脚，第三个人向它吐上几口唾沫。如果它还不死心，拍拍灰，揩揩脸，摇摇晃晃地颤抖着、挣扎着站起来，就有好事者再度将它打翻。”[①] 说这番话的是一位美国科学家。但在我国，类似的问题也存在，也许更严重、更普遍。解决这方面的问题，既要改进思想教育，又要优化制度安排，通过双管齐下，做到以下几点。

第一，充分发扬民主，焕发生机活力。

一个班子或一个单位，真正有良好的民主风气的话，人们才会勇于乐于去思考、探索并表达出来，这个班子或单位才会有生机活力。否则很多问题人们不敢或不愿意去想，想到了也不敢或不愿意说出来。创新也会成为一句空话。最终受损的是整个组织乃至整个社会的创新活力。领导者必须认识到，本人即使再聪明，相对于自己所要解决的各方面复杂问题来说，个人智慧仍是短缺的，少不了外来智慧的支持。而领导者有无民主意识与民主作风，就成为能否赢得外来智慧的关键。我们目前的重要问题不在于民主程序与制度不够完备，而在于有些领导者不是发

---

① ［美］罗伯特·沃尔森著，宋士群、袁玉立编译：《异想天开——创造性思维的艺术》，中国城市经济出版社，1990年，第64页。

自内心地接受和执行民主制度。在内心深处喜欢专断、排斥民主，他们总有办法把相关制度与程序弄成摆设。所以，要通过加强和优化制度约束（如一把手末位表态制度等）、触及灵魂深处的思想教育，真正使领导者具有民主的心态而不仅仅是摆出民主的姿态，真正发扬民主，给予人们更多的表达机会，加大交流、沟通的力度，把广大干部、职工的思维财富充分挖掘出来，从而提高整个组织和领导者个人的领导能力与水平。中共十八届六中全会公报强调：坚持问政于民、问需于民、问计于民，绝不允许在群众面前自以为是，盛气凌人。党的领导机关和领导干部对各种不同意见都必须听取，领导干部特别是高级干部必须带头从谏如流、敢于直言。

在这方面要特别强调的是，领导者要注意鼓励人们提出不同意见，自由地表达自己的想法和感受。让人们的感受公开表达出来，其作用就好像疼痛对肌体一样。疼痛是对肌体的警示，表明肌体内部出了毛病。对领导者来说，组织成员的感受表达也是类似的警示信号，表明组织内部出了问题。让这种信号及早发出，对组织的发展创新是有益的。乐于接受反馈特别是消极的反馈，是领导者应该培养的习惯。牢骚和反对意见未必都对，但对牢骚和反对意见持包容态度一定是没错的。从来听不进反对意见，时间长了一定会走向成功创新的反面。

要有效鼓励组织成员表达自己的感受，领导者必须掌握积极倾听的技巧，避免在听别人说话时急于下结论、做判断。听别人说话时，大多数人习惯于进行那些不是转达赞同就是转达不赞同的交流。他们对别人表达感受的典型反应就是说一些话，评判别人所说是对还是错，好还是坏，是真还是假，是合乎逻辑还是不合乎逻辑。而积极倾听者只是向对方表达："我听到了你的感受"，这既不表示赞同也不表示不赞同，对感受的是非、对错不进行判断。倾听者关注的焦点是对方而不是自己，让对方知道你已经听到了对方所说的，你理解了他们的处境、立场和感受。这有助于他人更充分、更深入地表达感受。领导者有可能从这种充分、深入的表达中洞察事实真相，发现深层问题。这有赖于领导者具有乐于并善于倾听的耳朵而不是最大的嗓门！

第二，借助机制杠杆，激发良性竞争。

从制度、政策等方面，引导和激励大家在学习、思考、实践探索方面进行良性竞争，让那些勤于学习、勤于思考，勇于和善于探索的人得到激励，不愿学习、不愿动脑筋、不愿探索创新的人受到鞭策，在组织和社会上形成一种大家比谁学得精、想得深、探索得有效的良好风气，达到取长补短、增强创新能力的目的。

在这方面，我们曾经有过非常可取的制度安排。正如当代著名历史学家许倬云所指出的那样，在中国古代史上，我们有制度化的谏官，也就是朝廷的监察官，其职责就是告诉皇帝“你错了”，并且永远不会因此而受到惩罚。尽管在历史上真正忠诚的批评者很少，但这一制度背后的逻辑确实值得赞赏①。对于现代领导者来说，能够尽可能地恢复蕴含这种逻辑的制度并让其得到真正有效的实施当然再好不过。即使不能，借鉴美国克莱斯勒汽车公司总裁李·艾柯卡的一个著名的做法也是有益处的：他意识到了组织成员异口同声的隐患，因而明智地把反对意见纳入决策过程当中。在所有关键的会议中，都任命一个专唱反调的人（即“反方”）。不管组织要决定什么或反对什么，反方都要理直气壮地摆出不同的观点，以确保组织的思维不会被束缚在同一个方向上。对深思熟虑的反对意见持鼓励态度，最终有助于做出更适宜的决策。所以，“如果你领导着一支团队，请你指定某人唱反调。他将不是团队里最受欢迎的人，但也许是

① 刘澜：《领导力的第一本书　听大师讲领导力》，机械工业出版社，2016 年，第 251 页。

最重要的人。”[①]

2016年8月底召开的中央全面深化改革领导小组第二十七次会议出台了多个为创新破除阻碍体制机制束缚的改革措施，其中包括《关于实行以增加知识价值为导向分配政策的若干意见》，实行以增加知识价值为导向的分配政策，构建体现智力劳动价值的薪酬体系和收入增长机制。实行以增加知识价值为导向的分配政策，就是要针对科研人员岗位特点，统筹不同科学门类，统筹基础研究、技术开发、成果转化创新链条，加强系统设计、分类管理；构建体现智力劳动价值的薪酬体系和收入增长机制，就是要通过加大绩效工资分配激励力度、落实科研成果性收入等激励措施，完善分配机制，激发广大科研人员积极性、创造性，从而使得“创新”的牵引作用得到一个实质性的跃升。

第三，推动人人参与，让人免于恐惧。

优秀领导者的真正天才主要不是体现在个人成就上，而是体现在释放他人的才能上[②]。释放之要就在于通过分享权力及相关信息、技能、责任和奖励等，创造一个人人参与的环境，让大家在这种环境中积极主动地为组织做贡献，充分各展其才。一旦有了一个崇尚参与的氛围，员工们就会像主人翁一样一丝不苟、精打细算，提出有价值的创新建议。当人们在心理上缺乏主人翁意识时，他的工作结果如何似乎与他无关紧要：工作完成与否，产品质量优劣，生产成本高低……他们都不会放在心上。但是，一旦有了主人翁意识，他们的责任感就会大大增强，组织的一切都会引发他们的高度关切。

---

① ［德］罗尔夫·多贝里著，朱刘华译：《清醒思考的艺术》，中信出版社，2013年，第99页。

② ［美］沃伦·本尼斯著，姜文波译：《领导的轨迹》，中国人民大学出版社，2008年，第34页。

在这方面，领导者要注意避免一种误区：一味追求乖顺、善解人意。一位董事长感叹他曾流失了一位最佳总经理，说："他太好了，好到什么程度？我只需使一个眼神，他就能明白我的意图！可惜的是他走了，我再也找不到这么好用的人了！"叹惜中其实包含着一种误区：只要一个眼神就能明白董事长意图，并且照办无误的总经理，不像是总经理，更像一位乖巧的秘书。董事长在自鸣得意中做了冤大头，支付的是 CEO 的薪酬，得到的却是一个秘书。这样的人是不能指望在创新方面有较大作为的。如此"好用"的人往往是奴才而不是创新人才。总想在别人的脖子上系根绳子，那你就只能得到低眉顺眼的绵羊。领导者应当允许甚至鼓励自己同事和下属有创新想法，有个性棱角。不仅自己做创新者，"还要尽一切努力找出并任用组织中其他的创新者。他会营造一个良好的环境，在这个环境中，传统的智慧可以受到挑战，错误是受欢迎的而不是尽量避免的"。①"创新和改变意味着要不断试验和冒险，所以，你的主要贡献在于营造一种大胆尝试的氛围，识别好创意，支持那些创意，愿意挑战和改变现有的体制。"② 有了这样的环境，就有了肥沃的创新土壤。有了肥沃的土壤和种子，收获创新硕果是迟早的事。

2. 激活自我，摒弃思想惰性

汽车大王亨利·福特有一句名言："如果我当初是通过问别人想要什么才去发明什么，他们只会告诉你他们想要跑得更快的马。"一味迎合别人的人在创新上难有作为。真正的创新者不会总问别人想要什么，他们会在敏锐观察、深入思考的基础上告诉别人应该要什么。有的人遇到事情不

---

① ［美］沃伦·本尼斯著，姜文波译：《领导的轨迹》，中国人民大学出版社，2008 年，第 38 页。

② ［美］詹姆斯·库泽斯、巴里·波斯纳著，徐中等译：《领导力》，电子工业出版社，2013 年，第 14—15 页。

愿意动脑筋，想都懒得想，满足于从别人那里寻求现成答案，总是问别人“这件事情该怎么办”“这个问题怎么处理”，而很少说“让我想想该怎么办”，一贯做思想上的懒汉。这是有害的：所谓“脑子越用越好用，长久不用会生锈”讲的就是这个道理。

要激活自我，摒弃思想惰性，就要注意以下几点。

第一，经常训练，刻意创新。比如，脑海中始终保持“什么最重要”的本质认识，有意识地去尝试抓住事物的本质。如试着把一本有两三百页的书的精华内容抽取出来，浓缩到一张 A4 纸上。带着本质意识度过每一天，洞察需要面对的问题。长此以往，必然会大大提高发现事物本质的准确度。再如，美国学者约翰·奈斯比特说他有时会在卡片上写下独立的事件、现象、潮流和奇闻。然后洗牌，把它们打散，再洗牌，“每次我都会注意这些新的随意的排列是否给自己带来新的想法、新的规律。这些想法和规律是其他方法所没有发现的，它们为我提供一个新的方式来理解这些事实”。[①] 这应该也是一种创新思维训练方法。另外，通过谈话、讨论训练思维。留些时间进行谈话，在谈话中讨论一些问题，并且讨论不是停留在事物表层，而是进入探讨事物的深层逻辑，对于思维能力是很好的训练。经常进行这样的谈话，养成这样一种谈话、讨论的习惯，人们也许会发现，自己在不知不觉中获得提高：考虑问题的视角不再那么单一，而是有了多种视角、多元思维；看待事情不再停留在情绪化层面，而是深入内里深层；整个人也变得冷静、理性、深刻起来。最后，养成刻意创新的思维习惯。一个问题即使能够得到解决，也不要忘记再问一问自己：有没有其他更好的方法？有没有更新颖别致的解决办法？换了别人这个问题会怎样解决？

---

① ［美］约翰·奈斯比特著，魏平译：《定见》，中信出版社，2007 年，第 48 页。

第二，勇于质疑，克服从众心理。富有创新精神的重要特征是对事物质疑的态度，勇于提出疑问。在这方面，我们是需要大大增强的。有一个笑话，说是在一个国际夏令营里，教师们让来自世界各国的孩子讨论“世界粮食匮乏问题”。孩子们都听不懂，纷纷提出疑问。来自美国的孩子首先问：“什么是世界？”美国人牛气惯了，所以只知有美国而不知道有世界。来自非洲的孩子问“什么是粮食？”他时常挨饿，对粮食相当陌生。来自欧洲的孩子问“什么叫匮乏”？他一贯富足，不知何为匮乏。最后轮到中国孩子，他问的是“什么是问题”？中国好些孩子只知道接受现成答案，既不善于提出问题，更不善于思考和解决问题，所以不知道什么是问题。

笑话有明显夸张的可笑之处，但其中也包含某些现实的成分，值得我们引以为签。敢于和善于提问，发明、创新才有更大的可能。用著名教育家陶行知先生的话说就是“发明千千万，起点是一问。禽兽不如人，过在不会问。智者问得巧，愚者问得笨。人力胜天工，只在每事问”。

要破除“提问就是无知”的观念障碍，不要把提问等同于无知而羞于提问。通常有人认为，提一个问题就等于公开承认自己对某件事无知或不理解，这会招致人们对自己的知识渊博程度的怀疑。其实，没有人能够全知全能，连着问几个“为什么”，很有学问的人也可能无言以对。事实上，讨论会上最受仰慕的人，往往善于提出发人深省的问题。爱因斯坦有一句被人反复引用的名言：“我并没有什么特殊的才能，我只不过是喜欢寻根问底地追究问题罢了。”人们时常把这理解为科学家的谦逊、低调，其实是一语道破了发现和创新的“天机”：好奇心、问题意识以及锲而不舍的探求是创新成功的前提。美国学者博恩·崔西说：“培养创造性思维的最好的方法是问问题。一个好的问题总是能够直击问题的核心，并且能够激发新的想法和见解。”著名领导力大师约翰·麦克斯韦尔说他自己早年做领导者的时候，是一个回答问题的机器。“不管人们问什么，我都会充满自信地给他们指引方向，清晰地回答他们的问题——不管我是否真正知道我在做什么！”但是，当他逐渐成熟以后，发现成熟的领导者会不断地问问题，而不是回答问题。“我问的问题越多，我所领导的团队的进步就越大。我的团队的进步越大，我问问题的动力就越大。”① 英国人鲁迪亚·吉卜林因其创造力而闻名于世。当被问及为何能够奉献那么多优秀的思想时，他回答说：我有 6 个忠实的仆人，是他们教会我一切，他们的名字就是：“何事”“何地”“何时”“如何”“为何”“何人”。他的意思是通过提出 6 个简单的问题——“何人”“何事”“为何”“何时”“何地”“如何”——并且建设性地回答这些问题，你通常都能发现新的适用的解决办法。②

从众心理往往会导致“团队迷思”。在某次会议上，你克制自己，没有说出自己的不同意见，而是点头同意各种动议。一方面，你不想成为别人心目中的“异己分子”；另一方面，你对自己的不同意见也并无把握，你觉得其他人又不是傻子，既然他们都同意，你何必标新立异，让大家扫兴？于是你选择了不吭声，甚至相信自己的意见是不对的。

在这方面，美国的“猪湾入侵”给后人留下了教训。1959 年 1 月卡斯特罗领导古巴人民推翻了美国长期扶植的巴蒂斯塔政府，建立了新的革命政权。卡斯特罗从此就成为美国的头号敌人。美国政府担心距离美国海岸仅 100 多公里的古巴会成为苏联威胁美国的滩头堡，一直想颠覆

① ［美］约翰·麦克斯韦尔著，刘志玮、吉菁译：《个人成长力 15 法则》，金城出版社，2013 年，第 175 页。

② ［美］乔治·曼宁等著，刘峰等译：《领导艺术》，中国财政经济出版社，2007 年，第 349—351 页。

古巴新政权。1961年4月17日，由一千余名古巴流亡分子组成的雇佣军，在美国战舰和飞机的掩护下，在古巴巴拉斯维利亚省基隆滩登陆（附近的海湾是“猪湾”）。古巴军民奋起抗击，经过72小时的激战，全部歼灭和俘获入侵者。美国人入侵古巴的计划被粉碎。对美国来说，这次不成功的行动不但是一次军事上的失败，也是一次政治上的失误，被认为是美国外交政策的最大败笔之一。肯尼迪和他的顾问们都是美国政府中非常有智慧的人，怎么会出现这样的错误呢？原因就在于从众心理作用下的“团队迷思”或“讨论会陷阱”。这种群体压力有可能导致人们做出一些自己本打算拒绝的、不符合道德准则的决定。有时候头脑风暴会比个人思考更加鲁莽。

所以，在团体讨论中经常注意问问自己：与大家不一致的意见中，有没有更好的解决办法？我是不是一定要同意大家的意见？我反对的理由是什么？说出自己的看法，哪怕它不是很中听。“你要仔细考虑没有讲出来的意见，必要时要甘冒被隔离在温暖团队之外的风险。”[①]克服从众心理，可以让我们从无知走向有知，从浅知走向深知，有效激活自己的思维潜能，把自己身上处于休眠状态的创造才干挖掘出来。客观世界是一架真正的“永动机”，总是不断地发展变化，不断地更新。因此，对于现实问题的思考也应该是没有止境的。领导者创新应该集梦想家思维、实干家思维和批评家思维于一体：新想法、新目标需要梦想家思维；设计行动，将想法转变为现实，需要实干家思维；防范和过滤风险、优化流程需要批评家思维。

第三，破除不必要的思想禁忌。著名科普作家吉米·哈利说过这样一段话：“这是一个禁忌相继崩溃的时代。没人拦着你，只有你自己拦着自己。你的禁忌越多，你的成就越少。人只应有一种禁忌——法律，除此之

① ［德］罗尔夫·多贝里著，朱刘华译：《清醒思考的艺术》，中信出版社，2013年，第99页。

外，越肆无忌惮越好。”[①] 从字面上看，这话讲得有点过头。在好些场合，即使根本不违法，也不能“越肆无忌惮越好”——某些民族风俗、文明礼仪还是应该讲究或有所顾忌。但如果我们不是专门去抠字眼的话，应该承认，他讲的不无道理，就是主张思想要解放，少受条条框框的束缚。社会进步源于思想的自由，能力的提高也从中受益匪浅。哥伦布磕破鸡蛋壳将鸡蛋竖立在桌上的故事给我们留下的启示是：有些思想上的绳索其实是有些人给自己套上去的。

3. 开放自我，克服思维劣习

思维劣习会制约创新空间。要摒弃那些妨碍自己能力提高的“思维劣习”：一是习惯于依赖上级，一等再等：任务来了要等精神，有了精神等政策，有了政策等部署，有了部署还要等经验。二是习惯于依赖本本或条条，从中寻找依据：本本上没有的，不敢尝试；本本上有的，确信无疑，被纳入别人的思维轨道，成为别人的思想俘虏；文件上没有规定的，不敢“造次”；文件上有规定的，照搬照转，成为“传真机”“复印机”，陷入本本主义、教条主义。三是习惯于依赖以往惯例和做法，从中寻找出路：遇到问题总是着眼于已知领域，绞尽脑汁地从过去的经历中找出一个解决类似问题的答案，排除甚至根本不去想其他方法。四是习惯于以“内向”的眼光与思路来观察、思考问题，一味局限于本单位本部门，看不见山外山、天外天，自我封闭，自以为是。人们往往还携带着各种个人包袱（包括经历、情感、价值观、文化习俗等）进行思考。上述惯性强烈的思维劣习，如同一座无形的牢笼，造成领导者思想上的封闭和行为上的墨守成规，大大制约其创新能力提升的空间。要提高自身能力，就必须努力摒弃这些思维劣习。

---

① 周立军：《非常语录——阅读摘记 2002》，西苑出版社，2003 年，第 157 页。

摒弃上述思维劣习，要求领导者对新事物持开放态度。“领导者一旦缺乏开放性将很难做到着眼未来，也不会有多少好奇心，且难以产生好想法并制订未来计划……缺乏开放性的领导者只会把时间花在那些熟悉的事物上，也就是自己已经经历过的事物上，因此他们最终必然会因为缺乏营养而枯萎。”[①] 哪里有开放的头脑，哪里就会有前沿领域和新的机会。“这个世界从来都是先知先觉的人领导后知后觉的人，再开发不知不觉的人。并不是每个人都能走到先知先觉的金字塔尖，但开放的态度能让人走得更向上一点。”[②] 这种开放的态度非常重要。

开放的态度首先要求领导者正视别人的新主张。“几乎所有的新点子刚提出来时，都显得有点愚蠢可笑。”轻率枪毙任何创意都有可能扼杀创新。“新的创意非常脆弱，一声嘲笑或一个哈欠就能将它否定；讽刺能把它刺死，关键人物的皱眉也会使它心惊胆战。”[③] 领导者对此要非常慎重。

开放的态度还要求领导者正视自己的主张。在一些问题上，我们的立场与观点并非论据确凿、无懈可击，它们也是别人传递过来的，长年累月，我们可能会对它们产生情感依恋，不愿割舍。当别人提出相反的观点时，我们可能把它当作对自己的人身攻击，不能冷静地接受。对某种观点进行情感投入的危险在于，你可能会忽略相反观点潜在的正当理由，那些理由其实足够充分，只要你愿意静心倾听，足以改变你对那种观点的立场。所以，要有效进行创新思维，有时必须把经历、情感等个人包袱搁置在一边，以免错过有价值的新观点。

---

① ［美］大卫 · M. 特拉弗斯著，强薇译：《领导力的源泉》，机械工业出版社，2009 年，第 77 页。

② ［美］约翰 · 科特著，曾志生译：《新领导——迅速提高领导力的方法》，现代出版社，2004 年，第 4 页。

③ ［美］约翰 · C. 麦克斯维尔著，施轶译：《中层领导力》，江苏凤凰文艺出版社，2015 年，第 188 页。

另外，多数人往往有这样的倾向：一旦有了自己的主张，就会对它产生专有欲、偏爱心，就有可能极力袒护它，使之免受他人攻击。说得难听点，这有点像狗对它啃着的骨头。只要有人靠近，它就叫个不停。并非那块骨头有多宝贵（可能已经啃了半天，已索然无味），仅仅因为那是属于它。不能客观正视自己主张的另一原因是你对它太熟悉了，深陷其中，难以超脱，也就无法意识到它的不足。

要做到正视自己的主张，第一，自我提醒：我知道自己对这一主张有情感偏爱，但它并不是完美无缺的，我有责任让它更趋完善。第二，自我设想：设想如果别人指出你主张中的严重缺陷，你的感受会如何，并且将这种想象的情势具体化——想想你可能在别人无懈可击的批评中笨拙地辩解、愧疚得无地自容。这种自我设想能够刺激你对自己的主张不留情面地推敲、反省。这对于提升其科学性、可靠性自然是有好处的。

4. 执着探索，以善心抓良机

机遇就像是在暴风雪中没有关好的窗户一样，可能突然被吹开，又突然被关上。想要抓住它们，你必须要做好充分的准备。[①] 这种充分的准备当中包含关切社会、关爱生命的善良之心。

化学博士别涅迪克是法国某研究所的研究人员。有一次在实验室里，他准备将一种溶液倒入烧瓶，却不小心把烧瓶弄掉到了地上，“真糟糕！还得花时间来打扫玻璃碎片”，博士难免有些懊恼。让他感觉意外的是，掉下地的烧瓶却并没破碎。他弯腰捡起那烧瓶细细观察，发现它和其他烧瓶一样普通。以前也曾有烧瓶掉落地，无一例外地摔成了碎片，为何这只烧瓶仅有一些裂痕而不破碎开来呢？别涅迪克博士一时想不明白，把它贴上标签，注明问题，保存起来。

---

① ［美］约翰·奈斯比特著，魏平译：《定见》，中信出版社，2007 年，第 86—87 页。

过了一段时间，别涅迪克博士看到报刊上报道说道路上有两辆客车相撞，许多乘客被挡风玻璃碎片划伤，甚至有一块碎玻璃穿过司机面部插入口腔。博士立马想到了原先那只裂而不碎的烧瓶。他来到实验室拿起那只烧瓶细心观察，发现瓶壁有一层透明的薄膜。他小心翼翼地用刀片刮下一点进行化验，得知那烧瓶曾经盛过一种叫硝酸纤维素的化学溶液，透明薄膜就是硝酸纤维素蒸发后残留下来，遇空气后发生氧化反应而产生的物质，它牢牢粘贴在瓶壁上并对烧瓶起保护作用。它无色透明，所以丝毫不影响视觉。博士马上想到假如这种溶液用于汽车玻璃生产，以后再发生这样的交通事故，不是能够减少对乘客的生命伤害吗？别涅迪克博士后来就是因为这一发现而成为20世纪法国科学界突出贡献奖的获得者[①]。

别涅迪克传达给我们的启示是，每一种发明、创新（包括领导活动中的创新）都得益于一双善于发现的眼睛，更得益于一颗执着探求、造福社会的心灵。有时候，摆在我们面前的其实是激动人心的机会，但它们却伪装成棘手难缠的问题。我们常常感慨没有机遇，机遇到来时往往不是热热闹闹地敲着锣、打着鼓，而是从你身边悄无声息地掠过的，以致在好运降临时并没有意识到它的降临。擦亮眼睛，持续用心，才能适时抓住创新的机缘。

【本章延伸阅读】

杯子的8种卖法

第一种卖法——卖产品本身的使用价值，只能卖3元一只。如果你只

① 谢明:《管理智慧》，中国人民大学出版社，2012年，第22页。

是把它当一只普通的杯子，放在普通的商店，用普通的销售方法，也许它最多就只能卖3元，还可能遭遇隔壁小店老板娘使用降价招客的暗招冲击，这就是没有价值创新的悲惨结局。

第二种卖法——卖产品的文化价值，可以卖5元一只。如果你把杯子设计成今年最流行的款式，可以卖5元。隔壁小店老板娘降价招客的招数估计也使不上了，因为你的杯子有文化，冲着这文化，消费者是愿意多掏2元的，这就是产品的文化价值创新。

第三种卖法：卖产品的品牌价值，就能卖7元一只。如果你将它贴上著名品牌的标签，它就能卖六七元。隔壁店3元一只的喊得再响也没用，因为你的杯子是有品牌的东西，几乎所有人都愿意为品牌付钱，这就是产品的品牌价值创新。

第四种卖法：卖产品的组合价值，卖15元一只，没问题。如果你将3个杯子全部做成卡通造型，组合成套装杯，用温馨、精美的家庭包装，起名叫“我爱我家”，第一只叫父爱杯，第二只叫母爱杯，第三只叫童心杯，卖50元一组没问题。隔壁店老板娘3元一只的杯子喊破嗓子也没法比，小孩子会拉着妈妈去买你的“我爱我家”全家福。这就是产品组合的价值创新。

第五种卖法：卖产品的延伸功能价值，卖80元一只没问题。假如你猛然发现这只杯子竟然是用磁性材料做成的，那挖掘出它的磁疗、保健功能，卖80元一只绝对可以。这个时候隔壁老板娘估计都不好意思喊3元一只了，因为谁也不信3元一只的杯子会有磁疗和保健功能，这就是产品的延伸价值创新。

第六种卖法：卖产品的细分市场价值，卖188元一对也不是不可以。如果你将那具有磁疗保健功能的杯子印上十二生肖，并且准备好时尚的情侣套装礼盒，取名“成双成对”或“天长地久”，针对过生日的情侣，卖

188 元一对，绝对会让那些为给对方买什么生日礼物的而伤透脑筋的小青年们付完钱后还不忘回头说声“谢谢”，这就是产品的细分市场价值创新。

第七种卖法：卖产品的包装价值，238 元一对的可能卖得更火。如果把具有保健功能的情侣生肖套装做成 3 种包装：第一种是实惠装，卖 188 元一对；第二种是精美装，卖 238 元一对；第三种是豪华装，卖 288 元一对。可以肯定的是，最后卖得最火的肯定不是 188 元一对的实惠装，而是 238 元一对精美装，这就是产品的包装价值创新。

第八种卖法：卖产品的纪念价值，可能卖 2000 元一只。如果这只杯子被某个著名政要喝过水，或者被宇航员杨利伟带到太空上用过。这样的杯子卖 2000 元一只，这就是产品的纪念价值创新。

CHAPTER 06

第六章

学以致用功
——以学习效力推动工作实际

学以致用是中华文化中的重要传统。要真正做到学以致用，以学习的效力推动工作实际，应该努力在学习上追求以下“四力”：具备强劲动力；发挥组织效力；彰显身教魅力；生成工作推力。

一、端正认识，积极对待，具备强劲动力

具备强劲学习动力的人，学习效力自然会比较好。强劲的学习动力从何而来？来自对学习的正确而积极的认识。

（一）视学习为超越患难所必需

人们都希望自己的各项工作、事业能够顺利有效地开展。逢年过节，大家也往往向亲朋好友致以美好祝愿，祝他们一切顺心如意。实际上，一切顺心如意只能是美好祝愿而已。每个人在工作、生活当中难免或迟或早、或多或少遇上困难、挫折、忧患。但是，同样会遇上患难，结果可能大不一样：“不学之人，遇患难如薪之火，久则烬矣。知学之人遇患难如金之炉，久则纯矣。”[①] 古人从不同角度把这道理讲得非常清楚：从反面来说，不学之人，往往缺乏相应的能力、水平去超越困难忧患，只会在患难中失去自我、毁灭自我，如同被投入火堆中的薪柴，以被烧成灰烬而告终；从正面

① （清）张鉴：《浅近录》卷六。

来说，知学之人有足够的能力、水平去应对困难、忧患，并且在患难中实现升华，就好像火炉中的真金一样，越炼就越纯正，品质越来越高，更加光彩夺目。没有人可以线性成长，我们只能在挫折中变壮变强。这离不开学习的有力支撑。“有了学问，好比站在山上，可以看到很远很多东西；没有学问，如在暗沟里走路，摸索不着，那会苦煞人”[①]——毛泽东的这番话也是从正反两面说明了学与不学对于工作水平、结果的重要影响。具备这样一种学习认识，学习的动力自然易于得到强化。

当前经济社会发展的新常态对领导工作提出了新要求（领导工作要有专业思维、专业素养、专业方法），对领导干部提出了新的要求（要努力提高专业化水平，努力成为经济社会管理的行家里手），因而也对领导干部的学习提出了新要求。正如习近平同志所指出的那样：把握新发展理念，不仅是政治性要求，而且是知识性、专业性要求，因为新发展理念包含大量充满时代气息的新知识、新经验、新信息、新要求。如果只是泛泛知道其中一些概念和要求，而不注重构建与之相适应的知识体系，知其然不知其所以然，讲话做事就会缺乏专业水准。在市场、产业、科学技术特别是互联网技术快速发展的形势下，领导干部必须有较高的经济专业水平。资本投入、安全生产、股市调控、互联网金融管控等都是高风险、高技能的，如果判断失误、选择不慎、管控不力，就会出现问题，严重的会影响社会稳定。一段时间以来，在安全生产、股票市场、互联网金融等方面连续发生的重大事件，一再给我们敲响了警钟。现在，经济社会管理难度很大，各种复杂因素很多，出现一些失误是难免的，但学费不能白付，要吃一堑长一智，举一反三，避免同一种失误一犯再犯。各级领导干部必须自觉加强学习，增强领导能力，提高管理

① 中共中央文献研究室编：《毛泽东年谱（1893—1949）》中卷，中央文献出版社，2002年，第107页。

水平，不断增强做决策、做工作、抓管控的原则性、系统性、预见性、创造性[①]。

（二）把学习当作自身生活乐趣

生活乐趣是人们甘之如饴的愉快追求。当一个人具有打球、游泳、弹琴、绘画等生活乐趣时，不必别人动员，更不需要谁强迫，会经常自觉自愿地投身其间，并愉快享受其中的欢乐。如果能够把学习变成一种生活乐趣的话，学习的积极性、主动性必然大大提高，学习效果也必然大大增强。

怎样才能实现这种升华，把学习变成人们的生活乐趣？从个人来说，主要是以积极的心态追求学习能够带来的各种福利。

明朝东林学派的代表人物高攀龙[②]曾经对于读书学习的福利有过比较全面的论述。古人何故最重读书？书是先人经验智慧、实践阅历的总结、提炼，对于后人有诸多功用："昧者以之明，疑者以之决，怯者以之勇，躁者以之和，残者以之宽，局者以之宏，竞者以之恬，贪者以之廉，慢者以之庄，忮者以之公，惰者以之励，正如跛者之杖，盲者之相，病者之药。"[③]

对于当今领导干部来说，高攀龙先生所说的明、决、勇、和、宽、宏、恬、廉、公、励诸方面的品质涵养，依然具有实际价值，为做好现代领导工作所必需。而这些品质涵养恰恰有赖于读书学习。总体来说，一个人身心的宁静，智能的长进，品格的纯净，都有赖于读书学习。

---

① 2016年1月18日习近平《在省部级主要领导干部学习贯彻党的十八届五中全会精神专题研讨班上的讲话》。

② 高攀龙（1562—1626），江苏无锡人。明朝政治家、思想家，东林党领袖。历行人司行人，广东揭阳典史，光禄寺丞，太常少卿、大理寺少卿、刑部右侍郎、都察院左都御史等职。

③ （明）高攀龙:《高子遗书》卷三・示学者。

很多人往往特别在乎自己的容颜、相貌。有意思的是，中国的古人明确提出过读书养颜、美容的观点。“貌相不论好丑，终日读书静坐，便有一种道气可亲，即一颦一笑，亦觉有致。若恣肆失学，行同市井，纵美如冠玉，但觉面目可憎耳。”[①] 这番话提示我们，人到了一定的年纪，相貌的儒雅、俊美是需要自己通过读书学习去下内修功夫的。读书并不能从根本上改变你的颜值，却能让你的脸庞因读书带来的心底沉稳、坚定自信而更加显得从容、优雅。有人说，相貌是一个人凝固下来的表情，表情则是他瞬间的相貌。好的相貌，就是由那些让人感觉亲切、友善、怡乐的表情凝固而来的。而那些让人觉得亲切、友善、怡乐的表情通常不是能够装出来的，而是需要通过读书学习才能自然流露出来。通常，书读得多，人就会和颜悦色得多，颜值也就随之提升。不要以为以往看过的书皆成过眼云烟、无影无踪，其实它们一直悄然存在、从未离去，它们融化到读者的气质、胸怀、谈吐中，体现在他们的工作、生活中。这是读书学习给人带来的重要福报。

能够真正认同学习上的各种福利，学习的乐趣、动力必然大增。

二、精心安排，打造品牌，发挥组织效力

对于领导干部来说，学习不仅是个人的事。在各地各单位，学习往往是一种组织行为、集体活动。这是一种蔚为壮观的中国特色，也是一种影响广泛的学习传统。对集体学习进行精心组织、科学安排，打造学习上的品牌，提高学习的效益，是领导干部的职责所在，需要郑重其事地对待。

---

① （清）申涵光:《荆园小语》。

（一）集体学习要注重发挥组织效力

一些地方开大会、听报告之时，听众纷纷低头玩手机，或东倒西歪，或昏昏欲睡，抑或呼呼大睡，这种景象在很大程度上反映出有关方面集体学习组织不力的问题，不能片面责怪台下的听众缺乏学习积极性。语言市场上主要是听者一方的市场。领导者讲话给人们听，要达到预想的结果，首先要让人们听得进去，以引人入胜、耐人寻味、发人深省，让人心悦诚服为理想境界，不能强迫别人去听。就好像在剧场、戏院里演出，如果观众大面积睡戏、逃戏，那首先是戏的问题、演员的问题，而不宜去追究观众的责任。“如果开会做报告，空洞无物，又臭又长，发生观众睡会、逃会现象，究竟是谁的责任？用纪律强迫别人去听，不听就严加处分，实在是不高明的行为。”[①]高明的做法只能是事先做足学习活动的组织准备工夫，如安排什么主题的学习活动，组织哪些相关人员参加（而不是为了撑场面、增声势，动不动把好多无关人员也召集去），请什么合适的人来讲，讲什么内容，采取什么方式方法，等等。只有充分注重发挥组织的效力，才能增强集体学习的吸引力和实效性。

（二）组织者要树立学习品牌理念

强调这一点的针对性在于，有没有学习品牌理念，对于学习活动有极大的影响。多年前，某县委书记邀请笔者去为该县“时代前沿知识讲座”做一场演讲。县委书记表示：我要下大功夫，请最好的老师来讲课，把我们县的“时代前沿知识讲座”打造成一个学习上的品牌，要让我们县里的干部一听说是参加这种讲座，就知道一定是有意义的、有收获的，非常愿

---

① 任彦申：《从政心得》，江苏人民出版社，2015 年，第 256 页。

意来参加听讲，根本不必你去强调纪律、考勤等。笔者以为，这位县委书记的话有可取之处，是可以对各地的集体学习活动有启发意义的。商品生产、销售有品牌效应，学习活动应该也有。组织者如果没有学习品牌理念，在学习上搞形式主义，应付了事，是不可能取得良好学习成效的，只会造成人力、财力和时间、精力的浪费。所以，兴师动众，务必慎重。

（三）集体学习应注意创新形式

强调这一点的针对性在于，有些地方、单位或部门，往往一开展集体学习就是开大会听大报告，读报念文件，传达政策规定，形式刻板，内容空洞，缺乏吸引力和实际效果。甚至有人嘲讽说，这种学习是“欺负我们”：“欺负我们不识字，欺负我家没电视。”要让集体学习真正有效，必须创新学习方式，要通过团队学习、全员学习等方式，进行思想交锋、相互启发，达到知识共享、同步提高的目的。

（四）增强互联网时代干部教育培训实效

谈论这一话题的逻辑起点是互联网时代的特征。从培训者的角度来说，互联网时代最突出的特征也许就是，信息来源渠道特别宽泛，信息传播速度特别快捷，信息复制分享特别便利。这给我们带来了不少好处，比如说收集资料、查找材料、搜寻线索非常方便，但也给我们带来了很严峻的挑战。作为领导干部，学员们本来就是见多识广之人，互联网更是给他们插上了知识信息的翅膀。你提供一个观点，也许学员早就知道了；你引用什么资料，学员马上在电脑、在手机上搜索其出处，看你是从哪里搬来的。在这种情况下，要追求干部教育培训的有效性，干部教育培训院校的教员该怎么办？笔者认为要努力做到以下“四个注重”。

1. 注重对理论经典的扎实把握，做经典的研读者

网络时代知识快餐无所不在。“我们面对信息的样子，形象地讲，就好像用嘴对着高压水龙头喝水的人”[①]。微博、微信以及各种搜索引擎上的信息，往往属于快餐性质。这些信息对教员来说方便快捷，对学员也是一样的。越容易得来的信息，其价值往往就越低廉。因为，所有上了网的东西都容易变成广为人知的东西。物以稀为贵。无人迹处有奇观。大家都看微博、微信，你看纸质图书，阅读经典著作，你看到的东西，就有可能是相对特别的、别人知之较少的。一条微信，可能许多人都看到过，而某本纸质书上的一段话，也许就没几个人读到过。所以，不能满足于便捷获取网络快餐，要注重对理论经典的深度研读。研读，就是要真正用心下一番理论联系实际的功夫，包括“向自家身心做功夫”，而不仅仅把人家写下来的文字用眼光扫描一遍而已。要通过研读，联系自身工作实际、思想实际去提出问题、分析问题，探讨问题解决之道；要通过研读，建构自己的知识体系，形成个性化的逻辑框架，掌握科学的理论武器，这是我们的看家本领，也是我们的底气和优势所在。

2. 注重对网络信息的刻意挖掘，做自觉的“网格员”

所谓“网格”，就是善于对网络信息下“格物致知”的功夫，对网络上真真假假的东西，能辨析清楚、看得深透。网络信息也并非完全不可取。用得恰当，也可以有良好的效果。关键是不能简单转述。中共广西区委党校（广西行政学院）针对学员所做的调研结论是：学员相当反感教员只是简单转述网络上的信息。所以，即使要用网络信息，也要注意探究大家看到的现象背后的根源、本质与规律，不能仅仅罗列现象而已。“在信息爆炸的互联网时代，从外表看不进，听不到的东西，才是本质、真相，才有

① ［美］大卫·M. 特拉弗斯著，强薇译：《领导力的源泉》，机械工业出版社，2009 年，引言第 7 页。

价值掩藏其中。因此，必须有意识地培养看看不见的地方、听听不到的声音这种能力。是否具备这种能力，在未来极为重要”①。

3. 注重对自身阅历的充分利用，做生活的有心人

自身阅历往往是鲜活而富有个性的，不会是大路货。个人经历当然有它的局限性，但是我们可以试着从中提炼出有普遍意义的、让人产生共鸣的东西。中共广西区委党校（广西行政学院）公共管理教研部建立经常性的“新悟汇”学习交流平台，就旨在促进大家注重对自身阅历的充分挖掘、利用，做生活的有心人。“新悟汇”中的“新”即新鲜、新颖的，“悟”即领悟、感悟，“汇”即汇合、汇集。“新悟汇”学习交流平台就是不定期地将大家工作、学习、生活（包括教学科研、实践调研、理论阅读、挂职锻炼、跟班学习等）的新鲜感悟汇集到一起，进行经常性的交流、分享，实现思维共振、智慧增值。自 2013 年上半年创立以来，“新悟汇”学习交流平台有力地促进了教师在工作、生活中做有心人，更加有意识地多观察、多思考、多提炼、多总结，促进教育培训整体水平的提高。

4. 注重对干部学员的深层触动，做实践的促进师

不能仅仅满足于给学员讲道理，要推动学员努力践行做人为官之正道。干部教育培训要起作用，关键不在于老师在课堂上给学员讲了多少以前他们不懂或没有听说过的道理。古往今来，做人做事当领导的道理，未必有多么纷繁复杂，更不会日新月异地快速变换，等着学员不断地去学懂弄通。其实，学员们活到一定的年纪、坐到一定的领导岗位上，很多道理都懂。但是仅仅懂是没什么用的。一些领导干部之所以出问题也并不是由于他们不懂道理。说起来他们这也懂、那也懂，无所不懂，他们甚至可以把很多道理讲得头头是道、精彩绝伦。所以，仅仅懂是没有用的，重要的是能不能按照有关

① ［韩］金正勋著，糜玲译：《不谄媚的人生》，中信出版社，2014 年，第 80 页。

道理的要求去做，以及能够做到什么程度。“知道”不等于“做到”。要推动学员“做到”，内化于心，外现于行。干部教育培训，一定要有“钩子”、有“思想闪电”，即能够深层触动学员心灵的东西。一旦被思想的闪电彻底击中，人与人之间便会显现出极大的不同。干部教育培训应当特别注重这方面的挖掘。在网络时代，课程中一切资料性、记忆性、常识性的内容，学员自己就能讲得很好，因此不再继续成为教学的主要内容。一门好的课程是生命与生命的碰撞，第一种碰撞发生在古人和今人之间，第二种碰撞发生在师生之间，第三种碰撞发生在学员之间。“这三个方位的碰撞构成了一种风生水起的文化现场，每个方位都因碰撞发生了改变。”[①] 当然，要通过教育培训改变人，推动学员实践为官做人之正道，首先自己要相信那些正道，并努力践行正道。培训课堂上的好多话，都不应当只是说给别人听的。自己不认同却专门说给别人听，别人往往也是听不进去的。发自内心，方可真正打动人心。言不由衷，势必以空对空、徒劳无功。

三、垂范于众，广泛带动，彰显身教魅力

简单地说，就是领导干部要在学习上带头，发挥示范带动作用，通过彰显身教魅力来强化整个组织的学习效力。

（一）领导干部极易成为关注焦点、模仿对象

领导干部因其身份、地位的特殊性，极易成为所在地方、单位干部群众关注的焦点，甚至成为大家模仿的对象。他们热衷于喝酒、打牌、搓麻将，当地就可能玩乐、赌博成风；他们喜欢读书学习探求新知，当地就可能求知求学蔚然成风。从这一意义上说，领导干部的学习力本身就是一种

① 余秋雨：《北大授课：中华文化四十七讲》，北京联合出版公司，2013 年，第 316 页。

示范性影响力，值得特别重视。

（二）领导干部要注重以学养“增值”于人

要真正发挥学习上的影响力，领导干部要切实做勤学好学之人，有深厚学养之人，并且能够时常以自身的学识修养给人们“增值”，不管是大会小会上的演讲、发言，还是饭后茶余的聊天、谈心，都能让人们获得启发，不断提高。“我曾定下一个目标，对于和我交往超过十分钟的每一个人，我都要给他们增值。”实现这种增值的方法多种多样的：比如，讲一段自己的亲身经历，让人们从中获得启发；分享一本书、一句鼓励的话语，等等。“我的目的就是要让他们的生命，因为与我的相遇而变得更好。这是我款待他人的方式。”[①] 提姆·爱摩给他人增值的目标及其款待他人的方式值得领导干部学习。我们真的应该在自身学习、沉淀到一定程度之后，要有能给他人正面影响的意识和水平：多从正面去引导，尽量不说消极、倒退的话语；即便否决他人的想法，也能给出替代方案；即使对别人进行批评，也能说明理由，给出改进意见。这既可促进自我成长，也能赢得周围人的信赖。这其实是领导者在学习问题上应承担的职责。不仅自己要学，还要将学习和掌握的东西传授给组织成员，从而促进整个组织绩效的提高。这需要以领导干部实实在在的学习、思考作为支撑。这也一定有助于所在地方、单位良好学习风气的形成和学习效力的增强。

（三）请把时间花在最有学习效用之处

每个人的时间都一样多。对时间的运用就像是下围棋：你走一手，对

---

① ［美］提姆·爱摩著，沈宇、赖伟雄译：《图说领导力》，江西人民出版社，2010 年，第 7—8 页。

方也走一手。对方获胜，并非由于他走得比你多，而是他每一手都能走在最有价值的地方。对于领导干部来说，把有限的时间花在什么方面，值得重视。也许有些人在看电视上花费了太多的时间。有人认为，在电视机面前花太多的时间，会使我们的大脑萎缩。甚至有人说电视“是家里敞开着的化粪池，或者是具有强大但细致影响的注射式毒品”[①]。这些说法也许有夸张的成分，但它们以一种让人印象深刻的方式提醒我们，应该反思在电视上的时间投入是不是划算。国家行政学院原副院长周文彰主张：在职的时候不要没完没了地追电视连续剧。当然，不是说不能看连续剧。笔者认为他针对的是我们有些人已经形成了一种不良习惯，下班一回到家就把电视打开，从晚饭开始就一直看电视，日复一日、年复一年地追着各种连续剧看，即使是胡编乱造的肥皂剧。似乎晚上的时间就应该这么度过的，从不觉得这有什么不妥，从没想到利用这日积月累的宝贵时间去进行更有价值的阅读。这种潜移默化的习惯其实非常可怕，甚至已经成为严重妨碍干部学习力、影响力提升的恶习。英国 18 世纪著名诗人亚历山大·蒲柏关于恶习的著名论述或许能够对人们有所警示：

> 恶习是一个有着如此可怕风度的恶魔，
> 以致让人们仇恨，而不让人们察觉；
> 如果我们看得多了，熟悉了他的脸，
> 我们首先会忍受，然后同情，最后就会拥抱他。[②]

---

① ［美］史蒂芬·柯维著，阮江平等译：《高效能人士的领导准则》，中国青年出版社，2012 年，第 150 页。

② ［美］史蒂芬·柯维著，阮江平等译：《高效能人士的领导准则》，中国青年出版社，2012 年，第 150 页。

歌德说："如果一个人一连几个月不读报纸，然后把它们一次读完，他就会发现他从来未曾发现过的事情：过去在这上面浪费了多少时间。"[①] 他这话对于今天的领导干部是不是还有所提醒呢？我们是不是在不知不觉中在某些习惯上浪费了太多时间呢？

（四）在学习上懈怠，可能把孩子带坏

发挥学习上的影响力的问题，也是一个与家风好坏关系紧密的问题。领导干部大多为人父母，也都希望自己的儿女"好好学习，天天向上"。儿女是否勤学上进，与父母长期潜移默化的影响大有关系。父母是孩子最早的、最重要的老师。孩子是一直看着父母的所作所为成长起来的。身为领导干部，如果很少在家读书学习、厚植学养，而是一有时间就召集一帮人来打牌、搓麻将，或者经常喝得东歪西倒、满嘴酒气地回家，当着孩子的面胡言乱语，或者经常沉溺于网络游戏、虚度时日，他们又怎么能够奢望自己的孩子从小勤奋努力、品学兼优，长大以后廉洁自律、德才兼备！所以，为人父母者，"不要担心不能把最好的东西给孩子，只给他们最好的你"，以自己勤学、好学的风范、优秀的品格为孩子树立榜样，让优良品行潜移默化地融入孩子的血脉，才是对孩子最深切的关爱。朋友发来的一段微信说得好：20 年后，你把现在的房子给孩子，孩子会说"太旧了"；20 年后，你把现在的车子给孩子，孩子会说"别逗了"；20 年后，你把现在的钱给孩子，孩子会说"不值钱了"。今天，你给孩子良好的家庭教育，20 年后，孩子会说："谢谢老爸老妈，你们太明智了。"沧海桑田，斗转星移，没有什么是亘古不变的。但是，人品的表率、知识的积累和教育的影响是可以代代传承、久久延续的。这是领导干部必须注重读书学习的又一重要缘由。孩

① 程代熙、张惠民译：《歌德的格言和感想集》，中国社会科学出版社，1982 年，第 86 页。

子成为什么样的人，关键不在于你怎么苦口婆心地教，而在于你自身如何实实在在地体现。今天率性而为放纵了自己，今后孩子就可能懒惰成性辱没家门。对于领导者或家长来说，你的每一句话语和每一个行动都是对下属或孩子的一次“培训”。你必须注意这种培训的效果是正面的还是负面的。做一件事不但要关心其当下的收益结果，更要担心它成为未来另一些事情的原因。尽量树立优秀的榜样——尽量在自己从事的事情上表现优秀。这样优秀就成了不言而喻的标准。[①] 好好投资自己，让自己变得更优秀吧！

四、讲究方法，增强效益，生成工作推力

学习效力的强化关键在于学习方法是否得当。学习方法恰当才能有力推动实际工作的开展。在学习方法上，领导干部应当注意以下几点。

（一）用淘金式学习取代海绵式学习

1. 海绵式学习对领导干部不太适宜

所谓海绵式学习，顾名思义就是像一块海绵遇上水一样，不管是茶水、墨水还是纯净水，遇上什么就吸收什么，直到饱和为止，完全没有选择、过滤。这种学习方式并非完全不可取，通过它来吸收外部世界的信息，可以为今后进一步展开复杂的思考打下基础。但一般来说，领导干部学习不宜采用这种方式：拿到什么书就看什么书，或者上网碰上什么内容就浏览什么内容，不知不觉当中，几个小时就过去了。这种学习方式无疑是低效的，对于学习时间特别宝贵的领导干部来说是不适宜的。因为，如果一个读者只是像海绵那样吸吮一切，那么，除了他读到的那

---

① ［美］史蒂芬 · 柯维著，阮江平、何金娥、吴月辉译：《高效能人士的领导准则》，中国青年出版社，2012 年，第 149 页。

些东西外，他还能相信什么呢？他怎么会有明显的收获呢？对于各种扑面而来、几乎将人淹没的信息如何进行取舍，海绵式学习无能为力，这是它致命的缺陷。

2. 在选择、过滤中进行淘金式学习

“这一口呼吸去，万古再无复返之理。呼吸暗积，不觉白头。”[①]这句话提示人们，时间是易逝且不可再生的宝贵资源，每个人都应该考虑如何有效地利用时间，以易耗的时间换取成长的空间。从这一角度来说，领导干部更应该采取的是淘金式的学习。淘金，意味着要积极主动地参与，进行选择、过滤。在这里，选择、过滤有两层含义：第一，要根据自己的岗位职责、知识结构、时间精力等情况做学习上的选择：哪些内容应该多学、细学、深学，哪些内容略有所知即可，哪些领域可以不必涉猎。第二，拿到一本书，属于自己应该细学、深学的，在阅读的过程当中，应当投入足够的心智资源，不断地与阅读材料进行互动，开动脑筋提出问题，分析、解答问题，依靠大脑思考而不是仅仅依靠电脑储存或抄录记载来学习，也不是漫不经心地用目光将作者留在书上的文字扫描过一遍而已。比如，对作者在书中提出的主张、论点，读者应当去分析、评判它们是不是符合实际，是不是有理有据，并在书页边写下批注，提醒自己留意作者在推理和论述中可能存在的问题。如果你觉得他讲得非常好，那么，你还应该考虑如何把他的观点用于实际工作，从而改进和提升自己的工作水平；如果你觉得他讲得不对，也应该去思考为什么不对，错在哪里，要怎么讲才对，等等，要经常与作者的观点进行互动。还要把作者的观点与自己的知识、经验和工作实际联系起来。总之，要想有明显长进，读书不能只求舒适，要努力超越已有经验，寻求拓展创新。也许有人会认为照这么做，好几个

① （明）吕坤：《呻吟语》卷二·问学，岳麓书社，1991 年，第 130 页。

月都不能把一本书读完，速度太慢了。但实际上，好书就该慢慢细读。把一本书快快读完，就如同把一首曲子匆匆弹完一样，那根本不是在练琴，而是为了完成练琴任务，无助于水平的提升。兴趣也因此难以维持，甚至产生疲惫感。读书的一个秘密恰恰是：读得慢，吸收知识与增长内力的效率才更高，既能增加内容的记忆强度，也能增加内容的应用提取度。真正这样去读书学习，收获才会丰厚、实在，才能真正学以致用。“蜜蜂到处掠取各种花朵，但后来酿成蜜糖，便完全是它们自己的了；已经不再是百里香或仙唇花了。”[①] 同样，读书学习也要下一番思索酿造功夫，以肯定性理解和否定性批判的双重方式，对各种知识、信息进行批判性梳理与选择。尤其在当今信息时代，领导者不能再垄断信息，只能优化自己对信息的理解；领导者不能再独占知识，只能深化自己对知识的思考，在消化、吸收和判别中建构自己的学识体系，明确自己的工作思路。

英国著名作家约翰·罗斯金把这种学习方法比喻为“采金”。他说，获得知识就如同获得金子这种珍贵的物质一样，也是需要努力与才智的。当你捧着一本好书的时候，你应扪心自问：“我该不该像澳大利亚矿工那样工作呢？我们锋利的工具都带好了吗？我们的准备工作都无懈可击吗……”所有想要丰厚收获的读书人都需要永远保持这种英勇无畏的“矿工精神”，尽管这意味着艰难困苦，但会获得相应的回报。你梦寐以求的黄金就是作者蕴藏于书中的深刻思想和渊博才学。他书中的词语就是含金的矿石，你只有将它们打碎并加以熔炼，才有可能化石为金。你的锋利的工具则代表着严谨、勤奋和钻研。而你的熔炉则是你那善于思索的大脑。如果以为没有这些工具和热情，就可以叩开出类拔萃的作者那扇智慧大门的话，那只是一种痴心妄想而已。只

① ［法］蒙田著，梁宗岱、黄建华译：《蒙田随笔》，湖南人民出版社，1987 年，第 213 页。

有坚持不懈地进行艰苦卓绝的开采和经久不息的冶炼，你才有可能获得光彩夺目的金珠。[①] 约翰·罗斯金在这里生动、形象地阐述的恰恰就是淘金式学习。

（二）理论联系实际，别人无法代替

理论联系实际是学习的重要原则。对于从事实际工作的领导干部来说，联系本地本单位具体实际，联系本职工作实际和个人思想实际进行学习尤其必不可少。只有联系实际来学，理论才不会是生吞活剥的，而是经过吸收消化，转化成领导工作养分，帮助自己增强活力，拓展思路。联系实际、学以致用，不是生搬硬套，也不是从书本上寻求现存答案，而是要以实际问题为导向，有选择有过滤，经过内化的功夫，拿出解决问题的思路与方法。这种功夫一定要学习者自己下，别人没法代劳。参加同样的培训，学习一样的课程，有些人觉得收获很大，对工作、生活有很大的启发、帮助，有些人则觉得没什么意思、没什么用处，关键就在于学习培训之际是否下了内化的功夫、下了多大的内化功夫。“读书不向自家身心做功夫，虽读尽天下书无益也。”[②] “心中醒，口中说，纸上作，不从身上习过，皆无用也。”[③] 在学习问题上，千万不要认为：这本书我看过了，就是学习过了；这堂课我听过了，就是学习过了；这段话我记下来了，就是学习过了。真正的学习必须切实下内化的功夫。何谓内化？就是要进行吸收、改造。“学习就是经历一种自身的转变。人不是去把学问当成财物堆积起来，而是要用知识让自己脱胎换骨。学习的目的不是去

---

① 武俊平主编：《思想者的思想》，经济日报出版社，2007年，第192页；［英］罗斯金：《论读书》。

② （清）魏裔介：《琼琚佩语·为学》。

③ （清）颜元：《存学编》卷一。

占有，而是让知识融入自身。”[①] 在学习问题上，千万要避免一种常见病：把读到的和认识了的东西变成我们的藏书和词汇的一部分，而没有把它们变成我们生活的一部分。学到的知识不能只是零碎散乱地存留在你的脑海中，而应该以一种个性化的体系结构生长在你的头脑中，并且用于你的工作、生活当中。

（三）吸收理论精髓，切实遵循正道

1978 年，75 位诺贝尔奖获得者在巴黎聚会。有人问其中一位：“你在哪所大学、哪所实验室里学到了你认为最重要的东西呢？”这位白发苍苍的学者回答说：“是在幼儿园。”那人又问：“在幼儿园里学到了什么呢？”学者答：“把自己的东西分一半给小伙伴们；不是自己的东西不要拿；东西要放整齐，饭前要洗手，午饭后要休息；做了错事要表示歉意；学习要多思考，要仔细观察大自然。从根本上说，我学到的全部东西就是这些。”重温这一往事，对于领导干部学习是有益的。

对于领导干部来说，进行有效的学习，关键不在于在课堂上听到、在书本上读到多少新鲜的道理。古往今来，做人、做事、做官的道理并没有多么纷繁复杂，也不会日新月异，不会每天、每月都有新鲜的做人、做事、做官的道理产出，等着领导干部去学。很多基本的道理，干部们其实早就知道了、懂得了。但是，仅仅知道、懂得是没有用的。仅仅懂得许多做人做事做官的道理是丝毫不值得自满的。关键是在懂得了以后，是否真正按照有关做人做事做官的正道去要求自己，踏踏实实地从“知道”向“做到”跨越。

---

① ［美］沃伦·本尼斯、罗伯特·汤森著，方海萍等译：《重塑领导力》，中国人民大学出版社，2008 年，第 33 页。

（四）恪守“五之”学训，求得学习佳绩

中国先人的“五之”（博学之，审问之，慎思之，明辨之，笃行之）之说，对于我们今天的有效学习还有强烈的指导意义。“五之”之说源自《礼记·中庸》十九章，是儒家关于学习态度和方法的最经典论断之一。它教诲我们，人之一生，不可局限一隅，狭隘单薄，而应博大会通，海纳百川，具备宽广开放的学习视野；不可妄逞臆断，刚愎自用，而应审慎探究，多方考问，具备深度质疑的问题意识；不可浅尝辄止，不求甚解，而应多闻阙疑，缜密思索，具备严谨独立的思维品格；不可轻信盲从，人云亦云，而应反复考察，多方辩证，具备求真求实的理性精神；不可止于讲章，得意忘形，而应事必躬亲，诚笃践行，具备学以致用的切实行动。

“五之”之说言简意赅地向后人昭示，强大有效的学习力由以下要素构成：宽广开放的学习视野，深度质疑的问题意识，严谨独立的思维品格，求真求是的理性精神，学以致用的切实行动。有了这些要素的有机组合和持续作用，学习之树才能真正枝繁叶茂、硕果累累：博学，才有基础的厚实；审问，才有根系的深扎；慎思，才有主干的挺拔；明辨，才有枝叶的勃发；笃行，才有花果的香甜。“五之”之说启迪我们：学习，在涉猎面上要相对宽泛，在关键点上要深究、精湛；学习，要独立思考，拒绝盲从，要洞察本质，探寻规律，并将规律性学习成果应用于社会实践，切实有效地推动时代车轮前进。内涵丰富的“五之”学训，高度概括了人类学习与实践的多方面和全过程，它应该永远铭刻在每一位领导干部的心中，体现在领导干部的学习实践当中。

【本章延伸阅读】

经典领导文献的认知与应用
——以毛泽东《关于领导方法的若干问题》为例

毛泽东说："笔杆子和枪杆子，干革命要靠这两杆子。""我要用文房四宝打败国民党的四大家族。"尽管毛泽东创造性地提出了枪杆子里面出政权的理论，但他打仗从来不仅仅靠枪杆子。而且，有意思的是，他那双手似乎天生不喜欢摸枪，却一辈子对笔杆子情有独钟，把笔杆子用得出神入化、淋漓尽致。他的笔杆子在推动中国革命与建设方面确实发挥了重要作用。

在这里，我们就以毛泽东《关于领导方法的若干问题》这篇文章为例，来领略毛泽东主席在笔杆子方面的风采和魅力，并通过这篇文章来探讨应该如何认知和应用经典领导文献。

一、了解经典领导文献的时势背景

"文章合为时而著。"（白居易语）毛泽东这篇文章的写作当然也有其时势背景。

（一）国际形势

当时比较重要的一件事情就是，1943 年 5 月，共产国际执委会主席团宣布共产国际（第三国际）解散。国民党方面立刻制造出谣言，说共产主义不适应于中国，中国共产党失掉靠山了，中国共产党内部要分裂了，等等。

（二）国内形势

日伪军方面：疯狂"扫荡"，实行"三光"政策，甚至制造"无人区"。

国民党方面：顽固派制造与八路军、新四军的摩擦，掀起第三次反共高潮，准备进攻陕甘宁边区。

（三）党内形势

干部队伍迅速扩大，很多干部的素质和革命斗争不相适应。当时正处于“整风运动”（1942 年 2 月—1945 年 4 月）中。

在这种形势下，中国共产党的确面临着较大的困难，面临一个如何更好地强壮自身，战胜敌人的问题。就是在这种情况下，毛泽东于 1943 年 6 月 1 日写下了“关于领导方法的若干问题”这篇文章，是为中共中央所写的决定，原标题为“中共中央关于领导方法的决定”，刊载于 1943 年 6 月 4 日的延安《解放日报》，现收录在《毛泽东选集》第三卷[①]。

二、把握经典领导文献的核心内涵

整篇文章的核心内涵就是“两个结合”。围绕“两个结合”，全文 9 个部分主要依次阐述了以下 4 个方面的内容（鉴于从未见有人做过这样的逻辑梳理，所以，这里对原文做了较多的征引，以便读者明晰）。

（一）“两个结合”是什么？

“两个结合”就是：一般和个别相结合；领导和群众相结合。文章一开头就指出：“我们共产党人无论进行何项工作，有两个方法是必须采用的，一是一般和个别相结合，二是领导和群众相结合。”（第一部分）国家行政学院刘峰教授说：综观毛泽东的领导生涯，体悟其领导艺术，不难发现其精华就体现在毛泽东 1943 年 6 月 1 日给中共中央所写的决定《关于领导方法的若干问题》中论述的“两个结合”[②]。

（二）为什么要实现“两个结合”？

1. 就两个结合本身来说

首先，为什么要实现“一般和个别相结合”？

---

① 《毛泽东选集》第三卷，人民出版社，1991 年，第 897—902 页。

② 刘峰：《新领导力》，国家行政学院出版社，2014 年，第 203 页。

一方面，“任何工作任务，如果没有一般的普遍的号召，就不能动员广大群众行动起来。但如果只限于一般号召，而领导人员没有具体地直接地从若干组织将所号召的工作深入实施，突破一点，取得经验，然后利用这种经验去指导其他单位，就无法考验自己提出的一般号召是否正确，也无法充实一般号召的内容，就有使一般号召归于落空的危险”（第二部分）。

另一方面，“任何领导人员，凡不从下级个别单位的个别人员、个别事件取得具体经验者，必不能向一切单位作普遍的指导”（第二部分）。

其次，为什么要实现“领导与群众相结合”？

一方面，“只有领导骨干的积极性，而无广大群众的积极性相结合，便将成为少数人的空忙。但如果只有广大群众的积极性，而无有力的领导骨干去恰当地组织群众的积极性，则群众积极性既不可能持久，也不可能走向正确的方向和提到高级的程度”（第三部分）。

另一方面，“任何有群众的地方，大致都有比较积极的、中间状态的和比较落后的三部分人。故领导者必须善于团结少数积极分子作为领导的骨干，并凭借这批骨干去提高中间分子，争取落后分子”（第三部分）。

2. 就认识与实践根源来说

首先，就认识根源来说。毛泽东指出：“在我党的一切实际工作中，凡属正确的领导，必须是从群众中来，到群众中去。也就是说，将群众的意见（分散的无系统的意见）集中起来（经过研究，化为集中的系统的意见），又到群众中去作宣传解释，化为群众的意见，使群众坚持下去，见之于行动，并在群众行动中考验这些意见是否正确。然后再从群众中集中起来，再到群众中坚持下去。如此无限循环，一次比一次地更正确、更生动、更丰富。这就是马克思主义的认识论。”（第四部分）他实际上就是强调，要搞好两个结合，都必须遵循“来去循环”这一马克思主义的认识路线。

其次，就实践根源来说。“许多同志，不注重和不善于团结积极分子组成领导核心，不注重和不善于使这种领导核心同广大群众密切地结合起来，因而使自己的领导变成脱离群众的官僚主义的领导。许多同志，不注重和不善于总结群众斗争的经验，而喜欢主观主义地自作聪明地发表许多意见，因而使自己的意见变成不切实际的空论。许多同志，满足于工作任务的一般号召，不注重和不善于在作了一般号召之后，紧紧地接着从事于个别的具体的指导，因而使自己的号召停止在嘴上、纸上或会议上，而变为官僚主义的领导。”（第五部分）毛泽东在这里强调的是两个结合的现实针对性：许多同志存在主观主义、官僚主义等问题。

（三）实现“两个结合”要注意什么？

1. 关于一般与个别相结合

主要是要注意“从许多个别指导中形成一般意见（一般号召），又拿这一般意见到许多个别单位中去考验（不但自己这样做，而且告诉别人也这样做），然后集中新的经验（总结经验），做成新的指示去普遍地指导群众”。他说“比较好的领导，就是从比较善于这样去做而得到的”（第六部分）。

2. 关于领导与群众相结合

主要是要注意实行分工而又统一的一元化的方法：“对于任何工作任务……的向下传达，上级领导机关及其个别部门都应当通过有关该项工作的下级机关的主要负责人，使他们负起责任来，达到分工而又统一的目的（一元化）。不应当只是由上级的个别部门去找下级的个别部门（例如，上级组织部只找下级的组织部，上级宣传部只找下级的宣传部，上级锄奸部只找下级的锄奸部），而使下级机关的总负责人（例如，书记、主席、主任、校长等）不知道或不负责。应当使总负责人和分负责人都知道，都负责。这样分工而又统一的一元化的方法，使一件工作经过总负责人推动很多干部、有时甚至是全体人员去做，可以克服各单个部门干部不足的缺点，而使许多人都变为积极参加该项工作的干部。这也是领导和群众相结合的一种形式。”（第七部分）

3. 与“两个结合”都有关的注意事项

主要是要注意统筹全局，正确地决定每一时期的工作重心和工作秩序：“任何一个地区内，不能同时有许多中心工作，在一定时间内只能有一个中心工作，辅以别的第二位、第三位的工作。因此，一个地区的总负责人，必须考虑到该处的斗争历史和斗争环境，将各项工作摆在适当的地位；而不是自己全无计划，只按上级指示来一件做一件，形成很多的‘中心工作’和凌乱无秩序的状态。上级机关也不要不分轻重缓急地没有中心地同时指定下级机关做很多项工作，以致引起下级在工作步骤上的凌乱，而得不到确定的结果。”毛泽东强调：“领导人员依照每一具体地区的历史条件和环境条件，统筹全局，正确地决定每一时期的工作重心和工作秩序，并把这种决定坚持地贯彻下去，务必得到一定的结果，这是一种领导艺术。这也是在运用领导和群众相结合、一般和个别相结合这些原则时，必须注意解决的领导方法问题。”（第八部分）

（四）相关的希望与要求

一是希望大家根据原则方针进行创造，改进领导方法。“领导方法问题上的各个细节问题，这里不一一说到，希望各地同志根据这里所说的原则方针自己去用心思索，发挥自己的创造力。斗争越是艰苦，就越是需要共产党人的领导和广大群众的要求密切地相结合，越是需要共产党人的一般号召和个别指导密切地相结合，而彻底粉碎主观主义的和官僚主义的领导方法。”（第九部分）

二是做到两个必须。“我党一切领导同志必须随时拿马克思主义的科学的领导方法去同主观主义的和官僚主义的领导方法相对立，而以前者去克服后者。主观主义者和官僚主义者不知道领导和群众相结合、一般和个别相结合的原则，极大地妨碍党的工作的发展。为了反对主观主义的和官僚主义的领导方法，必须广泛地深入地提倡马克思主义的科学的领导方法。”（第九部分）

三、领略经典领导文献的写作风范

（一）主题：旗帜鲜明，有破有立

以科学的领导方法去克服主观主义、官僚主义的领导方法。

（二）结构：开门见山，脉络清晰

明末清初文学家、戏剧家、美学家李渔在《闲情偶记·词曲部·结构第一》谈论文章结构时比喻：“基址初平，间架未立，先筹何处建厅、何处开户，栋需何木、梁用何材，必俟成局了然，始可挥斤运斧。倘造成一间，而后再筹一间，则便于前者不便于后者，势必改而就之，未成先毁。”笔者理解，毛泽东这篇文章在结构上突出了“开门见山、脉络清晰”这8个字。如前所述，它是围绕着“两个结合”进入层层分析、阐述：是什么、为什么，要注意什么，有什么希望与要求。把整篇文章9个部分全部串联起来。

（三）论证：联系实际，有理有据

毛泽东这篇文章是紧密联系当时的工作、斗争实际，进行有理有据的论述的：“例如一九四二年的各地整风，凡有成绩者，都是采用了一般号召和个别指导相结合的方法；凡无成绩者，都是没有采用此种方法”；“一九四二年的整风经验又证明：每一单位的整风，必须在整风过程中形成一个以该单位的首要负责人为核心的少数积极分子的领导骨干，并使这一领导骨干和参加学习的广大群众密切结合，才能使整风完成任务。”既不是空谈理论、观点，也不是凭空发出号召。

（四）思维：系统辩证，求是创造

毛泽东这篇文章显然贯穿了系统思维、辩证思维、求是思维和创造性思维。

（五）语言：平实质朴，深入浅出

全文具有明显的大众化风格，平易质朴，自然率真，通俗易懂、深入浅出。

四、珍惜经典领导文献的宝贵价值

（一）理论价值的认识与挖掘

1. 在领导科学方面

为后人区分两种根本对立的领导方法论提供了科学的依据，为建立科学的领导学奠定了理论基础。

2. 在哲学认知方面

科学地阐明了马克思主义的认识论和其他相关观点。

3. 在政治学说方面

奠定了我党群众路线的重要理论基础，标志着群众路线的成熟。1928年11月，李立三在同江浙地区负责人谈话时，第一次使用了“群众路线”的说法：“在总底争取群众路线之（下），需要尽最大的努力到下层群众中去。”1929年9月周恩来在主持起草的《中共中央给红四军前委的指示信》中，专节论述了红军与群众的关系，指出筹款工作要经过群众路线，没收地主豪绅财产要经过群众路线。至此，群众路线有了比较明确的含义，但还没有形成理论概括。1943年6月毛泽东此文标志着群众路线作为党的根本的工作路线，具备了成熟的理论形态。

4. 在历史研究方面

这篇文章本身就已经成为珍贵的历史文献，留下了一些党史、党建材料，对于后人了解当时的党内情况、存在问题具有参考价值。

（二）实践价值的回顾与前瞻

1. 对历史实践活动的积极影响

一是促进了全党在群众路线问题上的统一。为克服主观主义、官僚主义，使干部从经验型向科学型领导方式转化指明了方向。

二是教育和指引了大量的中国共产党人。1991 年王任重在纪念中共成立 70 周年时称这篇文章为马克思主义领导方法论的精髓，它教育着几代中国共产党人，是我们党成功地领导全国人民进行革命和建设的重要精神武器，是领导艺术的指南。

2. 对将来领导实践的启迪教诲

一是在开展工作的指导思想上。

首先，注重群众观念的牢固树立。从毛泽东的这篇文章中可以看出，他是把群众摆在非常高的位置上的。正如王任重同志所说："领导一个属于亿万人民的事业，任何最先进的技术手段所能起的作用，都不能代替千千万万群众投入的伟大威力。领导工作的着眼点始终要放在发动和组织群众上面。具体方法应该也可能有新的发展，但是，领导和群众相结合这个基本的内核，从群众中来到群众中去这条工作路线，是永远也不会过时的。"[①] 今天，我们依然要客观全面地看到：群众是"水"，水可载舟乘风破浪，亦可覆舟小河翻船；群众是"根"，巨树高耸入云，其根深扎沃土；群众是"师"，管用的智慧，总是来自群众实践。视群众为水而时刻敬畏，把群众当根而自觉回归，拜群众为师而真心尊重。[②]

其次，注重柔性影响力的深层触动。毛泽东整篇文章讲"两个结合"的领导方法，是非常强调通过柔性影响力来引导人、做好领导工作的。他本身也是主要通过柔性影响力来赢得追随者的。作家陈建功有一次去拜访老作家严文井。严老先生谈起自己年轻时在延安见到毛泽东的感受。在召开延安文艺座谈会之前，为了准备这次会议，毛泽东找了几个作家谈话，其中就有严文井。他们几人在毛泽东的窑洞里谈了大半天，天黑

① 王玉新：《给领导者的 100 个思路》，中国经济出版社，1994 年，第 30 页。

② 任仲然：《从政者真话实说》，中共中央党校出版社，2014 年，第 176 页。

了才回去。严文井说，从窑洞里出来往自己的住所走，心中充满了自豪和激动，我想，我刚刚见过的这一位，就是为他去死，立刻去死，我都毫不迟疑！他说："他是一个真正懂得马列主义的人，又是一个真正懂得中国老百姓的人。他对我们说过的那些，让人爱听得很，没有什么官话套话，都是老百姓的家长里短，可一细想，全是马列主义，你说他有多厉害！他的学问大，天文地理，古今中外，信手拈来，妙趣横生。听了他的话你会想，跟着这人去干，不会错的。拼上一条命，值得！"①毛泽东有这么大的柔性影响力，原因就是他心里既装着老百姓，又装着马列主义，而且实实在在地把这两者融合到了一起。当年的延安成为许多年轻人向往的革命圣地，与毛泽东、共产党的这种柔性影响力大有关系。在当今时代，随着社会的发展进步，随着人们受教育的程度越来越高，随着人们的民主、平等、法律意识越来越强，这一点尤其值得高度重视。"领导力所要求的被服从，并不仅仅是通过外在的压力、强力、威压或者胁迫实现的；它无法通过简单的命令来实现。它是一种似乎是从人的思想和内心自然生发出来的忠诚，并与其被领导者认可、尊重和赏识的感觉相呼应。"②领导的要义是改变人们的心态并激励他们行动起来，以促成该做的事情。要做到这一点，必须着力于思想和价值观的影响，而不是依靠胁迫或者权术。所以，能"柔导"的，尽量不强制。

最后，注重可传授观点的总结分享。领导目标的成功实现，有赖于下属人员的卓越表现。这就需要领导者注重提高干部群众的工作能力与水平，就需要领导者提供工作方法上的指导。毛泽东写这篇文章就是在总结、提炼自身领导阅历、经验的基础上，给予广大干部以方法上的指导，构筑

① 王玉新：《冷头脑》，东方出版社，2014年，第54页。

② ［西班牙］阿莱霍·何塞·G.西松著，于文轩、丁敏译：《领导者的道德资本》，中央编译出版社，2005年，第50页。

领导者的补给线。现代领导者也应该注重这一点，经常总结、反思自己在工作中的经验、教训，并且让下属分享，帮助他们少走弯路。正如美国著名学者诺埃尔·蒂奇等人所指出的那样："只拥有经历是不够的，领导者还必须能够从中吸取经验和教训，并能将这些只有自己明白的经验和教训，以清晰明确的方式传达给别人，这就要求他不仅要在自己的头脑中形成有价值的观点，还要能解释它、传授它。"① 这其实也有助于自己在沉静思索中沉淀、提高。

二是在具体工作的方法运用上。

首先，深入调研，把握实情。帮助别人实现目标——这便是领导的精髓与本质。这就要求领导者深入调研，把握实情，了解群众需要，并且努力帮助他们得到。正如广东某县委书记所说：我在机关二十多年，心里清楚得很，很多地方领导来了一个样，领导走了又是一个样；向上汇报工作什么都好，下去一看根本不是那么回事。我们在基层工作，眼里就不能只有这些"花架子"，要亲眼看、亲耳听最真实的情况，才能真正出台对老百姓负责的好政策。要在这方面求得更好的效果，应当让群众路线"既表现为理论，也表现为制度"。新加坡郑永年先生认为，中国的群众路线仍然停留在偶尔发生的（非制度化的）政治实践上。群众路线是否存在取决于领导人的个人偏好。而且，中国的群众路线是一条单行道，是官员走向社会，而群众很难走向官员。而新加坡在这方面有值得借鉴之处：群众路线在新加坡高度制度化，部长和议员每周定期要接见和解决选民面临的问题。新加坡执政党和群众的互动是每时每刻的②。

其次，紧抓重点，推动全局。毛泽东在《中国革命战争的战略问题》

---

① ［美］诺埃尔·蒂奇、艾利·柯恩著，周景刚译：《领导力引擎》，中国人民大学出版社，2010 年，第 72 页。

② ［新］郑永年：《未来三十年》，中信出版社，2016 年，第 142—144 页。

（1936 年 12 月）中强调：任何一级的首长，应当把自己注意的重心，放在那些对于他所指挥的全局说来最重要最有决定意义的问题或动作上，而不应放在其他的问题或动作上。[①] 他还曾经举黄河急流中有经验的船夫为例说：在河中，他们平时可以很放松，一当将到藏有暗礁险滩的地方，就全神贯注地用篙子撑船躲开，如果船夫时时处处都很紧张，弄得很疲劳，真遇到紧要的时候反而会使不上力了。[②]

毛泽东不仅是这么主张的，也是这么开展领导活动的。亲自采访过毛泽东的著名记者伊斯雷尔·爱泼斯坦[③]说："毛泽东在延安给我们留下的深刻印象是他的从容不迫和安然自得。他领导的中国共产党正面临十多个抗日根据地频繁的战事和多方面的大量行政组织工作。在和国民党多方面的关系中，他是主要决策人，他既要避开对手的攻击以避免发生内战，又要推动对手更有力地去打击日军……我们这些外国记者都来自重庆，我们不由得注意到毛和重庆的蒋介石在举止方面的强烈反差。蒋介石刻板，拘谨，神经质，语言单调，似乎经常处于紧张状态之中。蒋经常没有必要地过问过多的烦琐事务，事后批评他的指挥官做的大小每一件事……他要求他的军官都必须戴新洗烫过的雪白手套，甚至每次见他们时，白手套可能会吸引他的注意，也可能让他发火。""毛则相反，他极擅长于委任他人负责某件事，以便他有充分的时间去考虑、分析一个更大的远景；他也擅长于树立榜样，总结经验。由于交通的阻断和困难，内部通信联络不可能对很远的抗日根据地在军事和政治上给予具体的指示，这就要求每个人了解并遵循总体的方针路线，把一致性和主动性灵活地结合起来，由他们自己判断，

---

① 《毛泽东选集》（一卷本），人民出版社，1964 年，第 160 页。

② 金冲及：《毛泽东工作方法的几个特点》，《人民日报》2013 年 12 月 27 日。

③ 伊斯雷尔·爱泼斯坦，1915 年 4 月生于波兰华沙，1917 年随父母来到中国，1933 年开始为中国革命工作，1957 年加入中国籍，1964 年加入中国共产党，2005 年 5 月 26 日病逝于北京。杰出的国际主义战士，国际著名记者、作家。

决定自己的行动。”①

最后，多管齐下，强化动力。主要包括：真诚尊重，让人心随心动；区别情境，让人各得其所；挖掘意义，激发内在动力；建章立制，强化外在推力。关于制度问题，毛泽东在 1956 年 2 月 14 日听取国务院第三办公室汇报时的讲话中说：“光从思想上解决问题不行，还要研究解决制度问题。人是生活在制度之中，同样是那些人，实行这种制度，人们就不积极，实行另外一种制度，人们就积极起来了。”②

三是在自身素养的优化增强上。

首先，通过沉静写作来提高自己。邓小平强调“拿笔杆是实行领导的主要方法”，这是毛泽东主席教给我们的。领导同志一定要学会拿笔杆子。开会是一种必需的领导方法，但到会的人总是少数，即使做个大报告，也只有几百人听。个别谈话也是一种领导方法，但针对的只能是个别人。“实现领导最广泛的方法是用笔杆子。用笔写出来传播就广，而且经过写，思想就提炼了，比较周密。”③ 李瑞环同志也强调写作的重要性。他认为尤其是年轻干部必须养成自己动手写稿子的习惯，这是很锻炼人的，“能不能提高水平，能不能有个飞跃的进步，过好这一关非常重要。”④ 这应该也是他自己的切身体会。美国白宫健康政策顾问阿图·葛文德医生则告诫说：不要低估写作的力量。在日复一日的工作中，你可能会丧失更远大的目标，但写作能让你从琐事俗务中抽身出来，对心中的问题进行透彻思考。即使

---

① 伊斯雷尔·爱泼斯坦：《我访问延安 1944 年的通讯和家书》，新星出版社，2015 年，第 38—39 页。

② 中共中央文献研究室编：《毛泽东年谱》（一九四九——一九七六）第二卷，中央文献出版社 2013 年，第 529 页。

③《在西南区新闻会议上的报告》，《邓小平文选》第一卷，人民出版社，1989 年，第 145 页。

④ 李瑞环：《学哲学用哲学》，中国人民大学出版社，2005 年，第 119 页。

你写东西是为了发泄愤怒、激昂的情绪，也能获得一些感悟[①]。

其次，通过眼睛向下来汲取营养。“没有眼睛向下的兴趣和决心，是一辈子也不会真正懂得中国的事情的”[②]。眼睛向下，就必须破除“上智下愚”的偏见。一个领导者（在不依赖其团队成员才智的情况下）能够比整个团队做出的决议（包括领导者本人在内）更明智吗？如果我们把这一问题放到家庭环境中，“父亲知道得最多”这一被人广为接受的观念会遭到有头脑的青年人的挑战，他们可能反驳：“对呀，可是父亲能比父亲再加上孩子知道得更多吗？”[③]眼睛向下，还要跳出自高自大误区，不要错把平台当成自己的本事。

---

① ［美］阿图·葛文德著，李璐译：《医生的精进》，浙江人民出版社，2015 年，第 218 页。

② 《毛泽东选集》第三卷，人民出版社，1991 年，第 790 页。

③ ［美］托马斯·戈登著，叶定国等译：《顶好领导——群体管理和员工参与的领导艺术》，知识产权出版社，2002 年，第 43 页。

C H A P T E R 0 7

第七章

沟通合顺功
——以优质沟通促成合作顺丰

优秀的领导者应该有积极热情、为民造福的恒心，有洞察未来的眼睛，有倾听不同声音的耳朵，有表达组织意愿与价值追求的嘴巴，有触发并掌控变化的双手，还有充满全身的人格力量。所有这些都需要被人真切感知、真心接受才能产生协调、引领作用。这就有赖于优质的沟通。所以，通过优质的沟通赢得理解、支持，达成共识，寻求平衡，促成合作顺利、成果丰厚，也是领导者需要修炼的一种功夫。沟通是由内而外的，但沟通之功是内在的。由于本书前面的内容已经较详细地阐述了倾听，所以在此侧重"说"，并侧重用事例来"说"。

一、展现你的人性善美

"要想做到最好，你就要充分展示你的人性。这是你与他人建立真实纽带的唯一途径。"[①] 当领导者能让人们真切感知到你具有的人性善与美的时候，觉得你可亲近、可信赖的时候，人们才会愿意与你接近，愿意向你袒露真心、反映真情，彼此的沟通才可能获得好的效果。否则，人们只会敬而远之甚至畏而远之，沟通的成效也就可想而知。

---

① ［美］詹姆斯·库泽斯、巴里·波斯纳著，刘旭东、牟立新、王士会译：《留下你的印记：体现领导力的最高境界》，电子工业出版社，2011 年，第 44 页。

（一）表露你对人的真心关切

1966年3月邢台发生地震，周恩来亲临现场指挥抗震救灾，安抚、慰问受灾群众。有一天他要对重灾区的群众讲话，当天刮着猛烈的西北风，县委组织人手用沙篙、席片和木板搭建了一个坐北朝南的讲台。周总理发现群众面向西北而坐，问县委书记张玉美："风沙这样大，怎么让大家迎着风沙呢？""这样面对讲台。群众就这么坐的，这样您讲话也方便。"张玉美解释。"不行啊，同志。我在讲台上讲，避风、方便，可群众呢？让几千名群众迎着风！"周总理坚持改变现场布置，让群众背风而坐。临时改搭讲台来不及了，就把一辆刚刚卸下救灾物资的卡车开到南头，作为临时讲台。周总理登上卡车，迎着大风对着麦克风发口令，请几千名群众"起立！""就地向后转！""坐下！"，人们开始不知是怎么回事，当背着风沙坐下来，看到呼呼风沙扑打着总理的衣襟和面颊时，才陡然明白过来。会场上一阵沸腾。这是千万颗心的颤动①！显然，周总理对群众的关切、爱护之情不是表面装出来的，而是从内心自然流露出来的。很难想象，有如此情怀和人性美的领导者所说的话、所做的事不会获得民众的热烈响应与真心支持。

日本松下集团的创始人松下幸之助在洞察和把握人性、关怀员工方面也有突出表现。在他看来，企业是"人"的事业，无人则止，经营管理要以人性为出发点。领导者必须尊重人、关心人、信任人，努力满足人的需求，这样才能充分发挥人的主观能动性。他在跟客户谈生意时，时常会想到自己工厂里那些满身油污、满头大汗地拼命工作的员工，所以，他总想

① 刘长富：《做官与修德》，解放军出版社，2013年，第13—14页；人民网网站资料，http：//www.people.com.cn/GB/historic/0308/669.html。

尽可能地把产品卖个好价钱，以此保证员工的利益。有一次，他带着公司的产品去巡回销售，碰上一个特别能讨价还价的买家。松下幸之助想方设法与之周旋，也没能达到自己想要的价格。无可奈何之余，他打算同意按对方给的价格出手。好在按此价也并不亏本，只是会少赚一些。正当他准备答应的时候，脑海中又浮现出满身油污的员工形象，心想："也许就因为我这轻轻一点头，就要损失那么多员工的利益，我真是对不起他们啊！"于是，他又把这一想法和对方做了真诚的交流。这一想法大大出乎对方意料。那位买家目不转睛地盯着他，被他的真诚所打动，说："算啦，我算是服你了。不同意我所出价钱的理由也许有成千上万条，但你和别人不一样。你用了这个理由，我服了。好！就按你的价格买下来。"除了松下幸之助，也许没有哪个卖家会以"员工辛苦，要为他们多谋点利益"为理由来向买方抬高价格，但是松下幸之助却偏偏以这一理由要得了一个满意的价钱。并非这一理由特别过硬。恰恰相反，这恐怕是在商场上最难以成立的理由了。让松下幸之助成功的并非这一理由本身，而是他表露出的人性情怀。这一理由不是在他脑海里临时编造出来的，而是在他内心一以贯之的领导信条。因而当他如实坦陈自己的想法时，内容真实，态度诚恳，深深打动了买家，使他获得了原本不可能得到的结果。

人与人之间相处，有关切的真心一定要表达出来。下面这一例子所包含的教训值得记取。史蒂芬先生从事保险经纪工作相当成功。他也是一位善心人士。一个周末的夜晚，他和太太罗宾在一家餐厅共进晚餐时，因心脏病突然发作救治不及去世，享年仅 45 岁，真的是英年早逝。史蒂芬出殡时来宾有好几百人，都是他的朋友、同行和他所资助的教会的工作人员。其中很多人还亲自到他家表示悼念。与史蒂芬突然离世同样令人意外的，是他的太太在出殡的当天晚上说的一番话。她说："史蒂芬从来都不知道他有这么多朋友，有这么多人爱着他，真是好遗憾啊！"他会不知道吗？有这么多朋友，又做了这么多善事的史蒂芬居然会不知道吗？很显然，这些人当中没有几个真正透露过他们内心的关爱之情①。如此遗憾之事我们千万不要再重复了。假如你关心一个人——也许是你的配偶、朋友或你的同事——你一定得让对方知道。不要一直在情感方面做“深水型”的人！

在表达对人的关切方面要警惕“出访公主效应”。在国际交往中出访的公主表现出对人的关心，往往是礼节性的。即使你觉得她确实很关心你，也是形式上的。一旦她把注意力转移到下一个人，她会给他同样的关心，而完全忘记你这个人。她对你表示关心，只是一种访问程序而已②。现实生活中的领导者，在沟通交流之际表达出来的人性关怀不能是这样。无论你怎么装，人们最终也能辨出真假。领导力要以人为本。如果忽略了对人的真切关怀，那你的领导力会遭到损害，甚至面临消失殆尽的危险。“终有一天，你自以为在领导他人，但回头一看发现无人追随，只有你一个人在散步。”③

（二）遵循勒波夫法则

所谓勒波夫法则是美国管理学家勒波夫（Leboeuf, M.）在他的著作《神奇的管理：奖励——世界上最伟大的管理原则》中的几点主张。他说，当你想建立相互合作和信任时，记住以下几点：我们语言中最重要的 6 个词汇是：I admit I made a mistake（我承认我错了）；最重要的 5 个词汇是：You

---

① ［美］史都·利文、麦可·柯朗著，陈真译：《新世纪领导人》，中国友谊出版公司，1998 年，第 49 页。

② ［英］J. K. 斯马特著，王敏、武之歌译：《影响力真谛》，中信出版社，2004 年，第 77 页。

③ ［美］约翰·C. 麦克斯维尔著，施轶译：《中层领导力》，江苏凤凰文艺出版社，2015 年，第 199 页。

did a good job（你干得很棒）；最重要的 4 个词汇是：What is your opinion（你怎么看）；最重要的 3 个词汇是：Let's work together（让我们一起干）；最重要的两个词语是：Thank you（谢谢）；最重要的一个词汇是：We（我们）。[①]这几句话似乎很简单很平凡，既不新鲜也不深奥，但蕴含了真正的领导、沟通之道。因为它强调的其实是领导者在工作、生活中，在与人沟通、交流之际，要着重展现自己实事求是的、负责任的态度和宽广的胸怀、诚恳的品质，要注重对别人的认可、鼓励和尊重，要有民主风范、合作意识、感恩心态和团队精神。真正的领导之道并不是宏大的或者英雄式的，它蕴含于领导者在人性与常识的指引下迈出的每一小步中。当领导者在面对每一个人能够去思考如何对待是顺应人性的；面对每一件事情的时候，能够去考虑怎么处理是不违背常识的，那么，他的所作所为往往就能够符合领导的真谛。从这一意义上说，勒波夫法则是值得领导者遵循的。它是根植于人性沃土的。

（三）经常设身处地着想

设身处地为对方着想有助于沟通效果的增强。我们总讲为人民服务。但只是讲没有用，不能获得认同与拥戴。人民不是抽象的，是由具体的人组成的。要切实做好为人民服务的工作，就要设身处地研究具体人的具体问题。李瑞环指出，对想结婚而不能结婚的大男大女来说，他们的具体问题，可能就是要找一个理想的配偶。什么叫大问题，这个问题对他们来说就比较大。这似乎是“琐事”，但这是与大事紧密联系的“琐事”，是搞好大事的必要条件……“为一个同志解决了件切身大事，比给他上多少次空

---

① 贺强等编：《西方管理思想宝库》，中国广播电视出版社，1993 年，第 340 页。

洞的大课效果都好。”①

设身处地还意味着，许多对你来说不合理的事情，在别人看来却是恰当的选择。从自我尺度判定出的不合理，在他人标准之下却有必然性。因此，面对不合理的情况，在产生抵触情绪之前，先站到对方的角度去思考一下，为什么他会说如此不讲理的话，做出如此不合理的判断？想象一下对他来说，这是否也不合理呢？这样一来你会发现，对他来说那往往是理所应当的。意识到这一点，你看待世界的眼光就会发生变化。你不是我，我不是你，彼此看法不同不足为奇。遇到意见分歧时，相互换位思考，以对方的视角去看待问题，寻找双方的重合点，就能够增进互信，而不会各持己见。所以，沟通问题，与其说是理解力的问题，不如说是一个信任与接纳的问题：能否接纳他人，接纳他们的想法和感受，接纳他们是跟你不同的，接纳“从他们的角度来看他们可能是正确的”这一事实②。

（四）避免心不在焉的交流

要人到心到，不要表现得像在对其他想法入神，而要把你的全部注意力给对方。还要注意的是，你的身体语言（包括面部表情、目光移动等）也在参与交流，不要让它给人造成你心不在焉的印象。曾经担任美国海军舰长的迈克尔·阿伯拉肖夫反思道：我不止一次地问自己：“当一位下属走进办公室的时候，我是否真正地给予了对方应有的重视？”我只是等待着对方讲完，然后发布命令——事实上，可能我并没有真正地听到他到底在讲些什么③。现在有些人经常容易做出的习惯性动作是：别人在跟他交流，

① 李瑞环：《学哲学用哲学》，中国人民大学出版社，2005年，第211页。

② ［美］史蒂芬·柯维著，阮江平、何金娥、吴月辉译：《高效能人士的领导准则》，中国青年出版社，2012年，第116页。

③ ［美］迈克尔·阿伯拉肖夫著，刘祥亚译：《这是你的船》，机械工业出版社，2015年，第56页。

他却低着头盯着自己的手机，看微信朋友圈或者发手机短信，等等。这些举动会显得非常不尊重别人，当然也会严重影响交流效果。

二、善于进行引导激励

领导就是要率领、引导组织成员解决难题、达成共同目标的话，那么领导活动的有效开展就是需要领导者对组织成员进行有效引导、激励，从而推动他们奋力前行、坚定追随的。

（一）针对人们的需求激发动力

一般来说，"人们做事情都是因为自己的需要，而非出于你的需求。要让人们有积极性，就必须给他们动力"。为了能够进行有效的沟通，你必须针对人们的需要来激发他们的动力。其中关键是你要跳出自己的思维，站在对方的立场上，运用对方的思考方式来考虑问题，将精力集中到对方的需求和渴望上，而不是关注你自己①。

有效的领导者能够说出他人内心无形的渴望和深切的需要②。在这方面，拿破仑·波拿巴有过人之处。作为一位说服大师，他非常注重的就是：首先了解清楚人们的需要，然后努力去帮助他们得到。所以，拿破仑总能准确掌握他的军队当时所急需，并发出有效的呼声：当他的军队处于半饥荒状态时，拿破仑许诺给他们食物以换取胜利；当他们思念家乡并想开小差时，他向士兵提出这样的问题：你们想如何返回家乡？是作为战无不胜的英雄回去呢，还是灰溜溜地夹着尾巴回去？于是，他激发了士兵们的自

---

① ［美］迈克尔·阿伯拉肖夫著，刘祥亚译：《这是你的船》，机械工业出版社，2015 年，第 146 页。

② ［美］沃伦·本尼斯著，姜文波译：《领导的轨迹》，中国人民大学出版社，2008 年，第 233 页。

豪感。当军队在埃及金字塔下作战时，他告诉士兵们："4000 年的历史在注视着你们。"由此，他激发了他们的历史感。理解别人必须对他们的需求保持敏感性[①]。

（二）学习毛泽东形象说理

在延安时期，毛泽东经常去给抗日军政大学等干部院校的学员讲课。他在这方面很有兴趣，也很有心得。他认为可以借讲课的机会对工作经验进行总结、提升和宣传推广。他说，讲一次课整整要花一个星期的时间做准备，而且其中还要有两个通宵不睡觉。课不能照书本去讲，那样的话，听的人就会打瞌睡。"自己做准备，结合实际讲，总结革命经验，听的人就有劲头了。"[②] 他的名著《实践论》《矛盾论》等都是在这过程中完成的。现在各级领导干部也经常承担到党校等干部院校讲课的任务（各级组织规定领导干部要亲自上党校课堂讲课），是可以从毛泽东当年的干部教育实践中获得心态与方法上的启示的。

1944 年春，毛泽东在给八路军三五九旅南下支队干部讲话时，曾以柳树和松树的特性来说明做工作既要有原则性又要有灵活性。他说我们共产党人要学会两种本领，第一种是松树的本领，第二种是柳树的本领。松树发育生长，不怕风吹雨打，严寒之中依然巍然屹立，显现出很强的原则性。而柳树插到哪儿都能活，一到春天，枝长叶茂，随风摇曳，十分可爱，显现出很强的灵活性。"柳树可亲，松树可靠，我们共产党人就是要可亲、可靠。"[③]

---

① ［美］乔治·曼宁、肯特·柯蒂斯著，刘峰、郇天莹译：《领导艺术》，中国财政经济出版社，2007 年，第 225 页。

② 陈晋：《毛泽东之魂》，东方出版社，2014 年，第 39 页。

③ 逄先知主编：《毛泽东年谱（1893—1949）》中卷，中共中央文献研究室编撰，中央文献出版社，2002 年，第 553 页。

著名记者、国际主义战士伊斯雷尔·爱泼斯坦对毛泽东在展示和分析问题方面的才能有深刻的印象。他说毛泽东能够把十分复杂的思想用极简单而又极深刻的话表达出来，即便没有文化的人也能理解他话中的意思和道理。这不是一种把事情简单化的手法，而是一种才能——他的头脑非常清楚，又能简明形象地去说服别人。如 1945 年抗日战争结束时，共产党领导的军队进驻了许多中等城市。在之前的将近 20 年里，他们从来没有进过城，因此当 1946 年内战开始后要他们撤出这些城市，他们难以接受。但当时的形势又要求他们非撤出不可。毛泽东用一个很简单的比喻就使他们很快信服了。他是这样说的："你设想一下，你在等车到别处去。一个强盗来抢你的行李包裹，你是不是该拖住每件行李不放呢？最好别这样做。让他把能拿的都拿去，甚至于你还要他把所有的东西都背上，两只手也都拿着东西。等他摇摇晃晃想走，一拳打在他脑袋上，他和所有的东西就都让你拿下了。"这段话实际上说明了打败国民党军队的战术。国民党军队要分兵把守新占领的城镇，兵力分散了便难以运动。而解放军没有包袱，可以灵活机动地破坏交通，并在必要的时候集中兵力作战。最后解放军以最小的代价收复曾经放弃的城镇，而国民党守军则被俘或被歼[①]。

（三）里根也是形象沟通高手

美国前总统罗纳德·里根被誉为"伟大的沟通者"。他的一个演讲稿撰写人说，即使是拿着一本电话簿，他也能讲得生动有趣。原因就在于他善于运用人们能够理解的象征、比喻。例如，他曾经在其第一次预算演讲中把 10000 亿美元比作堆得和美国大厦一样高的一摞美钞——他把抽象的数据形象化了。"领导者可以让概念变得生动、真实，好让别人能支持他

---

① 伊斯雷尔·爱泼斯坦：《见证中国爱泼斯坦回忆录》，新星出版社，2015 年，第 226 页。

们。不管愿景多么神奇，有效的领导者必须要用一个象征、一个单词或者一个模型来让愿景清晰地呈现在别人的眼前。”[①]

（四）挖掘故事并讲好故事

在鼓舞他人行动的沟通工具中，故事是最有优势的，因为它更符合人的天性，更容易产生共鸣，更比讲道理有说服力，且能给人留下持久、深刻的印象。很多时候，与其绞尽脑汁地阐述“你必须这么做是因为……”，还不如讲一个恰当的故事，因为它能够“将带有感情色彩的信息以容易理解的，有吸引力的和令人难忘的方式传递给他人”[②]，从而产生打动人心的力量，甚至成为他们人生成长的“熔炉”。对于领导者来说，把自己的故事讲得动听、感人，能够赢得上级满意、下级支持和群众认同，能够更好地鼓舞人心、凝聚共识、推动发展；而讲不好自己的故事，有可能导致下级阳奉阴违，群众满腹牢骚，还有可能引来外界误解，诱发更多矛盾。据人民论坛杂志的调查显示，超过八成的受调查者认为“当前地方政府讲好自己故事的整体水平偏低”。[③]

在这方面，毛泽东很值得学习。从呼唤民众的大联合，到分辨敌友明阵线，从考察农民运动，到点燃井冈山“星星之火”，从礼赞伟大的长征到“反对党八股”，从笑谈反动派“纸老虎”，到吸取“农夫与蛇”的教训，到警告防止“糖衣炮弹”的袭击，从白求恩、张思德到“愚公移山”“霸王别姬”……他不仅亲自“创作”、讲述了许多精彩非凡的故事，还把故

---

① ［美］沃伦·本尼斯著，姜文波译：《领导的轨迹》，中国人民大学出版社，2008 年，第 24 页。

② ［美］Lee G. Bolman、Terrence E. Deal 著，刘怡译：《像伟大的领导者一样思考——重构的艺术》，人民邮电出版社，2016 年，第 177 页。

③ 《中国地方政府“另一压力”——“讲故事”难题困扰地方官员》，2011 年 11 月《人民论坛》总第 347 期。

事教育变成共产党干部教育和联系群众、动员群众的重要方式。今天的领导者也都应该注重并善于通过讲故事这种最强大的沟通形式来引导、凝聚各种群体与组织。“讲故事就是讲事实、讲形象、讲情感、讲道理，讲事实才能服人，讲形象才能打动人，讲情感才能感染人，讲道理才能影响人。”[①] 当然，首先是要实实在在走好自己的路、写好自己的故事，由不得自己凭空胡编。有些人说话与做人做事割裂成两张皮，把一些言不由衷的话讲给别人听。这样的话，说了也是白说。

（五）帮助人们拨开乌云见霞光

“正如打哈欠和笑声可以相互传染一样，乐观主义、创造精神、进取态度及信任，同样可以相互传染。反过来也一样。疑神疑鬼、负面情绪、担惊受怕及怒气冲冲，也具有极强的传染性”[②]。有些时候，人们会面临困难的局面甚至遭受重大灾难。一般人会因为这种困难、灾难而情绪低落。而且，情绪的感染会比感冒的传染快得多。优秀的领导者能够充当希望的代言人，通过有效的沟通传达积极的情绪，从而激励人心，提振信心。

1941 年 12 月 7 日，正在参加音乐会的尼米兹将军被紧急叫到一部电话机旁，电话的另一端是总统罗斯福。总统在电话中语气沉重而严肃地对他说道：“我们的珍珠港遭到日本人突然袭击，太平洋舰队危在旦夕，我已经决定任命你为太平洋舰队的司令，我相信你能挽救它。”在珍珠港，清点后的损失报告摆到了尼米兹面前：大型舰艇 7 艘沉没，6 艘遭到重创，飞机损失 450 架，人员伤亡 3800 人……但这还不是最要命的，最致命的

---

① 中共中央文献研究室编：《习近平总书记重要讲话文章选编》，中央文献出版社、党建读物出版社，2016 年，第 432—433 页。

② ［美］罗茜・巴哈尔・休尔森著，王正林译：《四维领导力》，电子工业出版社，2016 年，第 12 页。

是弥漫在广大官兵和民众心中浓厚的悲观甚至绝望情绪。尼米兹在电话中对罗斯福总统说："大多数人已经悲观到了极点，他们觉得日本过于强大，美国已经变成上帝的弃儿。对我来说，现在最重要的事情就是，帮助他们找到隐藏在乌云中的霞光。"在圣诞节前夕的平安夜，尼米兹经过精心准备，对官兵们发表了圣诞讲话。他一开篇就说："上帝是如此地眷顾我们美国，他让日本人在这样一次精心策划的袭击中，犯下了至少三个致命错误。假如他们少犯其中任何一个错误，太平洋舰队都将不再存在。而现在，我，你们，太平洋舰队都还站在这里！"

尼米兹的开篇强烈吸引了在场每一个人，大家都竖起耳朵，唯恐漏掉后面的每一个字。尼米兹继续说："第一个致命错误，是日本人将偷袭时间定在了星期天的早上。恰恰是这一天，每周也只有这一天，十有八九的人都不在舰船上，而是到夏威夷岸上度周日去了。否则的话，我们损失的将不是3800人，而可能是38000人"。

听众无不点头称是。尼米兹接着说："第二个致命错误，是日本人只炸了我们的船舰而没炸船坞。如果船坞也被炸毁的话，我们幸存的船舰将无处停泊，大量被损毁的船舰也无处修复，难道把它们拖运到几千公里以外的本土去修复吗？日本人会给我们这么漫长的时间吗？"

听众们自发地开始鼓掌。尼米兹更加充满激情地讲道："第三个致命错误，是日本人留下了我们自卫和复仇所必需的血液——油料，它就在区区5英里之外的山上，当时哪怕有一架日军战斗机飞到那里丢颗炸弹，就可以将油料炸得一滴不剩。如果那样，我们所有的舰艇、飞机都会变成无法动弹的一堆废铁。"尼米兹提高了声音，以极富煽动性的腔调大吼："日本人为什么会犯下这么多的致命错误？那只有一种解释：上帝在帮助我们，上帝并没有抛弃我们，他仍然和我们站在一起！"

雷鸣般的掌声在人群中响起，经久不息。大家深受鼓舞，精神状态得以改观。一个月后，在尼米兹的决策下，美国海军突然袭击了日军控制的马绍尔群岛和吉尔伯特群岛，一举击沉了8艘日军舰船，取得了美国海军在第二次世界大战中的第一次大捷。对于罗斯福总统在危难之际果断起用尼米兹，后人评价说，罗斯福总统深知尼米兹是一个乐观主义者，但不是一个盲目的乐观主义者。他的乐观都是建立在对希望的敏锐洞察上的，所以能够很好地感染人、鼓舞人。历史已经证明，罗斯福总统在恰当的时间，恰当地用了一个合适的人。

（六）多说“是”，高度警惕“但是”

“是”是促使人们关系融洽的工具。表示赞同的关键单词是“是”，这是一个魔术般的单词，是能够促使人们关系趋向融洽、密切的有力工具。因为，当人们相互说“是”之时，他们的关系就会变化，就容易从潜在的争论转变为理性的对话。所以，去建立一致吧，留心机会，尽可能多地说“是”。如说“是的，你的话很有道理”，“是的，我能够理解”。尽可能经常“是”，并尝试让尽可能多的其他人也这么做。[①]

小心“但是”二字的负作用。不要说“但是……”或“是的，但……”，请说“是的，而且……”。因为，当人们听到“但是”的时候，他们会认为你不赞同他们，并且你将试图证明他们是错误的。所以，这时他们一般的反应是停止聆听。如果你首先用“是”来承认他们的观点，然后用“而且”作为你自己观点的引子，人们会更接受你。通过这种方法，你的观点会被看作是一种补充，而不是对他们观点的反对意见。[②]英国人戴

---

① ［美］詹姆斯·库泽斯、巴里·波斯纳著，方晓利、张新、王莉娟译：《领导者：信誉的获得与丧失》，中国经济出版社，2000年，第135页。

② ［美］詹姆斯·库泽斯、巴里·波斯纳著，方晓利、张新、王莉娟译：《领导者：信誉的获得与丧失》，中国经济出版社，2000年，第135页。

维·泰勒也认为"但是"可能是一个有害的字眼[①]。我国著名女作家毕淑敏甚至专门写了一篇《抵制"但是"》的美文（详见本章延伸阅读），值得一看。

警惕"但是"也好，抵制"但是"也罢，其实不是不能说"不"，而是要讲究说"不"的艺术。美国电影《师恩难忘》里的优秀白人教师派特·康罗伊也许能够给我们提供印象深刻的启示。他到一个比较偏远的黑人聚居地给黑人孩子当老师。在上课时，他对一名长期遭受种族歧视的黑人孩子说："孩子，老师相信你是天下最好的孩子，是顶天立地的男子汉！你不要紧张，仔细数数老师这只手究竟有几个手指？"在老师的鼓励下，那个自卑、内向的黑人孩子缓缓地抬起了头，涨红了脸，盯着老师的 5 个指头数了半天，终于鼓起勇气，开口回答说："3 个。""太好了，你简直太了不起了！一共就少数了两个。"老师的鼓励像久旱的土地遇上甘霖，孩子的眼睛一下子放出光彩。"一共就少数了两个"这句话是值得人们好好记住的，尤其是那些遇上类似场合倾向于飙出"你这个笨蛋、白痴，怎么连 5 个指头都数不清楚！"这类指责的人们。"一共就少数了两个"其实也包含了"这 5 个指头你没有数清楚"的意思（与上述指责的话语意思一样），但它让对方听起来的感受与指责完全不同，让人感受到的主要是认可、鼓励而不是否定、打击。记住它可以提醒我们有些话该怎么讲才会有好的效果。我们不是不能对人说"不"，而是要讲究说"不"的艺术。

（七）以说空话唱高调、故弄玄虚为戒

李瑞环同志说他曾经到湖北神农架的一个县考察，县长说现在方向都

---

① ［英］戴维·泰勒著，张允、周遵友、孙晓霞译：《赤裸裸的领导》，中信出版社，2003 年，第 213 页。

明确了，就是要实实在在地干，不能光说空话。县长讲了一个例子：神农架一带野猪糟蹋庄稼很厉害，群众叫苦不迭。为此，乡村组织民兵巡逻，对野猪进行驱赶，花费很多人力。后来有人想出一个“高招”，用录音机录入狮、虎的吼叫声和枪响声，然后用高音喇叭播放出来，试图吓唬野猪。开始是有效的。但没过几天，野猪试探着往庄稼地里凑，并且用身子靠了靠绑着喇叭的杆子，发现仍然只是叫喊声而没有任何攻击动作，于是野猪甩开嘴巴，把那绑着喇叭的杆子给拱倒了。当地人说，说空话、唱高调连野猪都骗不了[①]。对这桩趣事，总想靠说空话、唱高调哄骗别人的人实在不该一笑了之。

由此联想到曾经担任过 6 年的北京大学党委书记，任 6 年江苏省委常委、宣传部部长和省委副书记的任彦申说过的一番话：“对学生的思想政治教育，中国是用的时间最长，开设课程最多，投入精力、人力、物力最多的一个国家，但是我们效果并不是非常理想！”进而联想到我们整个干部队伍的思想教育工作。毫无疑问，高校和干部院校都有能将思想政治教育课上得非常好的教师，领导干部中也有做思想工作的能手，但总体上说，恐怕还是需要把这方面的道理说更接地气、更动人心弦些，尽量避免太多空话与高调。在这方面，领导者要努力具备这样的本领：从纷乱的信息中选取最有价值的内容，从繁复的意见中厘出清晰的思路，继而用简明扼要的语言阐明自己的主张。越是简明，越不被误解，越容易牢记，越是效果好。“凡是喜欢开长会、讲长话的人，大多是不受群众欢迎的人；凡是喜欢讲套话、讲空话的人，讲得越多，威信越低”[②]。

另外，说话也不宜故作高深、故弄玄虚。如果一个领导者在自己的组

---

① 李瑞环：《学哲学用哲学》，中国人民大学出版社，2005 年，第 67—68 页。

② 任彦申：《从政心得》，江苏人民出版社，2015 年，第 159 页。

织内部注意使用通俗的语言，那你就会有更多的成功机会。官僚主义者总是喜欢打官腔，特别是那些喜欢炫耀自己的人。有些人会把“我用叉子吃土豆”说成：“我用微型工具加工了胃需要的原料。”[①] 这其实是让很多人深恶痛绝的，也是可笑的。

有一个秀才去买柴。他对卖柴的人文绉绉地说：“荷薪者过来！”卖柴的人听不懂“荷薪者”三个字是什么意思，但“过来”两个字是听得懂的，于是把柴挑到秀才跟前。秀才问他：“其价几何？”卖柴的人不太明白整句话的含义，但听懂了一个“价”字，于是告诉秀才价钱。秀才接着说：“外实而内虚，烟多而焰少，请损之。”卖柴的人不知道他在说什么，担着柴走了。[②] 也有官员闹出类似的笑话。有一官员下乡，问乡村父老：“近来黎庶何如？”父老回答说：“今年梨树好，只是虫吃了些。”那官员就像这买柴的秀才。习近平同志说，在开展群众工作方面，我们有些领导干部甚至不会说话。有的同志自嘲：与新社会群体说话，说不上去；与困难群众说话，说不下去；与青年学生说话，说不进去；与老同志说话，给顶了回去。“很多场合，我们就是处于这样一种失语状态，怎么能使群众信服呢？”[③] 要改变这种失语的状态，就要努力把话说得有时代气息，说得通俗易懂，说得实实在在。

三、警惕沟通的“墨迹效应”

（一）像经久不变的墨迹，沟通不可磨灭

无论何时何地，只要我们张嘴说话，词语就会脱口而出，“而说出

① 加拿大埃德蒙顿市市长 Bruce. Thom，Q. C.：《成为一个成功领导者的 14 条指针》，《技术经济与管理研究》2000 年第 3 期。

② （明）赵南星：《笑赞 · 秀才买柴》。

③ 习近平：《干在实处 走在前列》，中共中央党校出版社，2006 年，第 419 页。

去的话，就像离弦的箭，再想改变却为时已晚。语言会立刻对聆听者产生影响，除非是有可能收回所说的话，否则只能更明智地选择所使用的词句，才能显著提升我们的沟通技能”。[①]在某种意义上说，沟通是没法撤销的，就好像一个经久不变的墨迹不可磨灭。假如你曾经对别人说错了什么，试图“收回”所说的话，你就会知道，尽管你可以为自己的不恰当言论表示歉意，也许对方也接受了你的道歉，但实际上你仍无法抹去你已经表达的信息。它们还可能在影响着彼此的关系。对方也许仍在琢磨：“他是否真的有这个意思？”[②]沟通一旦发生，我们就永远不可能完全消除。这就要求领导者在沟通之际特别慎重。所谓“心要有城池，口要有门户。有城池则不出，有门户则不纵”[③]。弄不好，后果是你难以承受的。

（二）喜时之言多失信，怒时之言多失体

欢喜历来就招人喜欢。在工作生活中，在沟通交流中，人们往往很高兴地享受欢喜的畅快和乐。人们都知“制怒”，却很少想到“制喜”。其实欢喜也是需要有节制的。人世间有时是因怒发冲冠而坏事，有时则因沾沾自喜而损毁。有些人高兴起来，忘乎所以，轻率许诺，动不动拍胸脯、打包票，事后却难以兑现，很可能出现乐极生悲的结局。如果说，视而不见的眼睛是一个人最大的死角，那么，信口开河的嘴巴则是他最大的漏洞，很容易导致失信于人。

愤怒是一个人片刻的疯狂。在这样的时刻，有些人会情绪失控，口无

---

① ［英］戴维·莫尔登著，赵剑冰、王双红等译：《内在领导力》，北京大学出版社，2014年，第126页。

② ［美］米歇尔·海克曼、克雷格·约翰逊著，王瑞华译：《领导学：沟通的视角》，上海人民出版社，2004年，第12页。

③ （明）吕坤：《呻吟语》卷二·修身，岳麓书社，1991年，第85页。

遮拦地说出本不应该说的话，大大有失领导者的体面与尊严，也可能对人际关系造成难以挽回的负面影响。所以，这是需要领导者高度警惕、尽量避免的。在很多情况下，愤怒情绪是因为从自己的角度、用自己的思考模式或想法去诠释别人的言行而产生的。所以，时常换位思考，避免对别人的言行举止做过多无谓的猜测及诠释，也会有利于我们防止和减少负面情绪。另外，有时候自身不得体的愤怒表现是受别人的言行举止刺激而产生的，如果领导者能够注意适度过滤、“重内轻外”的话，对于消除和减少这方面的问题会有帮助。所谓“重内轻外”就是听别人说话时，要特别注重对方表达的观点、主张的内涵是不是反映了实情，是不是有道理、有价值，是不是对自己有启发提示作用，要看轻、看淡对方说那番话时的外在表现，如脸色、语气、语调、用词等，把一些可能引人不快的东西过滤掉，让自己能够保持冷静。正如作家韩浩月在其《爱如病毒，喜欢潜伏》中说，如果冲动是魔鬼，那么冷静毫无疑问就是天使了，它插着一对洁白的小翅膀，在人头脑发热、情绪激昂的时候，左右呼扇过来一阵阵小凉风——人间许多悲剧、错事和遗憾就此被避免。怒时之言多失体的问题也就得以避免。

（三）杜绝绝对化极端化言论

所谓绝对化、极端化的言论是指“一些借助于夸张或偏激的词语表达，而且毫无例外地会打破有效交流的宣称或断言”。[①] 这类言论在我们生活中出现的频率相当高，值得认真对待。这类言论经常借助的词汇包括：“总是”“所有”“每个”“每次”“到处”“一直”“一贯”“从来不”“一天到晚”

① ［美］罗伯特·布鲁克斯、山姆·戈尔茨坦著，亓晓颖、彭一勃译：《培养韧性》，机械工业出版社，2005 年，第 132 页。

或“一年到头”等。在交流中，人们常常不自觉地借助这些词语来评人说事，把某些现象无限夸大或过分推而广之，或者根据单个事件或者一个迹象就做出宽泛的结论，无视支持相反观点的事件或迹象，并表现出一种绝对的口气。比如：

你总是鲁莽行动，不动脑筋！

你做所有的事都只顾你自己！

每次开会你都姗姗来迟！

你到处搬弄是非，从来没安什么好心！

你一年到头都不干什么正经事！

上述评价或论断未必完全不符合事实。但这一类的言论在现实生活中确实经常有夸大其词、以偏概全的嫌疑，听起来让人感觉咄咄逼人，因而愤愤不平，这对于彼此交流、沟通一定是有负面影响的，搞不好会引发新的、更大的矛盾冲突。不要说上述说法可能不符合事实，即便如此，这种类型的言论也无助于有效沟通的实现。

所以，在沟通交流中尽量剔除这类绝对化的消极词汇与表述吧，其结果可能会让你大吃一惊。

（四）不要让自以为是损人害己

有人告诉老李，说陈经理要找他谈话。老李已经在厂里干了 16 年，他很喜欢这份工作，希望能继续干下去。但这几天，他非常害怕陈经理找他，因为经理上任以来一直着重抓“裁员”的事，被陈经理找去谈话的多数是被定为下岗的人。所以他向经理室走去时，心里忐忑不安。进了经理室后，陈经理让他坐下，盯着他看了一阵子，说：“我已经注意你好长时间了。现在到了谈谈你的工作和将来的时候了。”

老李听着，先是感觉害怕、沮丧，继而一股怒火从心中升腾，他站了起来："你不必说了！原来你一直在到处打听我的情况，还让别人核查我。不就是让老子下岗吗？我到哪儿都能活，你随便好了！"说着便头也不回地冲了出去。陈经理想阻拦都来不及了。这其实是一次严重的误解，陈经理本来是要提拔老李为车间副主任的。

人们经常是主观地选取一部分不完整的信息，并据此做出判断、解释和评价，然后在主观地评价了利害关系后，开始了行动反应，并制造了现实中的结果。

在上面的案例中，陈经理的工作会涉及各方面事务，即便叫什么人到办公室去，也肯定有一些别的事，但老李注意的就只是"裁员"而已。当陈经理让老李到办公室时，他几乎已经认定"裁人终于裁到自己头上了"。两人见面后，陈经理没有当即明言主题，而是说"我已经注意你很长时间了"，这被老李看作是进一步证实自己原先判断的依据。他的自尊心受到了强烈的伤害，原有的担心、恐惧在感觉事情已经无法挽回的情况下，转化成爆发性怒气，并造成真正无法挽回的结果。世界上大多数伤害都是由误解造成的。而许多误解就源于我们的无端猜疑和自以为是的推理。

【本章延伸阅读】

抵制"但是"

但是——是我们常常用到的一个词。我们原来有一个领导，就因为太爱使唤这个词了，外号就叫"老但"。

"但是"的意思，主要是用作连词，好像那把皮坎肩的碎皮子缀在一处的彩色丝线。多用在一句话的后半截，表示转折语气。

比方说：你这次的考试成绩不错，但是——不能骄傲自满。

比方说，这地方的风景挺优美的，但是——离城里远了点。

比方说，这女孩儿的身材相当好，但是——皮肤太黑了些。

等等。

我不知道“但是”这个词刚发明的时候，是不是对于它的前半部、后半部的分量，一视同仁？也就是说，它只是一个公平的纽带，并不偏着谁、向着谁。可惜在长期的运用过程中，“但是”这个词却成了音乐简谱中“符点”的标记，把后半拍的节奏，挪到前面去了。当人们看到这个词的时候，无论在“但是”的前面，堆积了多少美好的说明，都像碰上盐酸的污垢，冒了些泡沫，就没了影踪。人们记住的总是“但是”后面的转折，如同毫不容易爬上高坡，还没有来得及喘口匀气，“但是”这个陡峭的下坡，不由分说把你掳住，一下就滑到了谷底。

于是，“但是”就几乎成了贬义的先兆，只要一出现，气氛就大变。它成了把人心捆成炸药包的细麻绳，成了马上有冷水泼面的前奏曲。“但是”让你打了个激灵，立马把“但是”前面的温暖忘了，只有抖擞起精神，准备迎击扑面而来的顿挫。

“但是”便在这种频频警戒的气氛中，削减了平凡的连接之意，增添了沮丧的灰色意味。

其实，所有的光明都有暗影，“但是”的本意不过是强调事情还有另一方面。可惜日积月累的负面暗示，使“但是”这个预报一出现，就抹去了喜色，忽略了成绩，轻慢了进步，贬斥了攀升。

一位心理学家讲课时说，她主张大家从此不用“但是”，而改用“同时”。

比如，在我们形容天气的时候，早先是这样说：今天的太阳很好，但是风很大。

今后可以改成：今天的太阳很好，同时风很大。

当你最初看到这两句话的时候，好像没有多大的区别。你不要急，轻声多念了几遍，那分量和语气的差异，就体会出来了。

但是风很大——会把人的情绪向糟糕那一面倾斜，注意力凝固在不利的因素上。觉得太阳好是件不值得太高兴的事情，风大才是关键。借助了“但是”的威力，风就把太阳打败。

同时风很大——它更中性和客观，好似一个导游小姐，在指点我们注意了某一种情形之后，又把她手中的金属棒，向另一个方向示去。前言余音袅袅，后语也言之凿凿。不偏不倚，公允而平整。它使我们的心神安定，目光精准，两侧都观察得到，头脑中自有定夺。

一词之差，它的背后，是怎样看待世界和自身。

我们绝不文过饰非，也不夸大其词。好比花和虫子，一并存在。我们的眼光降落在哪里？降落在花丛中？降落在虫背上？

“但是”是一副偏光镜，把我们的目光聚焦在虫子。花园里花朵很美丽，“但是”把虫子的影子放大。

“同时”是一个透明的水晶球，把我们均衡地分散在两个方面。花园里花朵很美丽，“同时”，它也提示尚有虫子。

“但是”和“同时”，谁更持重和完整，更有利于我们对客观事物的评介和对主观判断的把持，想必会有公论。

如此讨论，仿佛和一个简单的连词过不去，有悖恕道。不过，这不单是如何连接上下两句话的问题，在词的背后还隐伏着思维方式。

当我尝试着用“同时”代替“但是”以后，一天两天，似也看不出多大的变化。可时间长了，我发现自己比较地多了勇气，因为我的精神得到了补给和呵护。我发现自己比较地对人友善，因为我更明确地发现了他人的长处和优异。我发现自己较为敏捷地从跌倒的地上爬起，因为我看到了沟坎也看到了辙印。我发现了自己多了宽容和慈悲，因为我每当意识到不足的时刻，都同时给自己鼓励。

——《毕淑敏自选精品集·散文卷》，

中国社会出版社，2002 年，第 315—317 页

C H A P T E R 0 8

第八章

反思保健功
——以内省自反保障健康发展

“你可以想象一个美好的世界，在那儿，每个人都听从你的一时之念，你让他们干什么他们就干什么。但是这不现实；如果你有一点常识，也不该有如此期望。然而很多人就是这样期望的。”① 在现实生活中，有些人往往因对方没按自己希望的那样去做而怨恨别人，却很少去反思自己的期望是不是合乎常识、足够合理。针对这一倾向与习惯，我们需要特别注重修炼反思保健功。

一、反思保健功是领导干部必修的内功

这里所谓“反思保健”，是指通过经常性的有效反思保障领导干部自身和团队、事业的健康发展。

（一）时常内省自反，才德必然增长

人们都希望自己能够更好更快地成长、发展，这就离不开时常内省自反。明朝著名学者、官员吕坤指出：“人不可我意，自是我无量；我不可人意，自是我无能。时时自反，才德无不进之理。”② 他主张在工作、生活中不管是遇上“人不可我意”，还是“我不可人意”的情况，都应该多从自

① ［美］梅尔·吉尔著，刘婧译：《非常识》，中国和平出版社，2005 年，第 170 页。

② （明）吕坤：《呻吟语》卷二·修身，岳麓书社，1991 年，第 103—104 页。

身去找原因：有时你觉得别人让你不高兴、不满意，也许原因并不在于别人而在于你自己，因为你器量不够大。如果器量大一些，就能够包容别人的某些不足、缺陷或过失，不会斤斤计较、耿耿于怀，甚至为此发脾气、不满意；相反，你不能让别人满意，很可能是因为你能力不够强，没能把事情做到位，不要动辄归因于外，而要时常反思自己，一次次反思经历下来，自身的才德必然会获得长进，从而变得更加优秀。“所谓优秀，就是男人或女人愈来愈反求诸己而不苛求他人。”[①] 在这里，作者实际上是把反思提到了一个相当的高度：一个注重反思并善于反思的人，势必会是一个优秀的人！这是值得我们认真琢磨的。民国时期的北大教授宣永光也讲过类似的道理。也许我们有些人觉得“君子”高不可攀，但是“时时责己，不期然而然地就化为君子”；也许我们都知道“小人”可耻，在主观愿望上都不想当“小人”，但是“时时责人，不期然而然地就变成小人。或为君子或为小人，只看你能反身自省不”。[②] 反思是我们从以往的经历中吸取经验教训、增长能力的主要方式。任何东西，没有经过理解就永远不可能为你所拥有，而真正的理解来自对自己经历的反思。“不管发生什么事情，我们都能从中吸取点经验教训……一个人如果不对自己的经历加以思考、分析、审视、质疑、反思，并最后理解，那么这些就并不真正是他自己的经历。”[③] 不要让以往无痕消逝，要从经历中寻求有益启示！

（二）涵养反思良习，有助平顺无疑

俄罗斯教育家康斯坦丁·德米特里耶维奇·乌申斯基曾经比喻说，良

---

① 吴瑾、李澄怡：《有效管理座右铭——管理大师谈管理》，南海出版公司，1997 年，第 89 页。

② 老宣著，朱波编：《疯话连篇》，山西古籍出版社，1996 年，第 214 页。

③ ［美］华伦·本尼斯著，吴金根、吴群译：《怎样成为领导》，九洲图书出版社，1999 年，第 94 页。

好的习惯乃是人在其神经系统中存放的资本。这个资本不断地增值，而人在其整个一生中享受着它的利息。他强调的是，良好的习惯会让人终身受益。而领导者最应当养成的良好习惯之一就是反思。因为涵养反思良习，能够有助于领导干部实现平顺。

一是路途平顺。正如古人所言："人能反己，则四通八达皆坦途也。"[①]在工作、生活中遇到问题，多反思自己，从自己的身上找原因，那么，在你的前进道路上就不会有那么多的坎坎坷坷，不会有那么多的人跟你过不去，你就能够走得相当平顺。

曾经担任美国海军驱逐舰"本福尔德号"（The USS Benfold）舰长的迈克尔·阿伯拉肖夫对此深有感触。1997 年 6 月他刚刚到任时面临的情况是：舰艇很先进，装备精良，但士气低落，很多人讨厌在这艘船上工作，要求提前退役。当前任舰长在夫人陪伴下告别战舰时，所有的水兵们竟然大声欢呼起来——因为他们厌恶这个舰长，厌恶这艘船，厌恶海军生活的一切。迈克尔说看到这一情景，他都为前任舰长感到难堪。但迈克尔上任 20 个月之后，情况发生了彻底变化。"本福尔德号"的全体官兵士气高昂，纪律严明，上下一心，整个团队运作通畅，人才济济，成为美国海军最闪耀的一颗明珠。迈克尔是怎么做到的？努力当然是多方面的。其中非常重要的是他特别注重自我反思。他说，当水兵们未能达到让我满意的结果时，我会首先克制住自己，坚决不让自己发脾气，然后我会进行一番自我反省，认真检点问题是否出在自己身上。通常我会问自己 3 个问题：我是否清晰地告诉了对方他的目标？我是否给了对方足够的时间与资源来实现这个目标？我是否对他进行了必要的培训？反省的结果是，我发现 90% 的时候问题都是出在我自己身上，或者说我至少应该对问题承

① （明）吕柟：《泾野先生文集·语录》。

担一部分责任[①]。他越是注重从自己身上找原因，人们就越是愿意听他的，领导的效力就越强劲。

二是心气平顺。许多人都会有过这样的体验，当自己与他人发生冲突、闹矛盾时，往往双方都会愤愤不平、气鼓鼓的。但是，一旦开始反思自己，想到自己在此问题上的过错、责任，往往就变得相对地心平气顺。正如清朝名臣陈宏谋所说："仕途顺逆，百凡皆有定数，只能尽其在我，自求无愧，不必尤人，亦不可尤人也。平心而论，虽或事出意外，亦必所处不善，有以招之。返观内照，其理自见，其气自平。"[②]而能够做到"见理平气"，就能够更清醒地认识自己、正确地看待别人，就有助于自己的发展进步和人际协调、合作。

二、反思严重缺位，需要认真面对

人贵有自知之明。自我意识是人类具有的一种高级功能，一般动物不具备。在猫或狗的鼻子上弄上白点，给它们照镜子，它们不会摸自己的鼻子，不会意识到鼻子有异常。而两三岁的小人儿，你在他鼻子上弄个白点，让他去照镜子，他会知道那白点是在自己鼻子上，而不是在镜子上。但是，在面对自己的缺点、问题时，很多成年人却失去了自我意识（也叫自省智力）这种功能，取而代之的是司空见惯的"基本归因错误"：同样的不如意结果，自己做不好是因为所处情境，他人做不好是因为其性情或品性——"我今天没做成什么事是因为昨晚被吵得睡不着；你今天没做成什么事是因为你太懒了"。与此相关的是，人们还时常表现出这样一种倾向：

---

① ［美］迈克尔·阿伯拉肖夫著，刘祥亚译：《这是你的船》，机械工业出版社，2015 年，第 42 页。

② （清）徐栋：《牧令书》卷一。

“对好结果我们感到有功劳，对坏结果却不感到有责任”，[①] 并且把自己应负的责任推到别人头上。

（一）太多的人惯于归因于外

2013 年初上海爆出一起危害学生健康的“毒校服”生产责任事件。当电视记者去采访一些学生，问他们怎么看待“毒校服”事件时，一位小学生回答说：“作为祖国的花朵，我认为我学习一直上不去，就是因为这个校服的问题。”报道出来以后，有人把这“祖国的花朵”称作是“奇葩”。其实在某种意义上，他算不上有多奇葩，因为有类似心态、倾向的人并不少见。下面这个经典例子中反映出来的归因模式具有一定的普遍性。

在一家公司的销售会议上，营销部的经理说：最近销售业绩不好，我们有一定的责任，不过主要责任不在我们，竞争对手纷纷推出新产品，比我们的要好，所以我们很难做，研发部门要认真总结总结。

研发部的经理说：我们新推出的产品是比较少，可我们也有困难啊，预算实在太少了，就连这点少得可怜的预算，也被财务部门削减了！

财务部的经理说：没错，我确实削减了你们的预算，但是你要知道，公司的成本上升了，我们当然没有多少钱。

采购部的经理跳起来说：我们的采购成本的确上升了百分之十，你们知道为什么吗？俄罗斯的一个矿山发生爆炸，导致不锈钢价格上升。

结论是：销售不好是因为俄罗斯的矿山发生爆炸了。

人力资源部的经理说：哦，原来如此，这么说起来大家都没什么责任

---

① ［美］纳西姆·尼古拉斯·塔勒布著，万丹、刘宁译：《黑天鹅》，中信出版社，2011 年，第 156 页。

了，我们只好去考核俄罗斯的矿山了[①]！

笔者在各种干部培训班讲课之余，时常听到不同级别的领导干部有一种相同的反映："这种课应该让市里面的领导听听""你应该给各厅局的头头多讲讲。"言下之意就是问题的根源是在别人、在上级领导那里。有时一说到所在地区、行业存在的问题，也总有人发出这样的议论："我们国家的体制就是这么一种体制，我们有什么办法啊！""这个鬼地方，条件就是这么个条件，我们个人能怎么样呀！"——总是要把问题归结到客观条件、外在因素上。"很多人习惯于将自己的过错怪罪到他人头上。小孩子怪父母，学生怪老师，员工怪老板，罪犯怪社会甚至被害者，而我们每个人都曾经责怪过我们的政府。"[②]这是一种相当常见的倾向。有一次笔者的母亲从菜市场回来，她说在菜市场见到过这么一幕：一个小偷试图偷窃一位老太婆的钱，没得手，却被老太婆发现了，老人很生气地责骂那小偷：年纪轻轻不学好，做这种不光彩的事！那小偷居然理直气壮地争辩道："谁叫你在口袋里放那么多钱，又让我看到啊！"真算得上是"罪犯怪受害者"了。"如果你在监狱里边做个调查，大部分犯人会把自己坐牢的原因，归咎于别人的错误"，他们往往会指责警察、法官，会埋怨他们的律师、家人和合作伙伴，甚至会怪罪整个体制。他们中很少有人会说我对这结果负责，我犯了一个错误，我做了一个坏的决策[③]。总之，在人类社会有太多的人在归因于外："责怪自己儿时的经历、碰上不好的老师，也责怪制度、

---

① ［美］威廉·安肯三世著，陈美岑译：《别让猴子跳回背上》，浙江人民出版社，2013年，推荐序一；《领导文萃》2006年第9期，第149页。

② ［美］保罗·迈尔、兰迪·思列塔著，汉祺译：《领导力的五大支柱》，上海社会科学出版社，2005年，第109页。

③ ［美］马克·米勒著，任世杰译：《领导力核心》，金城出版社，2014年，第91页。

基因或缺乏信息。”[①] 用中国古人的话来说就是：“大抵人之常情，责人太详，而自责太略，是所谓以圣人望人，以众人自待也，惑之甚矣。”[②]

（二）总是归因于外，其实相当有害

大凡人都不喜欢别人怪你，但有许多人偏偏喜欢去怪别人。明朝学者、官员吕坤说：“我不能宁耐事，而令事如我意，不则躁烦；我不能涵容人，而令人如我意，不则谴怒。”其结果就只能是整天都没有自在的时候，事也做不好，人也全得罪，自己也因此受损，扮演了一个“至愚”的角色[③]。归因于外的害处主要有以下几点。

一是有碍于自身成长发展。归因于外，责怪他人，“其实就是领导人和团队成员用来推卸个人责任的把戏”。当我们花费时间精力将自己的失败或我们的现状怪罪到别人身上时，就少了精力去成长、改进，走向成功[④]。这种把戏以自作聪明起始，以自我妨碍告终。因为，惯于归因于外，会让我们持续受害、悄然受害，让我们最终变成“温水中的青蛙”。惯于归因于外，实际上就是习惯于向外找借口，而“找借口的最大问题在于，一旦你习惯了找借口，你就不愿意去努力改变自己的处境，你变成了一个受害者”。[⑤] 这番话尽管是一个美国人说的，但对于中国的领导干部来说具有很强的针对性。说到我们存在的问题，有些人往往习惯于归结到体制、客观条件等外部因素。外部因素固然是起作用的，但不可否认的事实是，

---

① ［美］杰拉尔德·W. 福斯特等著，陈小龙译：《责任制造结果》，中信出版社，2003 年，第 6 页。

② （明）薛瑄：《薛文清公要语》。

③ （明）吕坤：《呻吟语》卷三·应务，岳麓书社，1991 年，第 165 页。

④ ［美］保罗·迈尔、兰迪·思列塔著，汉祺译：《领导力的五大支柱》，上海社会科学出版社，2005 年，第 109 页。

⑤ ［美］杰拉尔德·W. 福斯特等著，陈小龙译：《责任制造结果》，中信出版社，2003 年，第 6—7 页。

在同样的体制下，在同样的客观条件当中，不同干部的表现、作为往往有很大差异：有些人干得有声有色、卓有成效，而有些人则长年累月没有什么作为，没有什么出息。这种差异恐怕在任何一个地方、单位都存在。这种现象提示我们，真的不能什么都归因于外，因为那说不过去。

二是增添人际关系阻力。总是责怪别人，会导致自己失去原本可以获得的前进助力，增添巨大阻力。“若常以责人为心，则举足皆荆棘也”[①]——总有责怪别人之心，并且时时事事都会表露出来，动不动就怪这怨那，那么，所有被责怪、被埋怨的人都有可能对你有负面的看法，甚至导致你障碍重重、寸步难行。有人主张，要判断一个人的前途，不必给他看相、算命，就观察他在工作、生活中是习惯于反思自己还是归咎于人。动辄归咎于人，他必然树敌很多，必然障碍重重，因而就必然谈不上有多好的前途。

有些人心里面有特别多的怨恨，整天满腹牢骚、骂骂咧咧，往往就是因为他们把所有存在问题的根源都归结到别人身上：要么是上级决策失误，要么是下级执行不力，要么是同级配合不到位，等等。一旦认定是别人导致了各种各样的问题，当然就会对别人心怀不满、充满怨恨。而且，久而久之，心里的怨恨会越积越多，就好像一只被不断吹气的气球，最后越吹越大，乃至膨胀、爆开。“多数时候，我们认为其他人才是问题的原因，所以当问题发生时，我们便会十分愤恨……我们把最终发生的恶果归咎于别人，让自己跟它毫不相干。”[②]实际上，别人很难心甘情愿地接受你的一味推脱、怨恨。结果你可能把所有人都变成自己的敌人。

三是影响官民关系，破坏“安定团结”。清代曾任山东巡抚的程含章

---

① （明）吕柟：《泾野先生文集·语录》。

② ［美］梅尔·吉尔著，刘婧译：《非常识》，中国和平出版社，2005 年，第 170 页。

指出，地方州县最大的忧患是“上下隔绝而情意不通”。有些地方官员不去考虑如何沟通官民情意，只会怪民众刁蛮而用严刑峻罚对待他们，结果只能是“愈刁愈蛮不可复治矣”。他主张就算民众真的刁蛮，作为官员要去思考是谁使他们刁、谁使他们蛮的，何况民众未必刁蛮呢。从来不反思自我，总是责怪民众，从情理上说是不公平的。[①]

所以，不要养成惯于归因于外的习气，也不要以善于归因于外为本事，更不要一旦有人谈到自己的失误、问题或缺点，就紧紧护住它，仿佛那是自己的宠物。坦然面对，真诚反思才是应有的选择。

三、把握反思要妙，求得发展实效

“各自责，天清地宁；各相责，天翻地覆。”当我们能够真正面对自己、善于反思自己的时候，也许我们才真正变得成熟、优秀，才能真正求得自身和团队、事业的发展实效。

（一）挫败之余，认真反思

如果说失败是成功之母，那么反思就是成功之父。仅有“失败”这个母亲，不可能自然而然地生下“成功”这个人见人爱的“后代”。只有父母亲结合起来，失败—反思，失败—反思，才能生出一个个“成功”，因为成功的种子来自反思。学习型组织理论认为，一个善于反思的人才是一个品格高尚的人；一个肯于反思的组织才是值得合作的组织。在一个组织里，不怕出现问题，就怕不能正确对待问题。学习型组织一定是这样的组织：出了问题，这个部门首先要反思自己，哪里没有做好，以后要如何改进；那个部门要反思，我们支持不够，今后应该怎么避免；其他部门也反

---

① 徐世昌：《将吏法言》卷四。

思自己，我们配合不力，以后应该怎么调整？经过不断的反思，修正不妥之处。当我们每个部门、每个人都着重从自身找原因的时候，“怨恨”那一危险膨胀的气球就会自动放气。正所谓“各自责，天清地宁”。在此过程中，组织和个人的能力都得到提高。从这个意义上说，不妨当一当“事后诸葛亮”：未卜先知固然妙，事后诸葛也必要！悟出成败关键时，亡羊补牢不算迟！

（二）得意之际，加意反思

美国领导学大师本尼斯指出：“经常是失败促使人们去反思。而当人们一帆风顺、春风得意时，很少坐下来反思。而越是得意的时候，越应该坐下来进行反思。要是总等到犯了重大的错误之后才反思，那往往会流于两种结果：其一，因为你正是灰心丧气的时候，很难达到最好的效果；其二，你容易只见错误，不见成绩。”① 完全否定过错、失败之后的反思未必可取，但是，主张顺利、得意之时注重反思则不无道理。唐人杜荀鹤《泾溪》所谓“泾溪石险人兢慎，终岁不闻倾覆人。却是平流无石处，时时闻说有沉沦”表达的也正是此意。如果把人生比喻为一条河流，在人生的长河中，总会遇到不同的境况。小心谨慎，多加防范，过激流、闯险滩也能一路平安。反之，疏忽大意，思想麻痹，在平流无石之处也可能身陷悲剧。每个人一生当中都可能有相对顺利、得意的时候，也会有某些年处于要风得风、要雨得雨的境地。一旦顺利起来，有些人就容易产生一种膨胀的心理，觉得自己很了不起，荣誉、地位、职称、职务、金钱、美色都该自己得，甚至觉得全世界都欠自己的，最终把前途断送，导致“坦途沉沦”的

---

① ［美］华伦·本尼斯著，吴金根、吴群译：《怎样成为领导》，九洲图书出版社，1999 年，第 108—109 页。

可悲下场！这种悲剧值得警惕。习近平同志也强调指出："一个人什么时候容易犯错误？就是以为自己万物皆备、一切顺利的时候，得心应手了就容易随心所欲，随心所欲而又不能做到不逾矩，就要出问题了。"① 这就要求我们在顺利成功、兴奋的时候，要特别注意冷淡我心，多给自己当头棒喝，倒扣一盆冷水，居安思危，盛时预作衰时想。也许你已经在某个职位上轻车熟路且业绩辉煌，也许你已经在某个领域声名远扬，人们对你赞誉有加，但请切记：得意之际，加意反思，多看到自己的不足，避免那种膨胀心理加害于你。

（三）由他人的毛病反求诸己

这个方法是一名叫威廉·A. 米勒的人提出来的。如果你跟一个人打交道，觉得对方身上的某些东西让你难以忍受甚至极度愤慨、不安，那怎么办？你用笔记下来，记下对方身上那些"使你感到被严重冒犯了的特点，那些你不能容忍的东西，那些你感觉极度愤慨、极度不安的东西"，想清楚到底是他身上的什么毛病、什么特质让你受不了，然后诚实地在自己的人格中认真细致地审视和寻找它们的踪迹。结果会怎么样？"几乎毫无疑问，这些特征往往就深藏在自己身上，藏在你的人格阴影里"②。他还举例说：如果那些自大的人让你感到非常恼怒，你要在自己的人格阴影里好好找一找自大的影子。你跟一个人打交道，感觉他特别自大，他的手势、语言、表情和目光，无一不透出自大来，甚至自大到让你承受不了。那么，你回头在自己身上认真找一找，结果你几乎会确定无疑地发现，你本身就是一个

---

① 中共中央文献研究室编：《习近平总书记重要讲话文章选编》，中央文献出版社、党建读物出版社，2016 年，第 112 页。

② ［美］大卫·M. 特拉弗斯著，强薇译：《领导力的源泉》，机械工业出版社，2009 年，第 104 页。

自大的人，自大的特质一直在你身上藏着，只是你没有意识到而已，甚至可以进一步地说，正因为你本身自大，你才会觉得别人自大。“那些别人身上我们最痛恨的东西往往就深深地埋藏在我们自己身上。”[①] 对此，笔者相信两点：第一，没有那么绝对；第二，有时真的会有这种情况：觉得是别人的问题，其实那是自身的问题。有些人长久不得进步，或者跟谁都处不好，调到哪个单位、部门都搞得人际关系紧张，往往是因为他眼里从来看不到自己的问题，而只见别人的问题：看自己是一朵花，看别人满脸是疤。当你看到别人的问题，去内省反求，进而“捉住那个躲在阴影中的自我”——发现自己身上原先没有意识到的问题——这对于自己的进一步发展、提高是有好处的。你抱怨别人在传播流言蜚语，先想想自己是否也时常不负责任地议论别人？你责怪别人我行我素、自作主张，先想想自己是否总是拒绝听取别人的意见？你痛恨别人搞特权，先想想自己是否也对特权情有独钟。相信下面这段话能够说到许多人的心坎上：在特权盛行的生活中挣命的我们大多可耻地滑向特权。我们经常听到有人说，别人送了他一瓶特供酒，他的烟不对外销售，这袋米是部队农场产的，这茶是景区产的，等等。“一切都跟特权相联，我们自己也不免沾沾自喜，享用起来与有荣焉”[②]。当然，反求诸己并不能解决所有问题，毕竟有些问题是存在的，也的确不是由自身引起。所以，反求诸己可能是也可能不是最后的解决办法，但有这种意识，一开始先这么做总是最合适的。

（四）面临非议，先行反思

儿子读初中时，有一天放学回来，在电脑上玩一种英语的人机对话

① ［美］大卫 · M. 特拉弗斯著，强薇译：《领导力的源泉》，机械工业出版社，2009 年，第 103 页。

② 余世存：《人世间——我们时代的精神状况》，九州出版社，2014 年，第 177 页。

的游戏。电脑中出现一句稍复杂的话，他左看右看不明其意。作为一名初中生，英语水平本来有限，看不明白也很正常。但当时他突然产生了一种恶作剧的心理，冒出一句话来："我骂它一句怎么样？"在现实生活当中，儿子是一个非常善良、老实的孩子，他不会轻易去骂别人、跟别人发生冲突、给父母亲惹事。但当时面对电脑上一个虚拟的对话方，他突然有一种骂的冲动，并且马上打了一句话过去，骂对方："You are a pig"（你是头猪）。结果对方很快回复了一句话："Thank you for telling me that I am a pig"（谢谢你告知我是一头猪）。当时正好我也在旁边，这句话一出来，我们父子俩相对大笑。我们觉得太搞笑、太不可思议了，骂它是猪，它居然还谢谢我们！但事过之后，我延伸开来认真想想，发觉有一点值得警惕：有些时候，当我们认为别人可笑、对方可笑时，也许可笑的恰恰是我们自己！因为，当我们在工作生活中，跟别人发生冲突、闹不愉快，面临别人的讽刺、挖苦、批评、指责甚至辱骂的时候，我们的反应几乎是本能的、潜意识的，那就是：别人讽刺、挖苦你，你就讽刺、挖苦别人；别人批评、指责你，你就批评、指责别人；别人骂你，你往往会毫不犹豫、不假思索地用辱骂还击别人——就好像一只狗，只要听到另外一只狗叫，它就会叫——以牙还牙，以眼还眼。我们甚至以为这是理所当然、天经地义的。但实际上，不应该是这样的。这样既不会对自己有益，也对别人无益，反而是有害的。老这么反应是可笑甚至可悲的，因为总是做出本能反应会让自己成为下意识行为的牺牲品。当我们面临别人的讽刺挖苦、批评指责、辱骂的时候，我们应当实现对那种本能的超越，应当先后退一步，仔细思量别人言语背后的含义，反思一下：为什么？我怎么招他惹他了？他骂得对不对？批评得有没有道理？我们应当尽可能地做到这一点。这说起来容易做起来难，但值得我们努力去做。习近平总书记2013年在天津考察，对年轻干部强调一个观点："做实际工作，情商很重要。”情商的重要内容之一就是对自身情绪的识别、控制。控制自身情绪，平时大家都不成问题。问题在于你身处跟别人发生冲突、闹不愉快的场合，面临别人讽刺挖苦、批评指责、辱骂时，你能否避免做出那种本能的、潜意识的反应。所以，那样的场合是情商的真正试金石，最能够考验出一个人情商的高低。当情商高的人受到冒犯时，可能会问“我能听出来你情绪不好，你怎么了”？或者“我能理解你的感受，能帮你做点儿什么吗”？当你站在别人的位置、角度，设身处地地考虑问题时，你就能对他们有更多的理解。“对别人的话仅有下意识的反应只会进一步激化矛盾；通过运用换位思考的技巧对别人的行为做出恰当回应，则能够使矛盾在更短的时间内得到妥善解决”①，这对于自己的成长、进步和人际关系的协调都是有益处的。

（五）总结自查，不妨示弱

做人，尤其是当领导，要不要示弱？这一问题让一些人感到纠结。有些人觉得应该示强，显得自己很厉害、很强大，才会有威望，说话才有人听。其实，这不是一个只能做非此即彼选择的问题。

领导干部首先应当有“不示弱”的一面。这种“不示弱”应仅限于自身层面，即做人、当领导，要有强烈的进取心、高标准的自我要求和战胜困难的勇气，甚至要有一种不被一切困难所压倒的气概。有时，我们能够战胜困难、克服阻力，完成任务出佳绩，就在于有一股“咬咬牙坚持一下、再坚持一下”的坚韧劲头，有一种不畏艰险、毫不示弱的精神。如果遇到困难、挫折和阻力就低头认输、示弱放弃，那么永远也无

① ［美］托马斯·D. 兹韦费尔著，杜晓伟译：《管理就是沟通》，中信出版社，2004 年，第 68 页。

法成事。我们需要正确地认识和对待困难、阻力。汽车轮胎上需要有凹凸胎纹，是因为汽车要快速行驶，只靠本身动力不行，还需要在路面上寻找摩擦力，否则产生不了前进速度。同样地，在社会生活领域，一个人只有要求进步的动力而缺乏摩擦力，也不可能快速前进。在我们工作中碰到的困难和阻力就是我们前进的摩擦力。当我们能够这样看待困难、阻力时，它们也就有了积极意义。

但是，领导干部又应有示弱的一面。示弱主要体现在关系层面上，即待人谦逊、低调，听取别人意见，坦承自身不足，为失误道歉、承担责任等。其中“坦承自身不足”，这一点与大家都有关系。每到年底大家都要写年度工作总结。有些人通篇基本是展示自己的成绩、贡献、亮点，对于不足的地方、薄弱的环节，有些人三两句话简单带过，有些人甚至根本不涉及。笔者认为，总结当然要谈成绩、亮点，但也很重要的是，甚至对自身帮助更大的是，借年度考核、总结之机，认真反思在即将过去的这一年，自己工作当中存在什么不足或薄弱环节，找到进一步改进的方向和水平提升的空间。只要承认“人无完人”这四个字，我们就可以坦然面对自身的不足。有些人很优秀，就在于他们已经干得很不错了，但总能够挖掘出自己的不足，并且努力去改进、提高，因而能够不断进步。相反，有些人总是自己感觉良好，不愿意反思自己，看不到自身的弱点与缺陷，就很难有进步。越脆弱就越不敢示弱，越优秀就越不止秀优。真正有自信、求进步的干部应当把示弱作为一种反思之道。

也许有些人可能会认为，对自身弱点、缺陷的反思，在私下悄悄进行、自己心中有数就好了，大可不必公开。其实，悄悄反思和公开示弱的决心、力度和效果是不同的：悄然进行，缺点、不足生怕人知，往往意味着决心不大、力度有限，效果自然也就不太好；公开示弱显示的是坚强的决心和非凡的勇气，等于公开寻求大家的监督，效果肯定大不一样。

（六）善用日记为反思助力

领导学大师本尼斯强调要通过写日记的方式来帮助自己总结、提高。彼得·凯斯特鲍姆也说："看看你是怎么工作的，你的工作内容是什么，把它们写下来。要意识到，书写作为一种自我表达、思考、内省、探询新的生活方式以及做出回应的方法，有着不朽的价值。日记仍是一种最有效的自我解救的途径。"[①] 他把日记看得很重要。在时下中国官场、职场，提倡写日记似乎已经成为一种笑话。某著名教授在一次讲座中也告诫领导干部们："你们现在连日记都不能写，你们回去赶紧把日记全部删掉，要写就写假的，我告诉你，你一定要听我这句话。"我的主张恰恰相反：领导干部都应该写日记，在我看来，领导干部不再写日记，这会对我国领导干部队伍能力建设带来巨大的损失。写日记其实是留些时间"自言自语"，让自己在沉静中沉淀、成长，从而获得更好的发展。我们经常抱怨这个时代很浮躁，抱怨现在的人很浮躁，重要原因之一是人们很少抽出些时间让自己慢下来、静下来，去思考、总结，而是一直忙忙碌碌、忙个不停。一味忙碌，势必盲目！我们很忙，但也很盲！其实我们国家已经在这方面有沉痛教训。这些年来，各个地方、各行种业都忙个不停，下大力气追求发展、增长，结果，我们的某些数据指标上去了，我们的 GDP 已经成为全球第二了，但同时我们发现也许人们喝的水是受污染的，人们呼吸的空气是有毒有害的。这与我们某些地方、行业发展的盲目性有关系。强调科学发展，就是要避免盲目性。而要避免盲目性，就不能一味忙碌。"非宁静无以致远"，诸葛亮这句话值得领导干部三思。我们应该尽可能地抽出些

① ［美］彼得·凯斯特鲍姆著，高秀娟、冯亚华译：《领导者的内心修炼》，高等教育出版社，2006 年，第 4—5 页。

时间，让自己有宁静、沉默的机会。“这不是岩石般的没有任何生机的沉默，而是具有创造力的沉默，是所有可能性的诞生地”[①]。没有沉默就没有沉思，没有沉思就没有远见，没有远见就没有领导。停顿与沉思是通往更加广阔的眼界与更加高效的领导的必经之路。不停顿、不宁静就不可能想得长远、看得长远、走得久远，而写日记正是让人停顿、宁静的一种重要方式。而且，写日记还是一个梳理心绪、滋养内心的过程，是一个帮助自己清醒头脑、明确走向的过程，这对于自己的成长、发展也是有益的。一位基层官员说他养成了写日记的习惯。从政后的日记大多属于工作日志式的。每天去了何地，做了何事，开会说了什么，见了什么人，有何感想体会，都在一天工作之余写下较详细的日记。如果当天没时间记，第二天一定补上。这种习惯至少给自己带来如下好处：培养毅力；利于自省；总结典型；留下史实；宣泄情感[②]。所以，不是能不能写日记的问题，而是写什么样的日记的问题。

（七）在纵横比较中反思

从纵向比较来说。对照历史、返观现实，可以起到促进反思、强力警醒的作用。“耿飚之问”就是这方面的范例。1991 年，已从党和国家领导人岗位上退下来的耿飚，重返半个世纪前战斗过的陕甘宁陇东某县。晚饭后，他住的招待所外边忽然人声鼎沸，黑压压来了一群“告状”的老百姓，诉说他们对一些县乡基层干部的不满，怎么劝说也不肯离开。这一幕让耿飚心情十分沉重。在要离开的那天早晨，耿飚召集当地的领导做了一次谈话。他没有直接批评、责备当地干部，而是讲了一件历史往事。他说：50

① ［美］凯文·卡什曼著，李婷、李兴乐译：《修炼领导力》，中信出版社，2010 年，第 160 页。

② 张信江：《芝麻官随想——一个县长的执政写真》，现代出版社，2013 年，自序。

年前，我们三八五旅驻防此地时，一个战士犯了严重错误，旅部决定按纪律枪毙他。当我们在操场上准备执行时，来了黑压压一大群老百姓，他们是来替那个战士求情的。我坚持要执行纪律。老百姓都跪下哭着说，共产党都是好人，你就饶了这个战士，让他戴罪立功，到前线多杀几个鬼子吧！我反复向群众说明八路军纪律，请他们起来，但他们一个也不肯起来，连受害者的父母都下跪求我宽恕那战士。后来我们只好接受了群众的请求。讲到这里，耿飚激动地大声问道："现在，我要问问在座的你们这些人，不管哪一个，如果犯了事，老百姓还会替你们求情吗？"这振聋发聩的一问让在场的领导干部受到强烈震撼，犹如被猛击了一掌。今天，重温耿飚之问，同样值得领导干部深思和警醒。当群众为揪出"老虎""苍蝇"而大快人心时，当群众说"现在共产党的监狱和以前国民党的一样，都关着许多共产党干部"时，我们是能够从党群、干群关系的蜕变，对全面从严治党的必要性有更深刻领悟的。每个人领导干部都应该想想自己：在位时，群众对你有没有拥戴度；调离时，群众对你有没有不舍意；一旦出事，群众对你有没有惋惜感……

从横向比较来说。以不断提升、改进自己的工作为依归，恰当对比不同的国家、地区、单位或个人：对比人家的优势，反思自身的劣势，寻求改进办法；对比人家的创新，反思自身的保守，探索突破关键……作为领导者要注重省察自己所在单位或部门经过你的努力有多少与众不同的闪光点，也要反思自己所在的单位或部门存在哪些不如他人的地方。衡量一个领导干部的业绩，不要看他多么辛苦，做了多少工作，而要看他所领导的单位或部门，因他而发生了哪些进步①。

上述反思的方式、途径，都是从个人角度来说的。"做更好的领导

---

① 张晓山：《特殊视角——管理者札记》，中国社会出版社，2004 年，第 49 页。

者需要更多的自省，需要让自己更敏感，需要建立起一套使自己能经常得到真诚反馈的流程。”[①]要让反思真正有效、可靠，还应该从组织的层面建立起相关的制度、机制，或者把已有的制度真正落实到位，比如我们早就有了的民主生活会、批评与自我批评等制度安排，还有新近推出的中共监督执纪“四种形态”。真正用好了，都能有助于我们更好地内省反思。

【本章延伸阅读】

中国传统典籍中的“内省自反”论段选

无事便思有闲杂念想否，有事便思有粗浮意气否，得意便思有骄矜辞色否，失意便思有怨望情怀否。时时检点，到得从多入少，从有入无处，才是学问的真消息。

反己者，触事皆成药石；尤人者，动念即是戈矛。一以辟众善之路，一以浚诸恶之源，相去霄壤矣［（明）洪自诚：《菜根谭》］。

喜来时一点检，怒来时一点检，怠惰时一点检，放肆时一点检，此是省察大条款。人到此，多想不起，顾不得，一错了，便悔不及。学者读书，只替前人解说，全不向自家身上照一照，譬如小郎替人负货，努尽气力，觅得几文钱便了，不知此中是何细软珍重？

毁我之言可闻，毁我之人不必问也。使我有此事，彼虽不言，必有言之者。我闻而改之，是又得一不受业之师也。使我无此事耶，我虽不辩，

① ［美］詹姆斯·库泽斯、巴里·波斯纳著，刘旭东、牟立新、王士会译：《留下你的印记：体现领导力的最高境界》，电子工业出版社，2011 年，第 22—23 页。

必有辩之者。若闻而怒之，是又多一不受言之过也。

某应酬时有一大病痛，每于事前疏忽，事后点检，点检后辄悔吝；闲时慵懒，忙时急迫，急迫后辄差错。或曰："此失先后着耳。"肯把点检心放在事前，省得点检，又省得悔吝。肯把急迫先放在闲时，省得差错，又省得牵挂［（明）吕坤:《呻吟语》］。

居官者惟以缺地之美恶定宦途之顺逆，既涖其地，遂疾视其民，不以为民不知恩，则以为民不畏法，而民亦从而腹诽之，上下交疾而治道不可问矣。夫一门之内，尚复顽良不一，何况一邑，何况一省？正惟人有顽良也，故设官以治之……动谓民不知恩，盖先问己之有恩与否？动谓民不奉法，盖先问立法之善与否？［（清）陈宏谋:《寄张侍御考书》，丁日昌辑:《牧令书辑要》卷六］。

人有身家性命，我亦有身家性命。我苟发一令、施一政、行一罚、派一费，易地而处，我果能受不能受乎？我果乐从不乐从乎？我之身家性命果有利无利、有害无害乎？事事反己以思，则好恶同民，自无任性妄为之举［（民国）徐世昌:《将吏法言》卷四］。

参考文献

1.（宋）真德秀:《西山政训》; 吕本中:《官箴》; 吴如愚:《准斋杂说》。

2.（元）张养浩:《牧民忠告》《风宪忠告》《庙堂忠告》。

3.（明）余继登:《典故纪闻》; 薛瑄:《薛文清要语》; 林希元:《居官说要》; 杨昱:《牧鉴》; 张萱:《西园闻见录》。

4.（清）方大湜:《平平言》; 陈宏谋:《从政遗规》; 张伯行:《困学录集粹》; 高廷瑶:《宦游纪略》; 汪辉祖:《学治臆说》《学治续说》; 刚毅:《居官镜》。

5. 中共中央文献研究室:《习近平总书记重要讲话文章选编》, 中央文献出版社、党建读物出版社, 2016 年。

6. 李瑞环:《学哲学用哲学》, 中国人民大学出版社, 2005 年。

7. 刘峰:《简约领导》《新领导力》, 国家行政学院出版社, 2012 年、2014 年。

8. 胡月星:《胜任领导》, 国家行政学院出版社, 2012 年。

9. 刘炳香:《领导力新观点》, 中共中央党校出版社, 2013 年。

10. 刘志伟:《魅力领导》, 国家行政学院出版社, 2012 年。

11. 王雪峰:《领导学学科体系》, 人民出版社, 2014 年。

12. 张鼎昆:《行动学习》, 机械工业出版社, 2005 年。

13. 傅佩荣:《国学的天空》, 岳麓书社, 2014 年。

14. 宋增伟:《制度公正与人性完善》, 中国社会科学出版社, 2010 年。

15. 熊逸:《王阳明: 一切心法》, 北京联合出版公司, 2016 年。

16. 木心:《木心作品一辑》, 广西师范大学出版社, 2013 年。

17. 王觉仁:《王阳明心学: 修炼强大内心的神奇智慧》, 湖南人民出版社, 2013 年。

18. 刘统：《历史的真面目》，华夏出版社，2016 年；刘统：《中国的 1948 年》，生活·读书·新知 三联书店，2006 年。

19. 许勇：《叩问人生》，中国广播电视出版社，2014 年。

20. 刘广起：《思想的寻找》，群言出版社，2002 年。

21. 邱庆剑、黄雪丽：《世界五百强企业培训故事全案》，广东经济出版社，2005 年。

22. 王玉新：《寻找领导悟性》，企业管理出版社，2001 年。

23. [美] 罗伯特·迪尔茨著，庞洋译：《归属感》，北方妇女儿童出版社，2015 年。

24. [美] 纳西姆·尼古拉斯·塔勒布著，雨珂译：《反脆弱》，中信出版社，2014 年。

25. [美] 小约瑟夫·巴达拉克著，孙莹莹译：《伟大的挣扎》，浙江人民出版社，2016 年。

26. [日] 大前研一著，派力译：《质问力》，企业管理出版社，2012 年。

27. [日] 大前研一、斋藤显一著，李颖秋译：《问题解决力》，中华工商联合出版社，2010 年。

28. [美] 罗伯特·西奥迪尼著，陈叙译：《影响力》，中国人民大学出版社，2006 年。

29. [韩] 金正勋著，糜玲译：《不谄媚的人生》，中信出版社，2014 年。

30. [美] 伊丽莎白·桑顿著，冷惠玲译：《客观思考的艺术》，中国青年出版社，2016 年。

31. [英] 马克·托马斯著，王媛媛译：《大师论领导》，华夏出版社，2006 年。

32. [美] 詹姆斯·克劳森著，马昕译：《权力与领导》，世界图书出版公司，2015 年。

33. [法] 帕斯卡尔著，何兆武译：《思想录》，商务印书馆，1985 年。

34. [美] 罗伯特·亚伦、多娜·布莱斯著，许晋福译：《不愤怒的世界》，东方出版社，2009 年。

35. [以] 埃亚尔·温特著，王晓鹂译：《狡猾的情感》，中信出版社，2016 年。

36. [美] 罗纳德·A. 海菲兹、马蒂·林斯基著，张慧玉译：《火线领导》，机械工业出版社，2014 年。

37. [英] 戴维·泰勒著，张允等译：《赤裸裸的领导》，中信出版社，2003 年。

38. [美] 史蒂芬·丹宁著，宋强译：《故事的领导力》，中国人民大学出版社，2009 年。

39. [西班牙] 阿莱霍·何塞·G. 西松著，于文轩等译：《领导者的道德资本》，中央编译出版社，2005 年。

40. [美] 史蒂芬 · 柯维著，阮江平等译:《高效能人士的领导准则》，中国青年出版社，2012 年。

41.[德] 尼古劳斯 · B. 恩克尔曼著，王京平译:《激励的哲学》，国际文化出版公司，2000 年。

42. [英] 朱利安 · 巴吉尼、安东尼娅 · 麦卡洛著，裘白莲译:《当哲学家遇上心理医生》，中信出版社，2013 年。

43. [美] Lee G. Bolman、Terrence E. Deal 著，刘怡译:《像伟大的领导者一样思考——重构的艺术》，人民邮电出版社，2016 年。

44. [英] 东尼 · 博赞、巴利 · 博赞著，叶刚译:《思维导图》，中信出版社，2009 年。

45. [加] 马尔科姆 · 格拉德威尔著，李巧云、顾淑馨译:《大开眼界》，中信出版社，2014 年。

46. [美] 丹尼尔 · 卡尼曼著，胡晓姣等译:《思考，快与慢》，中信出版社，2012 年。

后 记

尽管写得有些匆忙，也写得相当艰难（这几个月时常有忙得天昏地暗之感），但总算把书稿写完了。书稿交付出版社之前，我觉得有些事情（事实与感情）是应该在这里铭记与表达的：尽管这本书的封面只是署了本人之名，实际上是有众多合作者的。

首先是我生命最重要的 3 个女人：奶奶、老妈和夫人（以辈分高低为序，排在末位者如有意见请永久珍藏）。

奶奶宋群英是一名乡村接生员，经常在白天或黑夜为顺产或难产的婴儿接生。1976 年暑期的一天，她老人家帮助一位农家天使降生后，到县教育局进行了一次上访，这一举动对我人生有决定性影响。当时我初中毕业，没能继续上高中读书，跟我两个哥哥的际遇一样。那时升高中不必考试，经生产队推荐即可，一般是二选一。大哥建国因家里弟妹多（一共五兄妹）、劳动力少，父母身体又不太好，初中毕业后就直接回家务农，为家里挣工分了；二哥建强初中毕业后想继续读高中，成绩也不错，无奈升学名额有限，竞争不过他“有后台”的同学（生产队妇女主任的女儿），也回家当劳动力了。1976 年，我重复二哥的故事，败给与我同时初中毕业的生产队长之侄。我的学习成绩和其他表现都比他好，升学的却是他不是我，奶奶忍不住了。她经常东奔西跑为众多新生儿接生，是个见过些世面的人，于是就有了前面所说上访之举。当时上访无人阻挡，她直接找到县教育局负责人，向他申诉："现在是社会主义社会，是毛主席他老人家领导的，怎么能够有这么不公平的事呢？"把我们兄弟的遭遇诉说一番，为我据理力争读高中的机会。当时她并不知道毛主席已经处于弥留状态，这番话却起了作用。1976 年 10 月，我被通知到桂林灵川中学读高一。尽管我比生产队长的侄儿及其他同学晚入学一个多月，但毕竟顺利入学了。印象很深刻的是，当时县里正在召开"万人大会"，庆祝"10 月的胜利"——粉碎"四人帮"的胜利。我也胜利了，是奶奶赢得的。没有我奶奶，就肯定不会有我今天这本书的写作。

老妈秦冬妹绝对是位伟大的母亲。我和妹妹、弟弟先后都考上了大学（在当地绝无仅有），所需费用都靠父母亲撑着病弱的身体做小生意来挣得。当时他们的主要经营项目是半夜三更就起来煮粽子，天不亮就由妈妈挑到十多里路以外的桂林市去卖。后来听妈妈说，她卖完粽子回家的路上，有时走着路都会迷迷糊糊打瞌睡。没有母亲的辛劳，也就不可能有我后来的成长，自然也不会有这本书的问世。母亲长久以来的吃苦耐劳、持之以恒精神至今仍在激励着我，让我坚持了下来。现在老人家近 80 岁，身体状况却胜过二三十年前，我满心欢喜。我和母亲有个约定：希望我 80 岁时还有妈！母亲爽快地笑着答应了。父亲走得早（20 年前因病去世），她说要替父亲多活几十年。好！请母亲大人继续开心、健康地生活。

夫人春萍算得上是"严明之妻"，笃信"严是爱松是害"，希望所嫁之人能够依靠、值得骄傲，一直对我勤于督导。如果说我进高中靠奶奶，上大学靠妈妈，那么我攻读研究生就是靠她支持、推动了。她甚至曾经在我去读研之后，一度以化学教师身份代替我上中学历史课（我大学毕业后和她在同一所公司附属的中学任教，我考研离开后，该校暂时无历史教员，学校于是要求她去上历史课）。此事此情终生难忘！二十多岁的时候，我写了句自励自述的话语：“我很笨，可是我很勤奋。”笨是天生的，勤奋则是被伊人所逼迫。不过，一个出身贫寒的读书人可以依靠的也只有勤奋。我勤奋工作、学习的样子一直是她的最爱。我于 2002 年评上教授后，依然勤于教学培训，但在写作上已经偷懒了。对此，她是有意见的，觉得我丢掉了重点。我则自认能力有限，没本事面面俱到，只好面对现实、看淡得失。这回承担了本书的写作任务，她比我高兴得多（写起来毕竟不易，我远没她高兴），尽管在广西壮族自治区党校担任专职组织员工作繁忙，也时常抽空回来帮我改善饮食，补充能量，各种家务也都抢着干。没有她的经常督促和大力支持，这本书也难以完成。谢谢这个当今世上唯一让我怕的人！没错，我是怕她，怕她伤身伤心伤神，怕她生气生病生疑……此刻，其实有点怕她看到这句话不高兴。

我的合作者还包括国内外众多认识或不认识的学界人士。胡月星教授热心组织了这次写作活动，并时常在朋友圈内软硬兼施地刺激、督导，既热情发放鼓励红包，又冷峻划定交稿红线，弄得大家幸福感满满而又责任感陡增，充分展现出他的强劲领导力，很受大家称道与爱戴。学界的其他朋友们多次办会，盛情相邀，让我有机会展示自己的些许心得，并接受大方之家的检验与评点。同行专家的诸多名著佳作为我提供了有力支持。我在搭建了写作框架后，既灌注了自己多年的研习成果与思考积淀，也选用了古今中外学者、领导者的研究成果和嘉言懿行作为建筑材料，使本书既有百家原料，又有“祖传奥妙”，也有本人的风格与味道。众多“原料产家”没能一一列出，敬请原谅！书中不少内容在国内众多省份的领导干部培训班上多次讲授，得到了来自各级各类组织的领导活动实践者的检阅和启迪。在某种意义上，他们都是我的合作伙伴。谢谢大家的成全！谢谢广西区委党校副校长、百色干部学院常务副院长唐秀玲教授的支持和鼓励！

有人说："爱看书的人常以引经据典、旁征博引，以说出别人不知道的为自豪，而爱思考的人常以语出惊人、说出新意，在别人没办法时说出办法，别人说出办法时说出更好的办法而兴奋。"① 这话让我挺受刺激的。认真反思一下，似乎自己更像是一个"爱看书的人"，既把有关问题想来想去，也把有关文字搬来搬去。书中的局限性只能怪自己学养有限、思考还欠深透。希望通过这次写作活动，通过这本书的阅读，通过上面这段话的刺激，我和更多的人都能成为"爱思考的人"。

期待新的开始……

陶建平

2016 年 10 月于南宁柳沙半岛不已斋

① 张晓山:《特殊视角——管理者札记》，中国社会出版社，2004 年，第 202 页。